Dr. Detlef Kappert

Tanz und Körpererfahrung mit Kindern

MIT AUSFÜHRLICHEM PRAXISTEIL

Verlag für Ästhetische Bildung

Erziehung zu Toleranz und
Respekt durch Kreativität und
Körperbewußtsein

PROLOG

Die erste Auflage ist mit großem Erfolg von Lehrern, Tänzern, Sozialpädagogen und anderen Menschen mit Vorerfahrung im pädagogischen und künstlerischen Bereich im ganzen deutschsprachigen Raum und Polen und den Niederlanden angewandt worden.

Es ist der Anspruch des Buches, alle Kinder zu erreichen. Ziele des Unterrichtes wie Kreativität, tänzerisch/körperlich/musische Fähigkeiten, Körpererfahrung und soziales Verständnis und Kompetenz sind für alle Kinder wichtig, und Entwurzelung, Reizüberflutung und Gewalt sind für Kinder aus allen Gegenden und sozialen Schichten ein Thema.

In dieser dritten Auflage möchte ich Ihnen die überarbeiteten Unterrichtskonzepte vorstellen. Sie sind keine Kochrezepte, sondern detaillierte und differenzierte Anregungen. Sie können und sollen sie verändern, so wie es Ihrer Intuition entspricht und wie es die Situation, die sie vorfinden erfordert.

Es ist auf längere Sicht unerläßlich, ein inhaltlich ausgereiftes Konzept zu haben, innerhalb dessen sich die Schüler in Richtung auf Echtheit, Authentizität des Ausdrucks und technischer Verbesserung auf der Grundlage ihres eigenen Stils entwickeln können. Als inhaltliches Gerüst des Konzeptes sind archetypische Inhalte wie „Fluß- Impuls" und „Geben und Nehmen" günstig, so daß bewußt die individuelle Auseinandersetzung mit dem, was alle Menschen verbindet im Mittelpunkt steht. Dabei kann eine fachdidaktische Weiterbildung helfen.

Für Informationen verweisen wir auf die Homepage: www.tanzimprovisation.de
Oder die Kontaktadresse:
Institut für Tanz und Bewegungsdynamik; 0177 202 30 89
Kopernikusstrasse 11 46147 Oberhausen

Für Organisation und Assistenzunterricht danke ich Elisabeth Steinkuhl, Margit Scherer und dem Studio Leyla Jouvana

Dr. Detlef Kappert

Tanz und Körpererfahrung mit Kindern

Soziales Lernen und Persönlichkeitsentwicklung durch Schönheit, Energie und Wahrheit

Erziehung zu Toleranz und
Respekt durch Kreativität und
Körperbewußtsein

Verlag für Ästhetische Bildung

1. Auflage 2003
2. überarbeitete Auflage 2012
3. Auflage 2020

Umschlaggestaltung: Vera Hölter
Titelphoto: Kindertanzgruppe Elisabeth Steinkuhl
Photographie und Lektorat: Margit Scherer
Druck und Bindung: TOP- Offset GmbH, Frankfurt (Main)

ISBN 978-3-9802590-7-1

INHALTSVERZEICHNIS

Vorwort

Paul Watzlawick, der seine Meinung gerne durch ausgewählte Worte anderer illustriert, zitiert Martin Buber: „In allen Gesellschaftsschichten bestätigen Menschen einander in ihren menschlichen Eigenschaften und Fähigkeiten, und eine Gesellschaft kann in dem Maße menschlich genannt werden, in dem ihre Mitglieder einander bestätigen. Die Grundlage menschlichen Zusammenlebens ist eine zweifache und doch eine einzige: der Wunsch jedes Menschen, von den anderen als das bestätigt zu werden, was er ist, oder sogar als das, was er werden kann, und die angeborene Fähigkeit der Menschen, seine Mitmenschen in dieser Weise zu bestätigen. Daß diese Fähigkeit so weitgehend brach liegt, macht die wahre Schwäche und Fragwürdigkeit der menschlichen Rasse aus. Wirkliche Menschlichkeit besteht nur dort, wo sich diese Fähigkeit entfaltet."[1] Diese Ansicht möchte ich um meine persönliche Überzeugung ergänzen, daß der Mensch außerdem ein fundamental körperliches Wesen ist und also auch eines körperlichen Feed Back in Form von Berührung, Körperkontakt, bedarf, eines sich gegenseitigen Vergewisserns der eigenen Körperlichkeit und daß Menschen außerdem Kunst so notwendig und regelmäßig brauchen, wie das tägliche Brot. Der Mangel an Kunst fällt deshalb weniger auf, weil Menschen durch Mangel an aktiver künstlerischer Gestaltung und der Wahrnehmung schöner Dinge nicht sterben, wie an Hunger, sondern verrohen, verflachen, innerlich verhungern.

Wenn ich das hier für Menschen allgemein dargestellt habe, gilt dies um so mehr für Kinder, stellen Kinder doch so etwas wie die Natur des Menschen dar.

Gerade Kindern fehlt aber heute mehr denn je zuvor Feed Back in jeder Form. Nie gab es eine Kindergeneration, die länger und häufiger allein war als unsere Kinder es sind. Viel zu viel Zeit verbringen sie vor Fernseher und Videospielen, PCs oder pädagogischen Spielen. Kinder sind auf ständige Rückmeldung ihres Seins durch Eltern, andere Kinder und Tanten, Onkel, Großeltern angewiesen, sie brauchen eine Ansprache und ein Ernstnehmen ihrer Körperlichkeit und Kunst, Kunst, Kunst.

Sie beschäftigen sich permanent mit der Natur der Welt, der Philosophie, warum die Welt so ist, wie sie ist und ihrer Erscheinungsform, warum sie uns so entgegentritt.

Aggression und Verwahrlosung entstehen also in diesem Kontext einfach durch allgemeinen Kontaktmangel und durch einen Mangel an qualifizierter Ansprache, d.h. durch Nichtbeschäftigung und Ruhigstellung durch Elektronik an Stelle von kreativen und körperlich/geistig/sozial anregenden Herausforderungen.

Mit meinem Plädoyer für Kunst mit Kindern möchte ich mit einem anderen von Paul Watzlawick kolportiertem Zitat enden: „Eine unmenschlichere Strafe konnte nicht erfunden werden als daß man, wenn dies möglich wäre, in der Gesellschaft losgelassen und von ihren Mitgliedern völlig unbeachtet bleiben würde."[2]

---

[1] Buber, Martin: „Distance and Relations". Psychiatry 20, 97 (1957)

[2] Paul Watzlawick zitiert in „Vom Unsinn des Sinns und vom Sinn des Unsinns", Piper, München, 1992 auf S. 21 William James

Kreativität, Tanz und Körpererfahrung mit Kindern

Kinder sind in jeder Gesellschaft das Schönste, das Größte, was wir haben. Sie sind die Zukunft, die Liebe, Grausamkeit, Kreativität, das Animalische und Musische der Schöpfung. Doch hat wohl kaum eine Generation so an ihren Kindern gezweifelt, wie wir.
Zwar gehören Klagen über die Dekadenz der Gesellschaft, die sich im Besonderen in der Verrohung der Jugend manifestiert, seit dem Altertum zum Repertoire der Erwachsenen. Doch seien wir ehrlich:
Hat es jemals eine Kindergeneration gegeben, die so im Luxus und mit allen Möglichkeiten aufwächst und die dabei so mürrisch, so fordernd, so übersättigt und überdrüssig erscheint?
Wenn wir in ärmere Länder reisen, müssen wir feststellen, daß diese Kritik wahr ist. Kinder in ärmeren Ländern wirken begeisterungsfähiger, lachen mehr, scheinen die Erwachsenen unausgesprochener zu respektieren und freuen sich über Kleinigkeiten, die unsere Kinder der postindustriellen Welt als selbstverständlich einfordern.
Aber Vorsicht: Damit habe ich keine Kritik an den Kindern geübt, sondern an uns allen, den Erwachsenen, an der Gesellschaft, an der wir alle mitwirken. Nun machen die Menschen zwar ihre Geschichte selbst, sie machen sie aber nicht freiwillig. Konkreter: Sie und ich arbeiten zwar daran mit, daß es all die Medien gibt, mit denen die Kinder umgeben sind. Wenn sie aber zu der Einsicht gelangen sollten, diese Handys, PCs, Fernsehgräte, Videospiele und das Internet seien für ihre Kinder nicht gut, stellen sie natürlich fest, daß die individuellen Einflußmöglichkeiten begrenzt sind. Ist ihr Kind kein Kleinkind mehr, können Sie nicht einfach eine Welt bestimmen, in der es keine elektronischen Medien gibt. Ihr Kind wird ständig durch andere Kinder mit ihnen konfrontiert werden und nimmt außerdem die Welt aufmerksam war, und die ist sowieso durch E-Medien geprägt, auch wenn diese nicht durch andere Kinder vermittelt werden.
Kurzum: Wenn wir im Vergleich mit ärmeren Ländern ohne unseren Überfluß feststellen sollten, daß unsere Kinder unverschämt, gierig und übersättigt sind, so heißt das ganz einfach, daß wir selbst als Gesellschaft eine Welt geschaffen haben, die für Kinder absolut schädlich ist, zumindest in einer unreflektierten Form.
Für Kinder ist es offensichtlich wichtiger, menschliche Energie, Kontakt Wärme, Singen, Tanzen, Geschichten vorlesen, das Miterleben unterschiedlicher Erwachsenen - Rollen in Gestalt von Mann-Frau, Großeltern, Onkeln und Tanten, Freundinnen und Freunden der Eltern und vielen anderen Kindern mitzuerleben, vor allem aber Natur, das Draußen- Sein und das Verstehen der Welt durch das Beobachten von Tieren, als fertige Spielzeuge, Fernsehen und materiellen Überfluß. Kinder scheinen Begrenzung, nicht Enge und Verbote, sondern eine Überschaubarkeit der materiellen Welt zu brauchen und Anregung der Phantasie durch andere Menschen, durch Spiele, durch Alltagskunst.

Ein angeblich haitianisches Sprichwort sagt plakativ und unverschämt: „Ihr habt die Uhren, wir haben Zeit", und wenn wir genauer hinschauen, sind alle Kinder ziemlich ähnlich in ihrer Grundeinstellung, wie die Menschen in den ärmeren Ländern der Welt. Kinder brauchen also weniger Konsummüll, als das, was in unserer Gesellschaft Mangelware ist:
Zeit, menschliche Wärme und Phantasie.
Dann regelt sich die Frage danach, wie sie die Welt bestimmen können, in der ihr Kind lebt, ganz von selbst. Ein Kind, dessen seelische Bedürfnisse nach Wärme, Strenge, Gegenwart der Eltern und andere Bezugspersonen ebenso erfüllt ist (und damit meine ich nicht ideal erfüllt, sondern so gut es die Eltern und die anderen können), wie körperliches Verlangen nach Draußen - Toben, Kontakt, Tieren, und einfachen Formen von Alltagskunst, reguliert sich perfekt und von selbst in Bezug auf die Medien. Kinder interessieren sich natürlich für das Fernsehen, aber eben nicht übermäßig. Sie nehmen die sehr wichtigen Anregungen der Medienindustrie auf, und das ist gut so. Schließlich will niemand ein kerngesundes Kind, das von den anderen „verarscht" wird, weil es nicht mitreden kann und „hinter dem Mond lebt". Und die moderne Welt ist nicht zufällig so, wie sie ist. Sie ist nicht gut und nicht schlecht, sie ist so, und wie sie ist, ist sie sinnvoll. Sie ist keine schwerere Herausforderung für Eltern, als eine Welt auf anderen Teilen des Globus (oder zu anderen Zeiten in Deutschland), in denen Krieg, Unterdrückung oder Hunger das Leben bestimm(t)en. Nur die Art der Herausforderung ändert sich. Und für unsere Zeit bedeutet das: Schaffen wir die Basis, von der aus das Leben die Chance hat, die wahnsinnige Flut von Bildern, Eindrücken, Abstraktionen und intellektuellen Umorganisationen mit ihrer Notwendigkeit der Selbststilisierung zu ordnen, so daß der Faden nicht abreißt zu dem, was Gadamer so beschrieb: „Es gibt eine Intelligenz der Sinne, eine Offenheit, die sich gegen instinktgebundene Voreingenommenheit, gegen Vorurteile unkontrollierter Art, gegen emotionale Verzerrungen und die wahllose Überschwemmung mit Reizfluten bewahrt. Kultur der Sinne, das heißt am Ende: Entwicklung der menschlichen Urteilsfähigkeit."[3]
Versuchen wir also, eine relativ natürliche, musische, nicht perfekt organisierte Welt für unsere Kinder zu schaffen und diese vor allem mit unserer Anwesenheit, unserem Fühlen, Wollen und Denken darin zu begleiten, dann werden die Kinder ganz von selbst in ihrer spontanen, wunderbaren Natürlichkeit und ihrem Esprit ihre Welt regulieren, so daß sie von innen her paßt, kindgerecht ist.
Sie werden die pädagogisch sorgsam geplanten Dinge aufnehmen und sie mit ihrer Wildheit und Frechheit auf den Kopf stellen, sie werden grausame Vorgaben und Gegensätze der großen Welt mit ihrer Liebe versöhnen, sie werden die graue Welt der Notwendigkeit mit ihrer Dichtkunst und ihrem Tanz, mit Musik und Phantasie zum leuchten bringen, und sie werden Glauben und Hoffnung in eine gottlose und desperat diesseitige Welt zurücktragen auf ihren Händen.

---

[3] Gadamer: „Verlust..." in: „Der Mensch ohne Hand oder Die Zerstörung der menschlichen Ganzheit" ; Gadamer, Wiesenhütter, Wieser, Seifert, Barz, Welte; DTV München 1979; S. 23

In diesem Buch möchte ich Ihnen Unterrichtskonzepte vorstellen. Diese Unterrichtskonzepte sind keine Kochrezepte, sondern detaillierte und differenzierte Anregungen. Sie können und sollen sie verändern, so wie es ihrer Intuition entspricht und wie es die Situation, die sie vorfinden erfordert.
Die Unterrichtskonzepte bedeuten: Es geht um Kinder in Gruppen; konkreter: es geht um „schwierige" Gruppen, um Kinder in Schulen von Stadtteilen sozialer Benachteiligung. Das ist natürlich nicht exklusiv gemeint. Auch wenn eine bestimmte Verwahrlosung der Kinder in Gestalt von Erziehung durch TV in ärmeren Vierteln häufiger vorkommt, auch wenn dort durch überforderte oder alleinerziehende Eltern und bestimmte multikulturelle Stolpermöglichkeiten die Bedingungen schwieriger sind, als in vielen Mittelklassegegenden, ähneln sich die Grundprobleme, und es ist der Anspruch des Buches, alle Kinder zu erreichen. Ziele des Unterrichtes wie Kreativität, tänzerisch/körperlich/musische Fähigkeiten, Körpererfahrung und soziales Verständnis und Kompetenz sind für alle Kinder wichtig, und Entwurzelung, Reizüberflutung und Gewalt sind für Kinder aus allen Gegenden und sozialen Schichten ein Thema.
Wenn es sie interessiert, dann lesen Sie auf den folgenden Seiten über Hintergründe der Lerntheorie von Aggression, die Möglichkeiten Ästhetischer Bildung und soziokultureller Erwägungen.
Wenn Sie direkt an der Praxis interessiert sind, überspringen sie am besten diese Seiten und gehen sofort zu Seite: 35 (Einleitung des praktischen Teiles), bzw. 39 (Beginn der Stundenbeispiele)

Kinder, Schule, Aggression und Ausgrenzung

Kinder sind im Allgemeinen lebhaft und kreativ. Sie erleben ständig rapide Veränderung, wachsen, erweitern ihren Erfahrungs- und Bewegungsspielraum, ihren Aktionsradius und Lebensraum. Kinder begreifen schnell und vervielfältigen ihre Verhaltensmöglichkeiten, lernen sprechen, schreiben und lesen. Sie haben eine besondere Leidenschaft für sportliche und experimentelle Bewegung und Ausdruck durch Musik, Tanz, Gesang und Malen. Sie lieben Gestaltung und improvisierte Geschichten im sprachlichen Ausdruck und szenisch mimischem Spiel.
Kinder sind expansiv, aggressiv und ängstlich zugleich, was mit ihrer rapiden Veränderung innen und außen zusammenhängt. Die Aggression ist überwiegend positiv und zielt darauf ab, sich die Welt anzueignen und sich in ihr zu behaupten. Die Angst hat mit der Erfahrung des immer Neuen und Ungewissen, sowie dem eigenen Abhängigkeitsstatus zu tun und verliert sich im Allgemeinen schnell immer wieder. Schließlich sei hier noch die Energie erwähnt, mit der Kinder ihre Sozialkompetenz erweitern wollen. Kinder sind in besonderem Maße damit konfrontiert, die eigene Egozentrik durch die ständig aufgesuchte Konfrontation mit anderen kleinen Egozentrikern auszuprobieren, pragmatisch zu relativieren und in Eigenregie Sozialverhalten in der Gruppe zu erlernen.
Kinder sind also in hohem Maße lernbegierig und kreativ. Sie verfügen über ein gesundes Maß konstruktiver Aggression, lieben Bewegung und Ausdruck verschiedenster musischer Richtungen, sowie Gruppenaktionen mit anderen Kindern.

Diese normalen - im Allgemeinen geschilderten - Verhältnisse sind heute oft und vielfältig gestört. Die postmoderne Gesellschaft isoliert viele Kinder und überfällt sie mit vorgefertigten und tendenziösen aktions- und im destruktiven Sinne aggressionsgeladenen Bildern.
Die Folgen sind für die Kinder, die Eltern, die Schule und die Gesellschaft als Ganzes gefährlich. Der vorliegende Ansatz und alle ähnlichen Verfahren der Alltagskunst arbeiten diesen Tendenzen mit dem Einsatz von Kunst und Künstlern in den Schulen entgegen.

Allgemeine Lage

Der Schule werden in der postmodernen Gesellschaft in steigendem Maße Erziehungsfunktionen der Eltern aufgebürdet. Dabei nehmen nicht nur in Problemschulen „sozialer Brennpunkte" die Schwierigkeiten der Institution Schule zu, ihren Erziehungsauftrag zu erfüllen.
Ist schon allgemein die Gewöhnung des „kleinen Animal" [4] an die Gesellschaft schwierig, so entsteht in Stadtteilen mit Arbeitslosigkeit (oft Perspektivlosigkeit, Geldprobleme) und hohem Ausländeranteil (z.T. Zielkonflikte mit der demokratischen Gesellschaft, Sprachprobleme) eine Situation, in der die Lehrer hoffnungslos überfordert sind.

Sozialisationsdefizite

Soziales Verhalten im Allgemeinen ist ja nicht angeboren, sondern muß erlernt und geübt werden. Heute sind quer durch die Gesellschaft viele Kinder mangelhaft sozialisiert. Durch ihre relative Isolation fehlt die seit jeher übliche Gruppensozialisation. Wie Sennet in „Verfall und Ende des öffentlichen Lebens, die Tyrannei der Intimität" [5] schreibt, ist mit dem Verschwinden des Lebens auf der Straße und dem Zerfall prägender gesellschaftlicher Gruppen die Möglichkeit, soziales Verhalten zu beobachten und zu imitieren, Ausdruck zu verstehen und zu bewerten in einem Maß verschwunden, daß Nähe an sich jenseits des Inhalts zum Wert per se wird. Absolut banale Dinge des täglichen Umgangs, die früher jedes Familienmitglied aber auch jeder Bewohner der Mietshäuser, Straßen oder später studentischer WGs automatisch mitbekam, werden durch die Isolation zur Ware und in Sendungen wie Talkshows, Big Brother oder Casting Shows vermarktbar.
Neben bestimmten negativen Auswüchsen können wir ein großes Bedürfnis nach ästhetischer Bildung, also der Bewertung der Stimmigkeit von Gefühl und Ausdruck, Authentizität und Stilmittel erkennen. Es fehlen also Erfahrung mit der Reaktion anderer, das Gefühl von Gemeinsamkeit und konstruktives Konfliktverhalten. Diese wichtige gegenseitige Erziehung findet oftmals auch durch die fehlenden oder überforderten Eltern nicht statt, sondern ein großer Teil der sozialen Orientierung geschieht über Rollenvorbilder als Vorbildlernen durch Fernsehen und Videospiele. Als universelle Lösung auf eine Vielzahl von Situationen wird dort Gewalt als nicht nur adäquates, sondern auch überwältigend erfolgreiches Verhalten (im Folgenden auch als V^G bezeichnet) angeboten. Das ist um so schwerwiegender, als in der szenischen Darstellung und Erzählweise von TV und Videospielen zusätzlich zu diesem **Antwortverhalten** auch eine Übergewichtung von **Sichtweisen und Bewertungen** der Situationen (im Folgenden auch als **S** bezeichnet) als kampforientiert oder bedrohend vorherrscht.

---

[4] S. Berger/Luckmann, Die gesellschaftliche Konstruktion der Wirklichkeit, Fischer, Frankfurt 1995 S. 193/194 (The social construction...Doubleday NY

[5] Richard Sennet, Verfall und Ende des öffentlichen Lebens, die Tyrannei der Intimität, Fischer, Frankfurt 1995, (The Fall of Public... Knopf, New York)

Lernpsychologie der Aggression

Psychologische Untersuchungen zeigen, daß Gewalt besonders schnell gelernt wird[6]. Dies gilt sowohl für das erwähnte Vorbildlernen, als auch für das reale Lernen im Leben.

Diese Tatsache ist umso schwerwiegender, als - wie oben angedeutet - oft die Eltern als positive Rollenvorbilder oder als moderierende Erklärer des Gesehenen oder Erlebten fehlen. Peergroups in sozialen Brennpunkten bieten das gleiche Bild. Gewalt ist nicht nur das von der Antworthäufigkeit dominierende Lösungsmuster. Sie ist auch außerordentlich erfolgreich wegen des Fehlens anderen Lösungsverhaltens und ihrer allgemeinen Akzeptiertheit.

Gesellschaftliche Folgen

Gewalttätige Kinder stellen eine gesellschaftliche Bedrohung dar. Sie stören die Schulabläufe im Allgemeinen und die nicht gewalttätigen Kinder. Sie lernen weniger und schlechter und haben eine äußerst ungünstige Sozialprognose. Sie enden überdurchschnittlich häufig kriminell. Staat und Gesellschaft reagieren meist auf solche Situationen mit der Klassifikation einer Gegend als sozialem Brennpunkt und relativem Rückzug. Stadtteile und Schulen werden immer mehr zu Gettos. Bedrohungssituation und Gewalt als Lösungsmuster werden durch die objektive Sachlage verschärft, die Tendenz zur Gewalt nimmt weiter zu.

Verhaltensanalyse von Gewalt

Verhaltenspsychologisch heißt das: Auf sehr unterschiedliche soziale Situationen *(Bedrohung, Streß, Unsicherheit, Suche nach Aufmerksamkeit, Verletztheit, Dominanzstreben, Kommunikationsprobleme, Unfähigkeit, Gefühle zu zeigen, Minderwertigkeitsgefühle Überheblichkeit, etc.*) S^{1-X} reagieren viele Kinder (nicht nur aus Problemgebieten) mit Gewalt $V^{G.}$ Erschwerend wirkt dabei eine Verarmung der Wahrnehmung, in der unterschiedliche soziale Situationen nicht differenziert wahrgenommen, sondern häufiger als von anderen als Bedrohung
(hier als S^B bezeichnet) erlebt werden. Genauer betrachtet führen oft
mangelnde Übung in der Selbsteinschätzung und soziokulturelle Defizite zu Unterlegenheitsgefühlen. Eine häufige Folge sind falsche kognitive Lösungsstrategien einer Überkompensation durch Gewaltphantasien, die in TV, Videospielen und Internet vorgelebt werden und, wie oben dargestellt, oft ohne Reflexion umgesetzt werden.

Konkret wird eine Vielzahl von verschiedenen Situationen als Gewaltsignal interpretiert:

S 1-S^B

S 2-S^B

S 3-S^B

---

[6] Die Leser mögen sich selbst ein Bild in der Flut von Veröffentlichungen aus den Bereichen Entwicklungs- und vor allem Lernpsychologie machen..

$S\ 4\text{-}S^B$
$S\ 5\text{-}S^B$
$S\ 6\text{-}S^B$
$S\ 7\text{-}S^B$
Völlig verschiedene soziale Situationen (S 1-7) werden als Provokation, Verunsicherung Angriff etc. erlebt oder interpretiert und die Gewalt wird häufiger als bei anderen Kindern angewandt.
(auf S 1-7 folgt anstelle unterschiedlicher möglicher Reaktionen oft Gewalt).
$S\ 1\text{-}S^B\text{-}V^G$
$S\ 2\text{-}S^B\text{-}V^G$
$S\ 3\text{-}S^B\text{-}V^G$
$S\ 4\text{-}S^B\text{-}V^G$
$S\ 5\text{-}S^B\text{-}V^G$
$S\ 6\text{-}S^B\text{-}V^G$
$S\ 7\text{-}S^B\text{-}V^G$

Fazit der Gewaltproblematik

Es gibt Wahrnehmungs- und Verhaltensdefizite. Situationen werden unangemessen eingeschätzt, es wurde ein sozial nicht erwünschtes Verhalten gelernt. Nötig sind ein Wahrnehmungs- und Verhaltenstraining, in dem angemessener wahrgenommen werden kann und differenzierteres nicht aggressives Verhalten geübt wird, ein Verhaltensmodifikationsprogramm, in dem das unerwünschte Aggressionsverhalten verlernt und statt dessen eine Palette anderer Verhaltensweisen eingeübt wird. Daß dafür Kunst ein hervorragendes Medium ist, werde ich weiter unten zeigen.

Bedeutung von Reizüberflutung und Konsumorientierung

Ein weiteres Problem liegt in der vorherrschenden Passivität, einer einseitigen Konsumorientierung, die Kinder ohne Eigeninitiative einer übermächtigen Bilderwelt aussetzt. Aber auch Kreativität, Wahrnehmen etc. müssen und können geübt und gelernt werden. Ohne eigene Kreativität erzeugt allein diese Überflutung Aggressivität als letzte Möglichkeit des sich Wehrens, des Eigenen. Eine andere Folge ist Unaufmerksamkeit. Einseitig passives, nicht-kreatives Verhalten führt zu kurzen Konzentrationsspannen, was im Unterricht zu Aufmerksamkeitsproblemen führt. Kunst als eigenes kreatives Verhalten schafft Abhilfe.
So zeigt eine Schweizer Studie, daß bei einer Verringerung der Stundenzahl von Fächern wie Rechnen, Schreiben und Lesen zugunsten von Kunst sich deren Leistung trotzdem verbesserte. [7]

[7] Einheimische Projekte wollen diese Kernfächer nicht verringern

Probleme multikultureller Schulen

In der gängigen Schulpraxis findet keine angemessene Vermittlung von Multikulturalität statt. Traditionelle, vorwiegend islamische Kulturen bieten ihren Kindern wenig Integrationsmöglichkeiten in moderne Gesellschaften, die häufig nur aus materiellen Gründen aufgesucht werden und ansonsten in ihrer kulturellen, ideellen, liberalen und toleranten Werthaltung kraß abgelehnt werden. Es findet keine Vermittlung statt, so daß die Kinder oft zwischen Unterlegenheit und Überlegenheit schwanken. Übertriebener Materialismus, Machismus und religiöser Fundamentalismus stellen häufige aber wenig günstige Lösungsmuster auf die kulturelle Dissonanz dar.

Kulturelle Vielfalt wird aber auch von ärmeren Einheimischen oft nicht als Bereicherung, sondern als Bedrohung erlebt. Wechsel zwischen Minderwertigkeits- und Überlegenheitsgefühlen untereinander und Angst führen zu einem Rückzug der Familien in die eigene ethnische Gruppe. Der Kontakt der Kinder untereinander findet oft erstmals durch die Schule statt, wo er einseitig sprachlich, vergleichend und bewertend ist und so Unterschiede anstelle von Gemeinsamkeiten betont.

Diese Probleme sind in Deutschland aber auch in den meisten anderen westeuropäischen Ländern dramatisch. Sie werden sich für die Gesellschaft in nächster Zeit potenzieren. In den nächsten Jahren wird in vielen Städten in der Altersgruppe von 20-40 Jahren die Mehrzahl der Kinder Kinder eingewanderter Eltern sein.

Nach dem Versagen der Politik in der Frage der Einwanderung liegt es an dem Umgang in der Schule miteinander, ob die Bundesrepublik Deutschland in Zukunft auf eine nicht beherrschbare Situation rivalisierender ethnischer Gruppen und unterschiedlicher Wertkonzepte zusteuert, oder der große Gesellschaftsentwurf einer multiethnischen multikulturellen Gesellschaft auf der Grundlage von Toleranz und gegenseitiger Bereicherung durch das Miteinander unterschiedlicher Ressourcen möglich wird.

Ein besonderes Problem mit dem größten Gewaltpotential liegt in dem Phänomen der Ausgrenzung, dem ich eine ausführliche eigene Überlegung widmen will: Ausgrenzung ist sowohl die augenfälligste Folge mißglückter Integration. Sie stellt auch einen überaus sinnvollen Erklärungsschritt auf dem Weg von der beschriebenen Problematik zu destruktiver Aggression dar.

Einleitung: Die ganz alltägliche Ausgrenzung

Wenn man von Ausgrenzung spricht, hört sich das sehr extrem, gezielt und böswillig an. Für die Opfer von Ausgrenzungen, die Ausgeschlossenen, ist es das auch. Als Betrachter dürfen wir aber nicht vergessen, daß Ausgrenzung ein alltägliches, ein, wenn auch unschönes, so doch normales menschliches und tierisches Sozialverhalten darstellt.

Erinnern wir uns selbst an die Schulzeit, die Pubertät, dann fallen uns sofort Schüler und SchülerInnen ein, die aus irgendwelchen Gründen, sei es daß sie zu dick oder zu dünn waren, sich ungeschickt verhielten, besonders schlechte oder gute Leistungen in der Schule zeigten, häßlich oder aus irgendeinem Grund in eine eigenartige Rolle geraten waren, zu Außenseitern wurden, die auch - mal mehr, mal weniger heftig - ausgeschlossen wurden.

Dabei spreche ich nicht einmal von multikulturellen, sondern ganz durchschnittlichen Schulsituationen.

Derartige Dinge fallen uns, wenn wir reisen und gerne beobachten, auch in so gut wie allen Zivilisationen auf.

Allgemeine Problemstellung: die Unterschätzung der Ausgrenzungsproblematik

Ausgrenzung hat offensichtlich mit der allgemeinsten Form von Gruppendynamik, mit Gruppenhierarchien zu tun und stellt so etwas wie eine gern unter den Tisch gekehrte aber überall schnell auffindbare kollektiv-menschliche Schmuddelecke dar. Das scheint seinen Grund in Rangordnungs- und Selektionsverhalten (wie wir es auch bei allen Herdentieren beobachten können) zu haben, wo prototypisch der Art besonders gut entsprechende Tiere Führerschaft und gute Fortpflanzungsmöglichkeiten haben, nicht „gut gelungene Tiere" aber marginalisiert und von der Fortpflanzung ausgeschlossen werden sollen. Will man jedoch daraus, daß Ausgrenzung in allen menschlichen Gemeinschaften und sogar bei den Tieren so ubiquitär ist, eine Regel machen - sie quasi als unschönes aber nicht zu leugnendes Fact akzeptieren -, so müßte man sich nicht nur den Vorwurf des Biologismus machen lassen. In demokratischen Gesellschaften wird Ausgrenzung aus guten Gründen (praktischen und moralischen) abgelehnt: Praktisch haben wir gesehen, daß gerade die nicht so gutaussehenden, diejenigen, die weder sportlich, noch als Meinungsführer oder Lieblinge des anderen Geschlechts im Mittelpunkt stehen, oft besondere Fähigkeiten besitzen, die sie für die Gemeinschaft um so wertvoller machen; wir haben gelernt, daß bei etwas Respekt auch die scheinbar seltsamsten Menschen die Gesellschaft bereichern können. Moralisch schließlich, jenseits praktischen Eigennutzes verstößt Ausgrenzung, die ja eng mit Diskriminierung zusammenhängt, gegen die Menschenwürde. Daß Ausgrenzung immer und überall vorkommt, obwohl sie als so persönlich zerstörend erlebt wird und viel Schaden anrichtet, zeigt, daß es sich um ein Problem handelt, das besondere Aufmerksamkeit und Kreativität schon in ganz alltäglich-normalen Situationen erfordert. Wie ich weiter unten zeigen werde, potenzieren sich die Probleme und Herausforderungen in einer postmodernen multikulturellen Gesellschaft in einem Maße, daß man von einer existentiellen

Gefährdung der Gesellschaft sprechen muß, sollte nichts unternommen werden. Wollen wir etwas gegen Ausgrenzung in der Schule in einer multikulturellen postmodernen Gesellschaft unternehmen, so tun wir gut daran, uns einerseits dieser Tatsache ihres allgemeinen Vorkommens bewußt zu sein und sie nicht als speziell böswillige Tat zu verurteilen, andererseits aber ihre verhängnisvollen Folgen zu sehen.
Die Ubiquitarität von Ausgrenzungsverhalten bedeutet, daß die ach so beliebten guten Appelle nichts nützen. Sie verfestigen im Gegenteil noch dieses in der menschlichen Natur offensichtlich fest verankerte Sozialverhalten.
Da der moralische Appell nichts nützen kann, müssen besondere Methoden angewandt werden, die das (durch gewöhnliche und fest eingefleischte Vorurteile zementierte) Ausgrenzungsverhalten außer Kraft setzen und die Wahrnehmung für eine Chance öffnen, sich frei und offen zu begegnen. Eine solche Möglichkeit stellt offensichtlich die normale Schule genauso wenig dar, wie der Sport, der gerade wieder in besonderem Maße Hierarchien schafft.
Möglichkeit, den anderen als Bereicherung in der Verschiedenheit zu erleben, bietet vor Allem ein offener, nicht bewertender aber persönlich herausfordernder Kunstunterricht.
Einen solchen werde ich als Ästhetische Bildung durch den Körper als Erfahrung der Natur im Menschen weiter unten ab S. 39 vorstellen.

Spezielle Problemstellung: Potenzierung der Ausgrenzungsproblematik in multikulturellen Gesellschaften

Wenn wir nun die oben beschriebenen Ausgrenzungsmechanismen einer homogenen Gesellschaft auf eine multiethnisch-multikulturelle Gruppe übertragen, so ergibt das eine Potenzierung der Ausgrenzungsmöglichkeiten. Ohne besonderen Rassismus führt die normale Schulsituation automatisch zu Ausgrenzung, da sich Menschen gewöhnlich sprachlich zusammenschließen. Dank Kabel- TV sehen Kinder aus größeren Einwanderergruppen muttersprachiges TV, reden untereinander in ihrer Sprache und grenzen sich tendenziell gegen andere ethnische Gruppen und Einheimische ab. Normale Schule führt zu einem Erstkontakt über Sprache und Notenbewertung, was automatisch selbst bei gutem Willen zu Unterscheidung führt.

Die Gesellschaft der Bundesrepublik und ihre Institutionen scheinen auf diese ungewöhnliche Herausforderung nicht richtig vorbereitet zu sein. Es sind aber wirklich besondere Anstrengungen nötig, um in dieser Entscheidungssituation das Richtige zu tun. Wenn ich Entscheidungssituation schreibe, hat das seinen Grund: Im Augenblick werden, ohne daß das vielen bewußt wäre, die Weichen gestellt mit enormen Folgen: Wir haben die Wahl zwischen einer Gettogesellschaft mit bürgerkriegsähnlichen Zuständen und einer spannungsreichen aber produktiv verunsichernden multikulturellen Gesellschaft. Warum aber ist diese Situation so folgenschwer?

Detaillierte Analyse

Es gibt drei Hebel, die die Folgen des derzeitigen Tuns multiplizieren.

1 In Kindheit und Jugend werden Erfahrungen bezüglich des Sozialverhaltens gemacht, die entscheidend für das spätere Leben sind und offenbar auch drastisch erlebt werden. Gerade die Erfahrung der Ausgrenzung aber ist von einer solchen persönlichen Wucht, daß sie zu einem ohnmächtigen Haß auf die anderen führt. Beispiele von Gruppengewalt oder gar Massakern zeigen, wozu Schüler fähig sind, die erleben, daß sie ausgegrenzt werden, sich wertlos fühlen, von den anderen mißachtet werden.

2 In sozialen Brennpunkten treffen nun als besondere Zuspitzung zwei Gruppen aufeinander, die als gesellschaftliche Verlierer für eine Radikalisierung prädestiniert sind. Einheimische, die zu den Modernisierungsverlierern gehören und Einwanderer, deren ethnischer Hintergrund an sich sie in einem Maß zu Verlierern gemacht hat, daß sie ihr Heimatland verlassen mußten. Was das bedeutet, ist bisher vielleicht zu wenig gewürdigt worden. Einwanderer kommen nicht aus Interesse an der Kultur des Aufnahmelandes, sondern weil sozioökonomische und politische Bedingungen in ihrem Heimatland katastrophal sind. In den Aufnahmeländern erleiden sie eine dramatische kognitive Dissonanz. Sie sehen, daß „man sich nicht waschen kann, ohne naß zu werden". Es ist nicht einfach so, daß sie bleiben können, wie sie sind, nur plötzlich in Frieden, Freiheit und Wohlstand leben, sondern sie müssen vor allem sich selbst ändern. Das scheint aber außer bewußten politischen Flüchtlingen der Masse der Einwanderer nicht in dieser Konsequenz bewußt zu sein. So stellen sie fest, daß sie zwar ihr armes und ungerechtes Heimatland verlassen haben, dessen Mentalität, die zu Armut und Unterdrückung führte, jedoch mitgenommen haben. Sie macht einen wichtigen Teil ihrer persönlichen Identität aus. Dazu möchte ich anmerken, daß Integration schon immer ein sehr schwieriger Prozeß war. In postmodernen Gesellschaften fehlen aber -zusätzlich zu klassischen Situationen wie etwa „USA- Jahrhundertwende“- sowohl der Assimilierungsdruck der Straße, als auch eine Orientierung darauf, welche Anpassungsleistungen wesentlich sind. Meist fehlt auch eine Atmosphäre, in denen Einwanderer willkommen geheißen werden. Sie werden aus bestimmten moralischen Gründen nicht ausgewiesen, können aber nie das Gefühl haben, wirklich offen empfangen zu werden. Es gibt auch keine Instanz, die klar sagt, welchen Veränderungsprozeß sie

durchlaufen müssen. Tatsächlich ist die Situation ja nicht ungünstig. Alle modernen Gesellschaften brauchen Einwanderung. Es herrscht bereits ein Klima kultureller Vielfalt. Fremde Sitten und Gebräuche, Hautfarben, Küche, Musik und Tänze werden gerne und als interessant angenommen. Es wäre also relativ einfach, zu sagen: Wir respektieren in den Aufnahmeländern jeden ethnischen Hintergrund, der nicht mit den zentralen Wertvorstellungen des gastgebenden Landes konkurriert. Hier aber liegt das Hauptproblem. Es wird vermieden, deutlich zu sagen, welche Wertvorstellungen als konkurrierend aufgefaßt werden. Es müßte Einwanderern vermittelt werden, daß zwar eine fremdartige Küche oder ein exotisches Aussehen goutiert und respektiert wird, in den Gastgeberländern aber kein Platz und Zero-Toleranz für bestimmte traditionelle Einstellungen vieler Einwanderer (wie religiöser Fundamentalismus, Sexismus und Rassismus, Intoleranz und Clandenken) ist, die ja auch schon in ihren Herkunftsländern zu den katastrophalen Bedingungen geführt haben, die zur Auswanderung führten. Es fehlen sowohl die Vermittlung und Thematisierung durch die Medien, als auch eine Betreuung durch Sozialarbeiter und in der Schule. Dabei kann nur eine klare Aussage helfen, daß Einwanderer allgemein wirklich akzeptiert und respektiert und ihre ethnischen Bräuche als Bereicherung angenommen werden, sie die demokratischen Grundgegebenheiten des aufnehmenden Landes aber wirklich mit dem Enthusiasmus, den sie verdienen, annehmen müßten, denn gerade diese haben zu Wohlstand und Freiheit geführt. Da genau das nicht geschieht, müssen sich Einwanderer in einem unbegreiflichen Zwiespalt wieder finden: Sie fühlen sich diffus abgelehnt und haben das Gefühl, trotzdem aus schwer nachvollziehbaren Gründen geduldet zu werden, ohne gewollt zu sein. Andererseits können sie sich aber zu unvorstellbaren Wohltaten wie dem gesamten sozialen Netz ohne effektive Kontrolle Zugang verschaffen. Dafür wird die aufnehmende Gesellschaft nicht selten verachtet, die Toleranz wird als Schwäche ausgelegt. Das muß zu einer Abgrenzung gegenüber den Einheimischen führen, zu Cliquen- und Gangbildung bei Kindern und Jugendlichen. Dieser Vorgang wird dadurch verstärkt, daß Einwanderer gewöhnlich in Stadtteilen wohnen, in denen sie nicht auf soziale Vorbilder der staatstragenden Mittelschichten stoßen, sondern auf ihrerseits deklassierte einheimische Unterschichten. Daraus entwickelt sich oft eine Mischung aus Überlegenheit und Unterlegenheit, man tut sich zusammen und unterdrückt die als schwach erlebten Einheimischen. Ausländische Schüler erpressen das Taschengeld einheimischer Schüler und steigen in die lukrativen Bereiche Dealen, Schutzgelderpressung und Prostitution ein. Das Ganze steht oft auf dem Boden einer faschistoiden pseudoreligiös-ethnischen Gruppenideologie, die dezidiert Toleranz, Emanzipation der Geschlechter und das Gewaltmonopol des Staates ablehnt. Diese Situation verstärkt bei den einheimischen sozialschwachen Schichten die vorher schon zumindest latente Ablehnung der Neuen. Kulturelle Vielfalt wird von ärmeren Einheimischen nicht als Bereicherung, sondern als Bedrohung erlebt. Gerade das machistische Gehabe der Einwanderergangs scheint bei den eher isolierten einheimischen Jugendlichen, die wiederum Opfer dieser selbst nicht privilegierten Einwanderer werden, faschistoides Gedankengut zu fördern.

Sie werden selbst zu Ausgegrenzten der ausgegrenzten Einwanderer, die aber in ihrem Viertel dank Kinderreichtum und Gangorientierung die Mehrheit bilden. Diese fatale Situation doppelter Ausgrenzung führt zu gefährlichen und unhaltbaren Zuständen. Das zeigt sich sowohl in der viel höheren Kriminalität bestimmter Einwandererkinder, die offensichtlich das Wertesystem der Gastländer nicht übernommen haben und sich für ihre Ausgrenzung mit Verbrechen rächen, aber auch in der latenten Ablehnung bestimmter Einwanderergruppen in allen westlich demokratischen Gesellschaften.

Resümee

Zusammenfassend sehen wir einen Wechsel zwischen Minderwertigkeits- und Überlegenheitsgefühlen untereinander und Angst, die zu einem Rückzug der Familien in die eigene ethnische Gruppe führen. Der Kontakt der Kinder untereinander findet oft erstmals durch die Schule statt, wo er einseitig sprachlich, vergleichend und bewertend ist und so Unterschiede anstelle von Gemeinsamkeiten betont. Neben moralischen Werten gibt es in postmodernen multikulturellen Gesellschaften handfeste Interessen, die einen Kampf gegen die Ausgrenzung zu einem der wichtigsten Ziele in der Schule machen: Die Illusion, der bisherige - mehr schlechte als rechte - Status Quo ließe sich über die Zeit retten, ist nach der vorliegenden Erörterung nicht haltbar. Ohne eine gezielte Intervention und ohne Umkehr im pädagogischen Planen und Tun kommt es zu einer Eskalation unfreundlicher Einstellungen und feindseliger Handlungen und in der Folge zu einer quasi - Apartheid. Eine entschiedene Förderung von Toleranz und Kreativität kann aber im Gegenteil zu dem großen Entwurf einer demokratischen multiethnischen Gesellschaft führen.

Allgemeine Lage

Die Probleme an Schulen

Mit solchen Problemen ist die Schule überfordert. Lehrerausbildung wurde ursprünglich für eher homogene Gruppen konzipiert, war eher auf Wissens-vermittlung ausgerichtet und eher sprachlich orientiert. Hier werden aber Lehrer als handlungsaktive Rollenvorbilder, die oft nonverbal die sozialen und persönlichen Voraussetzungen für normale Schule und Wissen erst herstellen sollen gefordert.
Schon die ganz allgemeine Kindererziehung ohne soziale Brennpunkte und ohne die „postmoderne Gesellschaft" mit ihrer Isolation ist jedoch ein schwieriges Unterfangen und bedarf der Kunst als Ausgleich.
Ich möchte noch einmal ins Gedächtnis rufen, daß ja nicht nur die Lage von Kindern in postmodernen Gesellschaften oder gar die Erziehung in so genannten schwierigen Stadtteilen nach Tanz und Kunst ruft, sondern diese für die Erziehung insgesamt von grundlegender Bedeutung ist.

Über die generelle Notwendigkeit von Kunst für Kinder

„Die Schwierigkeiten, welche die erste Sozialisation eines Kindes bereitet, können nicht einfach nur als Lernschwierigkeiten angesehen werden. Das kleine Animal schlägt zurück. Daß ihm bestimmt ist, das Gefecht zu verlieren, hindert es nicht daran, sich gegen den immer tiefer in es eindringenden Einfluß der Gesellschaft zu wehren. So verwehrt es sich zum Beispiel dagegen, daß der natürlichen Zeitlichkeit seines Organismus die Zeitstruktur der Gesellschaft auferlegt wird." [8]
Diese Anpassungsleistung bedarf unbedingt eines Ausgleichs, in dem auch ohne das heute zelebrierte belanglose Ausflippen eine durch Rhythmik in Musik und Tanz mögliche Aufhebung der Ego-Dominanz mit ihrer äußerlichen Zeitstruktur, eine leichte körperlich als Trance spürbare Rückbesinnung auf die eigene Körperregulation möglich ist. Wie Gruber in „Tranceformation, Schamanismus und die Auflösung der Ordnung" [9] beschreibt, war das schon immer (auch in heute als paradiesisch empfundenen Stammeskulturen) notwendig und üblich.

---

[8] Berger/Luckmann sieh Fußnote 1

[9] Elmar Gruber, Tranceformation, Schamanismus, und die Auflösung der Ordnung, Sphinx, Basel 1982

Allgemeine Einschätzung der Wirksamkeit von Kunst am Beispiel Tanz

Ich stelle hier an Tanz exemplarisch dar, wie ein gelungener künstlerischer Unterricht die beschriebenen Probleme lösen kann: Ähnliches gilt selbstredend für die anderen Künste:

Tanz ist Sozialisierung. Soziale Interaktion geschieht gleichzeitig als körperliches Lernen, macht an sich Spaß, verbessert motorische Fähigkeiten ohne Streß und stellt somit eine intrinsische (in sich selbst bestehende und somit ohne äußere Belohnung bestehende) Motivation dar. Die allgemeine Selbst- und soziale Einschätzungen werden verbessert, Kinder lernen spielerisch differenziertes Wahrnehmen und nicht-aggressive Handlungsmöglichkeiten; es ist eine echte, freie Gestaltung möglich.
Kunst ist die Kreativität, die als Gegengift die Medienberieselung ausgleichen kann. Individueller Gefühlsausdruck wird geübt; das ist ein Aggressionsabbau an sich und ermöglicht eine Wahrnehmung von Multikulturalität als Vielfalt und Bereicherung. Tanz ist immer auch „Ästhetische Bildung durch den Körper als Erfahrung der Natur im Menschen" [10] und kann so gröbste Verzerrungen durch eine benachteiligende Erziehung relativieren. Kunst stellt nach Gadamer [11] eine geschmackliche Bildung dar, die gegen Überflutung mit Werbung und geschmackliche Voreingenommenheiten, für die Urteilsfähigkeit des kleinen Menschen wirkt.
Weiter oben wurde dargestellt, daß Gewalt besonders schnell gelernt wird. Für Kunst gilt, daß die Korrektur aggressiven Verhaltens hier ganz von selbst und nicht mit erhobenem Zeigefinger geschieht.
Dadurch, daß soziale und emotionale Situationen körperlich ausgedrückt werden, lernen Kinder eine realistischere Einschätzung ihrer selbst und anderer, was schon eine Gewaltprävention darstellt. Was gelernt ist, ist vor allem schön und stimmig, mitreißend und positiv. Das (Schönheit und Authentizität) ist eine der wenigen Kategorien, die stärker als Gewalt ist, zumal Gewalt nicht ausgeschlossen wird. Sie kann **symbolisch ausagiert** werden.
Verhaltenspsychologisch bedeutet das:
Es werden vielfältige, angemessene Verhaltensweisen an Stelle der universellen Gewalt gelernt.
S1-R1, S2-R2, S3-R3, etc.

---

[10] Detlef Kappert: „Tanztraining, Empfindungsschulung und persönliche Entwicklung", Verlag für Ästhetische Bildung, Göttingen 1990

[11] Gadamer und Gadamer/Wiesenhütter/Wieser/Seifert/Barz/Welte: „Der Mensch ohne Hand oder die Zerstörung der menschlichen Ganzheit", München 1979

Was kann Kunst speziell in Bezug auf das zentrale Problem der Ausgrenzung leisten?

Lösungsmöglichkeiten durch Kunst, Einleitung: Unterscheidung vs. Gemeinsamkeit
Unterscheidung ist interessanterweise an sich schon die Grundlage von Konflikten, das Wort „diabolisch" demonstriert das etymologisch. Es benennt einmal einfach das harmlos Trennende wie z.B. "Dia" oder „Diaphragma" etc., wird aber im religiösen Kontext als Diabolus und allgemeinsprachlich als diabolisch mit dem Bösen an sich gleichgesetzt. Warum? Ilya Prigogine ist der Ansicht, daß die von ihm formulierte Revision des zweiten thermodynamischen Gesetzes mit der Ordnung durch Fluktuation der dissipativen Strukturen in chemischen Reaktionen als allgemeine Weltregel von der Ebene unbelebter Teilchen in Chemie und Physik auf Sozialsysteme übertragbar sei. Demnach entwickeln sich Systeme ohne Kommunikation im Gegensatz zu miteinander kommunizierenden Systemen nicht vorhersagbar regelmäßig, sondern in einer gewissen Kollisionstendenz einer Art, die Sprünge und Richtungswechsel ohne Vorhersagbarkeit bedeutet.[12]. Im sozialen Bereich deutet Prigogine das als Konflikte und soziale Kollisionen und fordert vor allem Entwicklung innerhalb eines gemeinsam kommunizierenden Systems.
Zusammen mit der geschilderten schwierigen bis dramatischen Situation der Kombination allgemeiner Ausgrenzungsproblematik mit einer multiethnisch/ multikulturellen Gesellschaft macht das deutlich, daß die hier geforderte Kunst vor allem das allen Menschen Gemeinsame, also das Archetypische, d.h. in allen Menschen vor der individuellen Erfahrung Angelegte, ansprechen muß. Das Archetypische ist hier im Sinne von Jung als allgemeines Konzept verstanden. In unserem Kontext entspricht es der Conditio Humana, dem, was allen Menschen gemeinsam ist und auf was man sich im Unterricht beziehen sollte, wenn man am Gemeinsamen an Stelle des Trennenden ansetzen will. Was aber ist das Gemeinsame, und wie kann es vermittelt werden? Nun ist unmittelbar einleuchtend, daß die Einsicht der Ähnlichkeit in der Beschaffenheit des Skelettes z.B. kein überwältigendes Gefühl der Verbrüderung über Stammesgrenzen hinweg erzeugen wird. Anders ist es dagegen mit Kunst. Kunst kann allgemein menschliches so ausdrücken, daß es unmittelbar empfunden und verstanden wird. Das ist aber nicht immer und vor allem nicht automatisch so! Kunst kann - wie in der Episode um und vor 1900 gezeigt - auch äußerst nationale Gefühle transportieren, denken wir an die „Moldau" - Aufführungen in Prag z.B. Hier wurde durch die musikalische Darbietung die „tschechische Eigenart" gegenüber der damaligen österreichisch - ungarischen Herrschaft empfunden, demonstriert und reklamiert mit eben dieser sinfonischen Kunst als Katalysator. Ähnliche Wirkung hatten auch alle ethnischen Tänze. Betont werden die Gemeinsamkeit der eigenen Gruppe und der Unterschied zu anderen Gruppen. Interessanterweise sind aber sowohl Smetanas „Moldau", als auch andere Werke der Musik der Jahrhundertwende und ethnische Tänze durchaus

---

[12] Ilya Prigogine, Isabelle Stengers, Dialog mit der Natur, Piper, München 1968

heute für ein übernational individuell empfindendes Publikum sogar in Österreich, Ungarn und Deutschland (den ursprünglichen nationalen Gegnern tschechischer Moldau - Liebhaber) verständlich. Offensichtlich gilt das aber nur, wenn Kunst eine bestimmte Qualität hat, d.h. eigentlich Formen für etwas allgemein Menschliches findet und es ausdrückt. Tendenziöse Pamphlete im Gewande von Kunst erwecken mit Abstand sogar noch größere Abscheu. Gute Kunst hingegen kann nur begrenzt in bestimmten historischen Situationen für Gruppenegoismen eingespannt werden und meint sonst immer etwas, was alle Menschen betrifft und was alle Menschen verstehen. Der geneigte nicht tschechisch - nationalistische Kunstgenießer, der die „Moldau" hört, hört (um im Beispiel zu bleiben) in erster Linie das **Fließende an sich** in der Musik und nicht das Fließende der tschechischen Moldau. (Ähnliches gilt für Wagner, Verdi und andere, wo eine nationale Mythologie und Überhöhung durchaus von allen Menschen als allgemeiner Teil der menschlichen Natur verstanden wird.) Für den praktischen Unterricht in Schulen sollte der Schwerpunkt auf dem **Künstlerischen an Sich**, nicht auf dem Kunst**pädagogischen** liegen. Andererseits müssen diese Künstler Geschick im Umgang mit schwierigen Kindern haben. Für den Unterricht bedeutet das, daß sowohl eine bestimmte künstlerische Qualität als Substanz da sein muß, als auch eine bewußte Einstellung auf das allgemein Menschliche, auf das Archetypische, das die verbindende Wirkung bestimmt. Für eine Pädagogik der Förderung von Toleranz und Kreativität heißt das: Eine Ausrichtung auf das allen Menschen <u>Gemeinsame</u>, die Conditio Humana, ist neben einer guten künstlerischen Qualität und einem gewissen schauspielerischen und pädagogischen Talent, dem Charisma, die nicht eben geringe Anforderung an den Künstler/Lehrer.

<u>Kunst als einzigartige Möglichkeit, Gemeinsamkeit an Stelle des Trennenden zu erfahren</u>

Vergegenwärtigen wir uns jetzt die ungewöhnlichen Möglichkeiten von Kunst allgemein:

-Kunst stellt eine einzigartig wirksame Möglichkeit der Verbindung her, Unterschiedlichkeit nicht als Bedrohung, sondern als eine Verschiedenheit in der Gemeinsamkeit zu verstehen, die auch bereichern kann.
-Kunst ist grundlegend nonverbal.
-Sie ist jenseits der folkloristischen Eigenart universell, und
-sie stellt eine schwer zu beschreibende Gemeinsamkeit her, die am einfachsten mit dem Rückgriff auf das vor der kulturell trennenden Entwicklung der Volksgruppen allen Menschen Gemeinsame, Archetypische beschreibbar ist.

Tänze können getanzte Archetypen sein.

Ich möchte das am Beispiel polyrhythmischer haitianischer Tänze des Voodookontextes illustrieren und so zugleich eine Möglichkeit der Zusammenarbeit der so genannten Zeitkünste Tanz und Musik in einer (Kinder) - Gruppe beschreiben:
„Die Tänze sind getanzte Archetypen, die alle gemeinsam ausführen. Der Weg,

durch Tanz in Kontakt mit der Gottheit, dem Selbst zu treten, ist die Auflösung der individuellen Schranken im gemeinsamen Rhythmus. Die Tanzenden sind nicht sozial orientiert und in Kontakt von Person zu Person, und ihr Tanz hat keinen individuellen Ausdruck. Sie sind geeint durch das Band des Rhythmus, der die Zeit gemeinsam macht[13]."

„Watching, one senses that if these are united, it is not at all because they refer to each other. They are separate, as bodies and as beings; the ground-fixed eyes and the deep crouch accentuate this sense of each of them in-turned, in-listening, moving in common to a shared sound, heard by each of them singly."

"It is, in fact, upon the drumming that the burden falls of integrating the participants into a homogenous collective. It is the drumming which fuses the fifty or more individuals into a single body, making them move as one, as if all of these singular bodies had become linked on the thread of a single pulse."[14]

"Die Tanzform führt den Menschen damit in eine präpersonale Existenz, in der ein gemeinsames nicht - individuelles Erleben da zu sein scheint."[15]

Es bedarf einer bestimmten Radikalität des Denkens, sich haitianisch - polyrhythmischen Tanz mit türkischen und deutschen Erstkläßlern vorzustellen. Es ist aber durchaus meine Absicht, weitgehende postethnische Modelle in den bewußten pädagogischen Diskurs zu werfen. Praktisch gebärden sich Tanz- und Musikszene ohnehin als Basar der Weltkultur. Es gibt auch andere Möglichkeiten, auf Archetypisches zurückzugreifen. Wichtig ist mir, zu zeigen, daß afrokaribisch- polyrhythmische Tänze die Empfehlung, nicht-ethnische Tänze für den Unterricht zu wählen sprengen. Sie sind, wenn sie nicht als Folklore unterrichtet werden, an sich archetypisch. [16] Wichtig ist mir aber auch, zu zeigen, daß die prekäre Situation kühne und bis dato in der offiziellen Pädagogik stiefmütterlich bedachte Lösungsmöglichkeiten erfordert.

Hierbei ist aber das Wie entscheidend. Beispiele dafür werden ausführlich auf S 126 ff. behandelt.

<u>Unterrichtsstile, die im Kunstunterricht Gemeinschaftlichkeit und Toleranz fördern</u>

Eine geniale Möglichkeit, Gruppenbildung und Ausgrenzung zu verhindern, ist also mit dem Rückgriff auf das allen Menschen gemeinsame Präpersonelle, das Archetypische möglich, wie am Beispiel polyrhythmisch orientierten Tanzens der Voodoo-Form gezeigt wurde. Gute Kunst spricht - wie oben beschrieben- in bestimmter Weise auch immer etwas Archetypisches im Menschen an, etwas, was uns jenseits des persönlichen Wollens und Strebens verbindet:

Was hier am Beispiel des Tanzunterrichtes illustriert wird, soll **ein** Beispiel für **alle** Künste sein, die in ihrer Methodik auf anderem Wege gleiches erzielen können.

---

[13] Detlef Kappert: „Tanztraining... " S. 237 oben

[14] Maya Deren: „Divine Horsemen: The living gods of Haiti; Myth& Man" Thames&Hudson, London 1953, S. 257 1. Zitat, 235 2. Zitat

[15] Kappert: „Tanztraining,..." S 237 mitte

[16] Alfred Métraux, „Le voudou haitien“, Gallimard, Paris, 1958

Gegenüber dem beschriebenen Trennenden der Ausgrenzung, die Haß und ethnische Rivalitäten fördert, kann gute Kunst ein Festival des Lebens sein, ein Fest des Ausdrucks dessen, was allen Menschen gemeinsam ist, durch die gefühlte Bewegung und durch Musik, durch den Körper, durch Energie und Schönheit.
Das gilt aber nur, wenn die richtige Art und Weise des Unterrichtes gewählt wird. Dafür gibt es viele unterschiedliche Wege, aber einige Regeln, die eine günstige Richtung angeben:
Ethnische Tänze bedeuten zwar einen schönen Ausflug, sie sind aber auf Grund ihrer Spezifität nur bedingt geeignet. Wie in der modernen egalitären Gesellschaft sollten Tanzformen gewählt werden, die für alle Menschen in einer Weise gleich sind, wie die allgemeinen Grundsätze der Gesellschaft für alle gleich gelten, auch wenn sie verschiedener ethnischer Herkunft sein mögen. Dies bedeutet nicht, daß ethnische Tänze überhaupt nicht als Grundlage genommen werden können. Sie müßten aber als Beispiel, quasi Zitat, für das allgemein Menschliche, das durch ihre Ästhetik vermittelt wird, unterrichtet werden. Als einzige Ausnahme können Tänze aus dem Afro-Kontext gelten. Durch Polyrhythmik als zentralem technischen Element mit seiner immanenten Betonung des allgemeinen Körperschemas und der Emanzipation des Körperlichen an sich verbunden mit einer leichten Trance scheint (wie oben gezeigt) ein starker und direkter Weg zum allgemeinen für alle Menschen Verbindenden durch das Ethnische hindurch gefunden worden zu sein. Das hört sich vielleicht auch nach einem Plädoyer für **Technik** an, vermittelt doch eine gute Technik in den Künsten allen die **gleiche** Regel, durch die sich Meisterschaft des Ausdrucks entfalten kann. Genau da aber liegt das Problem. Kunstunterricht zur Förderung von Gemeinschaftlichkeit, Toleranz und Kreativität bedeutet Alltagskönnen, nicht Bühnenkunst. Technik jedoch bereitet nicht nur speziell auf die Bühne vor. Vor allem schafft sie genau die Bewertung von besser gegen schlechter, die schon das Problem der Schule im Allgemeinen ist und die auch die Möglichkeiten des Sportunterrichtes begrenzt.
Das Mittel der Wahl sollte daher ein Ansatz von Tanzimprovisation sein, denn **Improvisation** ermöglicht ein nicht bewertendes Miteinander, in dem es jeder auf seine Art richtig machen kann. Das entspricht auch genau einer modernen Gesellschaft, in der für alle die gleichen Chancen und Regeln gelten, die aber jeder auf seine Art individuell ausfüllen kann.
Das Problem bei Improvisation ist nun die **Beliebigkeit**. Wenn immer alles gut und richtig ist, verlieren erfahrungsgemäß auch viele Erwachsene den Spaß und Anreiz an der Sache. Erst recht gilt das für Kinder, die neben ihrem Spieltrieb gefordert werden wollen, was eine Form von Ernstnehmen ist. Wie aber können wir eine Nicht - Beliebigkeit in der Kunst mit einer Nichtbewertung im pädagogischen Vorgehen verbinden?

Die Improvisation sollte vom Lehrer her durchaus **kunstvoll** unterrichtet werden. Es sollte ein Konzept der **Entwicklung** da sein, innerhalb dessen sich jeder Schüler verbessern kann. Worauf aber kann eine Verbesserung abzielen, wo es doch bei Improvisation nicht um ein allgemeines besser-schlechter wie mit Noten im Technikunterricht gehen kann? Es wird bei Improvisation immer um **echter, wahrer und schöner** gehen, darum, daß der Tänzer mehr von sich ausdrückt, in seiner eigenen Art zu tanzen komplexer, authentischer und technisch besser wird, was ich weiter unten ausführen werde.

Konzeptionelle Empfehlungen

Fassen wir kurz zusammen: Eine postmoderne multiethnische Gesellschaft erfordert ein Konzept freier Kunst als Mittel gegen Entfremdung, Reizüberflutung, Ausgrenzung und Intoleranz. „Für den Tanz bedeutet das, daß nach dem Verlust der Volkstänze, die Ausdruck ethnischer Geschlossenheit und des engen Bezuges einer kleinen Gruppe aufeinander und die Natur waren, eine neue individuelle Form von Weltaneignung durch Tanz entstehen muß. Die **Techniken** dafür stammen, wie das moderne Leben selbst, aus heterogenen Feldern, beziehen alle modern - ethnischen, klassischen und (post)modernen Tanztechniken und Stile mit ein genauso wie körperbildende und -therapeutische Ansätze. Meiner Ansicht nach muß darin außerdem ein Konzept der **Verbindung von Technik und Improvisation** enthalten sein, denn das moderne Leben ist von **verinnerlichten Regeln** bestimmt und zugleich **individualistisch**. Auf dieser Basis geschieht die Selbstgestaltung des Einzelnen. Dabei ist die Frage nach dem Verhältnis von Technik und Improvisation, sowie nach der Art der Technik strittig und bis jetzt nicht sonderlich untersucht worden. Verschiedene Praktiker und auch bestimmte Schulen haben qua Intuition und Erfahrung sehr unterschiedliche Ansätze erarbeitet, ein geschlossenes Laientanzkonzept aber existiert bis jetzt nicht. Dazu möchte ich folgende Punkte ansprechen:

1) Laientanzklassen können sich nicht darin erschöpfen die Techniken der Profis mehr schlecht als recht zu imitieren. Genauso wenig wie High-Tech-Konzepte in der dritten Welt Sinn machen, kann man normalen Menschen mit den auf Bühne und Höchstleistungen in einem festen choreographischen Rahmen gedrillten Tänzern kommen.

2) Nur Improvisation aber genügt auch nicht: weiter oben hatte ich geschrieben, daß Technik ein besonderes Verstehen der Welt erlaube. Für den Laientänzer geht es ja nicht darum, auf der Bühne perfekt etwas für andere ausdrücken zu können. Es geht um persönliche Bildung durch etwas, was unser direktes In – der – Welt - Sein ausmacht, nämlich Körper und Kunst."[17]

Wenn vorhin die Herausforderung angesprochen wurde, Nicht-Bewertung mit Nicht-Beliebigkeit zu verbinden, so erfordert das einen etwas genaueren Blick auf den Charakter des künstlerischen Prozesses in seiner sinnlichen Gebundenheit:

---

[17] D. Kappert „Tanz zwischen Kunst und Therapie ", Verlag für Ästhetische Bildung, 2te Auflage, Essen 2010, Seiten 31 bis 37

"Was heißt, <<die Sinne bilden>>, und was heißt, <<die Intelligenz bilden>>? Bilden ist nicht machen. Das Wort Bilden läßt immer ein organisches Bedeutungsganzes anklingen, auch wenn wir das oft nicht genügend realisieren. Bildung heißt nicht primär, daß wir einem rohen Stoff eine Form aufzwingen, sondern daß etwas auf seine Form hin ausgeführt wird."[18]
Dieses Finden der angelegten Ordnung (durch Tanzimprovisation mit Technik als Einbettung), die nicht willkürlich und nicht beliebig ist in uns und der Welt meint aber den gleichen Vorgang, wie er hier für Kunst behauptet wurde. Buytendijk spricht im Zusammenhang der Körperarbeit von einem ...„Verhältnis...verwandt mit der Weise, wie ein Künstler seine Materie beherrschend formt, ohne ihre Art, der er gehorsam folgt, aufzuheben.“ [19]
Sinnliche Bildung durch Kunst und Körper kann demnach ein Verstehen der nicht direkt sichtbaren Ordnung der Welt ermöglichen, und um sich nicht in dem, was man schon kennt, dem persönlichen Bewegungsklischee, zu erschöpfen, ist Technik wichtig.[20]
Diese „nicht sichtbare Ordnung der Welt" aber ist eine nicht ethnisch geprägte. Sie bedeutet nicht mehr und nicht weniger, als den geforderten Rückgriff auf das alle Menschen Verbindende. Es bedeutet, daß jeder Mensch in eigener Verantwortung und nicht als Teil einer ethnischen Gruppe, sondern des ganzen Menschengeschlechtes staunend die Eigenart der Welt in all ihrem Reichtum und ihrer Unbegreiflichkeit erfährt. So verbindet sich Kunstunterricht mit einem humanistisch verstandenen Religionsunterricht (im Sinne von Religio, Rückverbindung).
Und ein solcher Unterricht ist nicht-beliebig, ohne bewertend im Sinne des Vergleichens mit anderen zu sein. Jedes Kind kann es für sich selbst gut oder schlecht machen. Der Maßstab ist einmal das individuelle Vermögen. Vor allem aber gibt es immer bei Kunst und Improvisation prinzipiell unendlich viele Möglichkeiten der Gestaltung, trotzdem aber gute und schlechte Lösungen im Sinne angemessener Stilmittel, der Authentizität, der guten Gestalt.

---

[18] Gadamer und Gadamer/Wiesenhütter/Wieser/Seifert/Barz/Welte: „Der Mensch ohne Hand" oder die Zerstörung der menschlichen Ganzheit", München 1979 S. 23
[19] F.J. Buytendijk in F.J. Buytendijk/P. Christian/H. Plügge: „Über die menschliche Bewegung als Einheit von Natur und Geist" in „Beiträge zur Lehre und Forschung der Leibeserziehung", Band 14, S. 16
[20] D. Kappert „Tanz zwischen..." S. 37 unten

Resümee: Technik und Konzept beim Tanzunterricht

Dann entspricht Tanz genau einer toleranten egalitär/demokratischen Gesellschaft, in der die Bürger auf ihre individuelle (auch ethnisch geprägte) Art leben, die Grundlagen der Gesellschaftsordnung aber für alle gleich sind und jeder seine eigenen Maßstäbe für Gelingen und Versagen aufstellen und verfolgen kann, solange dabei andere nicht beeinträchtigt werden.

Ein solcher Tanzunterricht wird sich nicht auf Techniken beschränken, die zu mehr Freiheit in der Bewegung führen, also Improvisationstechniken sind, sondern auch Empfindungsschulungs- und Wahrnehmungsübungen benutzen. Das ist von besonderer Bedeutung, denn Improvisation heißt nicht nur Freiheit zur individuellen Gestaltung, sondern beruft sich auf allen Menschen Gemeinsames, Archetypisches, wie in der Wahrnehmung des Körpers erfahren werden kann. Diese differenzierte Körperwahrnehmung ihrerseits ist eine Voraussetzung für Kreativität und für einen liebevoll/akzeptierenden Umgang mit sich und anderen, also die beste Aggressionsprävention.

Wenn nun eine Improvisationstechnik individuellen Ausdruck (ohne ein besser-schlechter und das entsprechende Trennende dieser Bewertung) im Rückgriff auf das allen Menschen Gemeinsame ermöglicht, so muß doch auch geklärt werden, was die **Inhalte** einer solchen Improvisationstechnik und Empfindungsschulung sein könnten, so daß sie auf das allen Menschen Gemeinsame zurückgreift und es verdeutlicht. Dabei entsprechen sich in diesem Zusammenhang die Begriffe „Archetypen und „Natur im Menschen".

Natur im Menschen als archetypisch - gemeinsamer Inhalt eines Tanzimprovisationsunterrichtes

A Die „Natur im Menschen“ ist auf eine Art gleich bei allen Menschen der Erde. Eine **Empfindungsschulung und Körperarbeit** kann sich in Zaire, Grönland oder Hongkong gleichermaßen mit der Wahrnehmung des Atems, der Körperinnenräume, der knöchernen Struktur, von Spannung- Entspannung, der Wirkung der Schwerkraft und Ähnlichem beschäftigen, obwohl sich die Menschen in der Ästhetik wie Haut-, Haar-, oder Augenfarbe, Größe, Gesichtsform, Muskularität und anderem mehr sehr voneinander unterscheiden.

B Auch die grundlegende **Gestik und Mimik** sowie Tanztheater oder Popmusik werden überall auf der Welt verstanden.

Pina Bausch oder Michael Jackson können in Tokio, Kalkutta, Kairo, Brüssel, Toronto und Sao Paulo die gleiche Performance machen und sich eines ähnlichen Erfolges sicher sein, obwohl die ethnischen Musiken und Tanzformen sehr unterschiedlich sind, die für den lokalen Kontext typische Bewegungssprache von Fremden oft falsch interpretiert wird und überhaupt das Maß der sozial erwünschten oder tolerierten Expressivität grundverschieden ist.

C Alle Menschen setzen sich in ihrem Leben mit bestimmten **existentiellen Gegebenheiten** auseinander, denen man archetypische Qualität zuschreiben kann.
Es ist möglich, solche Archetypen wie Geben und Nehmen, Vereinigung- Trennung, Führen- Sich Führen lassen, kontinuierliche Verläßlichkeit - ungebundene Freiheit, Helfen- Sich Helfen Lassen und ähnliche mehr körperlich erlebbar zu machen. Diese Grundgestalten nun existieren für den Manager in New York, die Dorfälteste in Uganda, den Bauern auf den Philippinen, die Angestellte in Moskau, den Jäger und Sammler in Papua-Neuguinea und die Musikerin in Los Angeles gleichermaßen und zwingen ihn/sie zu einer Auseinandersetzung, obwohl der Stellenwert der einzelnen Themen, die Notwendigkeit einer individuellen Lösung jenseits der traditionellen Vorgaben, die sozialen Folgen und der Konformitätsdruck sowie die übertragene Bedeutung je nach Kultur enorm variieren."[21]
„Ich bin davon überzeugt, daß sich das Leben in Grundgestalten, archetypische Situationen wie zum Beispiel Verwurzelung versus Freiheit gliedert. Diese Gegebenheiten existieren unabhängig von individuellen Menschen. Man könnte sie sich vorstellen im Sinne der <<ewigen Ideen>> Platos oder eben als **Archetypen**. Jeder Mensch macht notwendigerweise ständig Erfahrungen mit diesen Grundthemen und bildet dazu unbewußte und bewußte Einstellungen.
Diese Grundgegebenheiten des Lebens vermitteln sich direkt auf einer **physisch/sinnlichen Ebene.** Das ist es, was ein Mensch in den ersten Lebensjahren direkt, unmittelbar erfährt, ja erleidet.
Im abstrakten Erwachsenenleben mit seinen vielen Gewohnheiten, Ablenkungen und Strategien, die direkte Erfahrung - das unmittelbare Erleiden - zu vermeiden, werden sowohl die äußeren Erfahrungen, als auch die inneren Grundorientierungen oft diffuser. Das Leben erscheint wie ein **Einheitsbrei**. Menschen sind auf persönlich wichtige Situationen innerlich nicht vorbereitet, können Ereignisse in ihrer psychologischen Valenz nicht richtig einordnen und sind nicht in der Lage, sich zu entscheiden.
Durch eindrucksvolle sinnliche Erfahrungen in einem kontrollierten Rahmen werden diese Gegebenheiten quasi komprimiert und rein vermittelt, und die Voreinschätzung, die gewohnte Sichtweise, **die Rationalisierung oder gar Lebenslüge wird durchbrochen."**[22]
Und Jung hat bei der Beschreibung des Archetypenbegriffs ausdrücklich die Möglichkeit von Bewegungsarchetypen offengelassen.

---

[21] Dr. Detlef Kappert: „Phantasie und Bewegung statt Haß und Ausgrenzung Ein Training zu Toleranz und Respekt durch Kreativität und Körperbewußtsein Für Kinder und Jugendliche“, Verlag für Ästhetische Bildung, Essen 2002, auch ETNA. Education to Tolerance through a Nonverbal Approach: www.culturedance.org

[22] D. Kappert: „Kleines Handbuch für den Unterricht in Tanztheater, Tanzimprovisation und Körpersymbolik", Verlag für Ästhetische Bildung, ", 2te Auflage, Essen 2006, S. 101 unten -102

In dem Augenblick, in dem die Vermittlung solcher archetypischer Grundgegebenheiten gelingt, kann es dazu kommen, daß die Kinder erleben, daß jenseits von Herkunft und Hautfarbe wir **alle Gäste einer Erde** sind, alle die gleichen Grundthemen beschäftigen nach Leben und Tod, Liebe und Verlassenheit, die wir für uns in unserem Leben lösen müssen. Tanz kann in der symbolischen Bewegung ausdrücken, was ein Mensch fühlt und kann es so ausdrücken, daß die anderen Menschen es verstehen können. So wird die Schranke der Abgrenzung (die eine Grundlage der Ausgrenzung darstellt) durchbrochen.
Bis hierher wurde deutlich, daß die Ubiquitarität der gewöhnlichen Ausgrenzung den Rückgriff auf vorindividuelle und damit vorethnische Gemeinsamkeiten in Improvisationstechnik und Empfindungsschulung verlangt. An diesem Punkte wird aber mit bestürzender Schroffheit klar, daß bei aller Güte des Konzeptes letztlich alles mit der **Vermittlung** steht und fällt. Damit ist nicht in erster Linie das persönliche Charisma des Künstlers gemeint. Gemeint ist, daß der Unterricht in den Künsten an sich schon Kunst ist, so daß das Gleiche gilt, wie beim Kunsterleben. Der Unterricht muß berühren und begeistern, wie ein Kunstevent:

Kathartische Wirkung von Kunst: Über Ausdruck und das unmittelbare Verstehen des Ausdrucks

Auch Gerda Alexander hat entsprechendes gesagt: „Die befreiende heilende Wirkung aller großen künstlerischen Erlebnisse, die Katharsis, die durch die griechischen Dramen ausgelöst wurde, die Heilung durch Musik, beruhen auf der Durchbrechung einer Isolierung der Persönlichkeit...."[23] Ich möchte auch auf das klassische: „Und wenn der Mensch verstummt in seiner Qual, gab mir ein Gott, zu sagen wie ich leide" hinweisen, das die ursprüngliche Nähe von Kunst, Therapie und Religion verdeutlicht. Kunst kann also die Isolation als Folge des modernen Lebensstiles, des gruppendynamischen Ausgrenzungsprozesses oder ethnischer Probleme überwinden und zugleich ahnen lassen, daß diese Isolation letztlich alle angeht, daß jedes Kind, jeder Mensch für sich an ihrer Überwindung arbeiten muß und Kunst ein hervorragendes Mittel ist.
Diese Isolation scheint eigentlich der Preis für unser menschliches Ichbewußtseins zu sein, für den Versuch, Herr über das eigene Leben und seine Umstände zu werden, selbst zu planen, Schmerz zu vermeiden und...glücklich zu sein. Menschen sind nicht ohne weiteres Teil einer Situation wie die Tiere, und mit der einfachen unreflektierten Ich - haftigkeit ist notwendigerweise eine gewisse Enge und Kleinlichkeit verbunden.
Die Durchbrechung einer solchen mit der Zivilisation zunehmenden aber schon grundsätzlich dem Menschen eigenen Isolation von der ursprünglichen Ganzheit des Lebens durch Kunsterleben besteht erst mal in einer emotionalen Erschütterung,

[23] Alexander, Gerda: „Eutonie - Ein Weg der körperlichen Selbsterfahrung", Kösel, München, 1976, S 107 oben

einem Gefühl der Ergriffenheit.
Bei der Art dieser „gefühlsmäßigen Betroffenheit" durch Kunstwerke gibt es aber sehr große Unterschiede:
Durch „schlechte" Kunst wird nur die geschmackliche Voreingenommenheit des Publikums bestätigt. Es wird ein dumpfes oder sentimentales Gefühl getroffen wie in bestimmten Gewaltfilmen oder Schnulzen. Oder das Kunsterleben besteht nur im Wiedererkennen des eigenen Lebensklischees. Das entspricht in etwa dem, was bürgerlichen Theater- und Oper Abonnenten vorgeworfen wird. Wenn also Szenetänzer und ihr Publikum sich nur gegenseitig selbst bestätigen, zeigt sich hier in der Kunst eine interessante Parallelität zur allgemeinen Kritik an der „Spießigkeit in der Szene", die sich genauso wie ihre Elterngeneration - nur unter anderem Vorzeichen- selbst bestätigt sehen will. [24]
Wenn aber die genannte Isolation durchbrochen werden soll in dem Sinn einer Erweiterung des Horizontes, muß etwas allgemeiner Menschliches angesprochen werden, etwas Ewiges und Archetypisches, was ein tieferes Verstehen des Lebens ermöglicht, und eben dazu braucht der Künstler eine bestimmte persönliche und technische Reife:
Er muß aus seiner subjektiven Quelle und damit auch einfach geschmacklichen Voreingenommenheit kommend einen Prozeß technischen Trainings und persönlicher Entwicklung durchlaufen, der ihn über die eigene Begrenzung hinausführt, so daß er sein Inneres und dessen ursprüngliche Beziehung zur Welt so objektiv darstellen kann, daß andere es verstehen. Dann wird nicht Privates in obszöner Weise veröffentlicht, sondern das Publikum sieht **das Leben selbst in seiner Gewalt, seiner Liebe, seinem Schrecken und seiner Schönheit** und damit wird die tagtägliche Wahrnehmungsroutine des Egos erschüttert.
Es ist diese Echtheit, die berührt und persönlich bedeutsam ist, und das wird heute oft mit Selbsterfahrung verwechselt. Tatsächlich aber setzt Echtheit auf der Bühne im Gegenteil Selbsterfahrung und einen Weg des Zweifelns und Neufindens in der eigenen Botschaft und im eigenen Stil voraus.
Für die Erschütterung durch Schönheit und Wahrheit ist neben dieser Authentizität eine gewisse technische Differenziertheit nötig.
Expressivität, persönliche Reife und Authentizität des Lehrers sind damit Voraussetzungen für einen gelungenen Unterricht, der durch die Durchbrechung der ich - haften Voreingenommenheit der Ausgrenzung den Wind aus den Segeln nimmt und den Blick für die Einzigartigkeit jedes anderen Menschen öffnet.

---

[24] Das zeigt sich auch bei der Improvisationsfähigkeit. Während früher z. B. die Älteren afrikanische Musik ablehnten und angeblich nicht darauf tanzen konnten -also das Fremde ablehnten- haben heute Studenten und Workshop Teilnehmer rätselhafte Schwierigkeiten, auf Klassik zu improvisieren, lehnen also den eigenen kulturellen Background ab.

MANUAL

Die folgenden Stundenkonzepte gelten für die Arbeit mit Kindern generell, nicht nur in benachteiligten Gebieten, sondern allgemein in allen sozialen und ethnisch/ kulturellen Schichten. Sind die Kinder noch ziemlich jung, so müssen die Konzepte stärker angepaßt werden.

Es ging darum, Künstler in die Schule zu holen und sie dort künstlerisch wirken zu lassen und nicht darum, Kunst zu verschulen. Nach einem Wort Yehudi Menuhins geht es darum, die „Freie Künstlerpersönlichkeit an Sich" wirken zu lassen, also nicht nur um mehr Musik- und Kunstunterricht, verbesserte Lehrpläne und die Einrichtung eines Faches Tanzunterricht an Schulen, sowie mehr Zeichen-, Musik- und Tanzlehrer. Wir sollten auch zusätzlich dazu etwas völlig anderes, etwas Neues, Gewagtes fördern, den kreativen, prinzipiell offenen Prozeß des Künstlers mit den Kindern zusätzlich zum methodisch didaktisch geplanten Unterrichtsvorgang des Lehrers. Dies ist sowieso durch die Überdehnung der Ressourcen der Schulen durch die Nachmittags - Betreuung nötig. Es ist aber wichtig, Künstler nicht nur im Rahmen eines offenen Angebots arbeiten zu lassen, sondern Verbindlichkeit und Regelmäßigkeit fester Klassen/Kurse herzustellen.

Die irrationale Logik der Kunst zusammen mit ihrer emotionalen Intensität, der Hingebung des Künstlers und der Leidenschaft in der Auseinandersetzung mit den künstlerisch Mitschaffenden kann die festgefahrene Situation der Schule überwinden, in der die besten Bemühungen der Lehrer scheitern müssen vor dem Resultat gesellschaftlichen Versagens, vor Gewalt, Intoleranz, Gleichgültigkeit und Vernachlässigung.

Wir alle haben natürlich auch festgestellt, daß diese Gedanken nur im ideellen Einzelfall so umsetzbar sind, wenn die reife Künstlerpersönlichkeit bereit ist, sich im schulischen Dschungel benachteiligter Stadtteile zu engagieren.

Für den Alltag von Projekten mit Kindern aber gilt, daß nicht die ausgereifte Künstlerpersönlichkeit mit dem pädagogischen Händchen und dem Faible für die Zu-Kurz-Gekommenen der Regelfall ist, sondern junge, idealistische Menschen, die mitten in der künstlerischen Entwicklung stehen und unterschiedliche, oft geringe Erfahrungen mit Kindern und besonders Schülern der ersten und zweiten Klasse in Stadtteilen mit besonderem Erneuerungsbedarf haben.

Insofern stimmt zwar die Vision, Künstler könnten etwas Besonderes ausrichten. Sie benötigen aber auch Hilfe, Hilfe durch Supervision und Kooperation mit den Klassen- und Fachlehrern und Unterstützung dabei, die Fülle der Möglichkeiten so zu ordnen, daß sie - ins Wasser geworfen- schwimmen können, d.h. ein flexibles Konzept erarbeiten können.

Geraten wir so in Widerspruch mit der Idee, daß die freie Künstlerpersönlichkeit an sich in den kreativen Prozeß mit den Kindern treten soll und als Deus ex Machina das Schach-Matt der klassischen Schulsituation auflöst indem sie der Aggressivität schwieriger Kinder einen Weg öffnet in die kreative Gestaltung ihrer Energien? Produzieren wir so nicht nur neue Lehrpläne und Hilfs- Musik-, Tanz- und Zeichen-Lehrer? Nein!

Dieses Manual stellt eben keinen verbindlichen Lehrplan dar, sondern es regt die Künstler und Lehrer an, ihre eigenen Ideen zu gestalten. Es legt sie nicht fest, sondern bringt persönliche und soziale Themen in die Form tänzerischer Übungen, verkörperlicht psychosoziale Auseinandersetzung, ohne die keine weitergehendere künstlerische Arbeit möglich ist.
Es bleibt aber der künstlerischen und persönlichen Freiheit des Künstlers und Lehrers überlassen, welche Themen gewählt werden, ob der Aufbau modifiziert wird oder gar nur die ausführlich dargestellte Überlegung als Anlaß genommen wird für ganz eigene, von diesen Übungen unabhängige Realisierungen.
Mir ist auch wichtig, darauf hinzuweisen, daß ich mich nicht auf Altersstufen festgelegt habe. Die Konzepte sind immer auf Entwicklung angelegt, darauf, daß Künstler sie als Ausgangspunkt nehmen für ein intuitives Ertasten der Schwierigkeiten und Möglichkeiten, als ein Gerüst, an dem sich ein Thema langfristig entwickeln läßt.
Bei dem Manual geht es also um eine Sammlung exemplarischer Stundenkonzepte, die es den Künstlern und Lehrern ermöglicht, ein eigenes inhaltliches Konzept anhand dieser Vorschläge zu entwickeln.
In der Theorie hatte ich ja die Punkte:
-künstlerische Reife,
-persönliche Sicherheit,
-Aufmerksamkeit gegenüber dem Erkennen der Ursachen und Ausgangspunkte von Störungen (dies wird am Ende des Buches behandelt) und
-Expressivität
als fundamentale Voraussetzungen für einen erfolgreichen Unterricht benannt.
Diese Voraussetzungen stellen entweder persönliche Eigenschaften dar oder sind nur in der persönlichen Supervision, bzw. gezielt darauf abgestellten Seminaren trainierbar.
Hingegen ist es durchaus möglich, das fachdidaktische Konzept, das Künstler und Lehrer über eine halbbewußte Ordnungsmöglichkeit und Entwicklungslinie seiner Übungen mit sich tragen mithilfe eines Manuals, welches Übungen vorstellt, begründet und beschreibt, sowie eine Ordnung dieser Übungen vorschlägt, zu verbessern.
Durch die Übungen sollte bei den Kindern immer sowohl die Fähigkeit zur Improvisation, also dem eigentlich Künstlerischen und Tänzerischen, als auch eine Verbesserung technischer Fähigkeiten der Bewegung des Kindes erreicht werden. Die Kinder wollen mit Sicherheit sowohl tanzen, als auch nicht nur beliebig irgendwie tanzen, sondern ein individuelles, nicht vergleichendes „besser-schlechter" erkennen und von Zeit zu Zeit rückgemeldet bekommen.
Dabei könnten die Übungen zugleich eine körpersymbolische Bedeutung haben.

Bewegungsdimensionen	Körpersymbolik
Raum:	Sozialer Raum, Entscheidung für Richtungen, Abgrenzung des eigenen Raumes, Aufmerksamkeit, Timing/Intuition
Zeit/Geschwindigkeit:	persönliche Souveränität, Fähigkeit zur Anpassung
Dynamik:	Emotionalität, Spannungsregulation
Form/Geste:	Expressives Verhalten, Kommunikation, Klarheit
Fluß:	Harmonie, Loslassen können
Impuls:	Spontaneität, Aggression
Rhythmik:	Kooperation, Gruppenverhalten, Koordination und Bewegungskompetenz, Gleichzeitigkeit von Wollen und Geschehen lassen
Kontakt/Gewicht:	Vertrauen

Geschrieben wurde weiterhin, daß besonders wertvoll ein auf (die hier beschriebene) Improvisation und Empfindungsschulung gegründeter Unterricht sei, der nicht - vergleichend in der Bewertung und erlebnisorientiert ist. Als inhaltliches Gerüst des Konzeptes der Empfindungsschulung sind archetypische Inhalte günstig, die die oft unbewußte, individuelle Auseinandersetzung mit dem, was alle Menschen verbindet in den Mittelpunkt stellt, sie ins Bewußtsein holt und als allgemein menschliche Themen aus dem Keller des persönlichen Leidens und Zurechtwurschtelns herausholt an das Licht der Gemeinsamkeit und der Transparenz der Entwicklungsprozesse in der körpersymbolischen Gruppenarbeit. Solche archetypischen Themen, die in Traumbildern und damit verknüpften Sinnesschulungen erlebbar werden, sind auf der nächsten Seite dargestellt.

Thema	Körperarbeit	Katathymes Bild
Raum:	Haut, Atem, Aura, Tanz mit persönlichem Raum	Wiese und Begrenzung
Identität:	Präsenzübung	Haus, geheimer Raum
Vertrauen, Natur im Menschen:	Blindes Führen, Sinnesschulung, Balance	Tier, Tiergehege oder Freiheit
Gewicht, Lehnung:	Tanztraining und Improvisation	Assoziationsübung
Brustbein/Kreuzbein, Stolz und Zuversicht:	Empfindungsschulung Atem, Eutonie, Tanz, Massage	Rosenbusch, Blüte, Dornen
Helfen/Sich-Helfen- Lassen:	Füttern, Sich An- Ausziehen Helfen bei Exercise	Bauernhof Erwachsene, Kinder, Großeltern, Tiere
Vereinig./Trennung:	Tanzimprovisation und Tanzsymbolik	Tauchen, das Tiefe/Ungeheure
Dasein, Kontakt:	Präsenzübungen	Haus/verborg. Zimmer
Verwurzelung, Bodenkontakt:	Lösungsarbeit unterer Raum, Eutonie, Massage	Baum, Jahreszeiten
Unabhängigkeit, Fliegen:	Lösungsarbeit oberer Raum, Eutonie, Massage	Fliegen/Freiheit
Polyrhythmik, Identität:	Keulenmassage, Voudoutanztechniken	Emanzipation der Körperteile. Tonfigur
Führen, Geführt Werden:	Atem, Eutonie, passive Bewegung, Tanz	Feuertanz, Wahrsagerin
Geben und Nehmen:	Ballmassage, Tanzsymbolik	Berg, Eremit
Schwingung:	Stimmarbeit	Kathedrale, Kelch Schwert

Die Themen überschneiden sich zum Teil mit denen der Tanzimprovisation.
Ich werde im Folgenden Stundenbeispiele vorstellen, die Themen der Tanzimprovisation und Körpersymbolik kombinieren. Dabei müssen sich die Themen nicht immer direkt entsprechen.
Bei Tanzimprovisation geht es um Bewegung und Ausdruck der Bewegung, die die Kinder vor allem gestalterisch nutzen können und in denen sie sich auch verbessern können. Für solche Stunden, in denen es auf Bewegung und die Fähigkeiten und Fertigkeiten der Bewegung und auf den Ausdruck, die Bedeutung und den Sinn der Bewegung ankommt, werde ich den Begriff TIA, (T)anz(I)mprovisation als (A)lltagskunst verwenden. In diesem Begriff ist kurz betont, daß es sich zwar ernsthaft um das Wie von Tanzbewegungen handelt, aber nicht um Bühnenkunst und technische Perfektion, sondern die Kunst des Alltäglichen, den Witz, die Spontaneität und das Persönliche, Unvollkommene, das Improvisierte.

Bei Körpersymbolik geht es um den Körper und das Erleben, so wie es ist, ohne daß die Kinder es besser und schlechter ausführen können. Es geht darum, die Symbolik, die Bedeutung, die in jedem Erleben der Grundgegebenheiten des Körpers liegen, zu spüren und sich dadurch eine innere Sicherheit, einen Ratgeber zu holen, der gegen die Zufälligkeiten der Gruppenstile eine Intuition des selbst Gefühlten setzt. Für diese Übungen in Empfindung, Verarbeitung und Authentizität werde ich das Kürzel KÖSYBE, (KÖ)rper(SY)mbolik, Innere Bilder und (BE)wußtheit verwenden.

Prolog 1 Raum 1A-2F

EINFÜHRUNG:
Vom tänzerischen her ist das Thema „Raum" für Kinder dieses Alters sowohl eine große Herausforderung, als auch eine enorme Chance. Erst - und Zweitkläßler haben noch keinen Überblick über den Raum, wie besonders von den Ballsportarten her bekannt ist. Alle rennen dahin, wo der Ball gerade ist. Das entspricht einer spontanen und dynamischen aber auch noch sehr unreifen und egozentrischen Sichtweise. Lernen die Kinder tatsächlich, den Raum und die Raum- Zeitstruktur nicht nur spontan-subjektiv, sondern mit einer über ihre eigene Person hinausreichenden Aufmerksamkeit wahrzunehmen und zu nutzen, so haben sie einen gewaltigen Wahrnehmungsschritt gemacht (vergl. auch Piaget et. al.).
Dieser persönliche Entwicklungssprung ermöglicht vor allem auch eine kleine sozialpädagogische und gruppenpsychologische Revolution: Eine bestimmte Aufmerksamkeit auch für die Wege und Absichten der anderen zu haben und gleichzeitig den eigenen Weg zu gehen und sich authentisch zu verhalten, bedeutet eine Emanzipation gegenüber dem in Kindergruppen großen sozialen Gruppendruck und eine Neubestimmung innerhalb der Faktoren Feldabhängigkeit/ -unabhängigkeit. Die Arbeit mit dem Thema Raum ist außerdem tänzerisch eine wesentliche Vorarbeit für alle anderen Themen wie Form, Dynamik, Impuls, Fluß und Gewicht.

Die TIA- Übungskonzeption: PRAXIS und ERLÄUTERUNG [25]

Stunde:	1 A
Thema:	Raum (Persönlicher und öffentlicher Raum)
Medium:	Empfindungsschulung

1) Ein Kind frottiert den Rücken eines anderen Kindes. Das geht dann mit geschlossenen Augen rückwärts, wobei es von dem Kind, das vorher massiert wurde, beschützt wird. Es ist wichtig, dabei eine entspannte Atmosphäre zu schaffen. Vielleicht sollten die „blinden" Kinder Augenbinden haben. Besonders sollte man darauf achten, daß nicht geredet wird. Die „blinden" Kinder sollen nicht durch den Raum kaspern und überall anstoßen, sondern so gehen, als ob sie Augen im Rücken hätten. Am Ende kommt ein freies Tanzen im Raum, wobei das beschützende Kind aufpaßt. (Cassandra Wilson)

ad 1 Die Kinder können Vertrauen zueinander, zum Raum und ihrer eigenen Sensibilität aufbauen. Es ist wichtig, die Übung so durchzuführen, daß von Anfang an eine Sensibilität als Grundeinstellung da ist, die sich auch auf alle weiteren Stunden auswirkt. (mit Rollenwechsel 20-30 Min)

2) Einzeln gehen die Kinder ihren Weg, werden schneller und versuchen, dabei ihren Weg zwischen den anderen zu finden. (indische Musik)

ad 2 Die Kinder erleben bewußter als sonst ihr Raumverhalten und das der anderen. (5 Min)

3) Jedes Kind sucht sich seinen eigenen Platz, auf dem es stehen will (indische Musik)

4) Die Kinder stellen sich so hin, als ob sie über einen dicken „Petziball" herum die Arme gelegt hätten und schaffen so vor sich einen Innenraum. (Zen Musik)

ad 3/4Das Schaffen des eigenen Raumes hat nach dem schnellen Gehen mit dem Erlebnis des engen Raumes eine besondere Bedeutung. Die Kinder können sich darin zu Hause fühlen, etwas Eigenes haben. (5 Min)

---

[25] Die Übungen sind numeriert, zuerst kommt die Übungsbeschreibung, in Klammern ein Musikvorschlag, danach kursiv der Kommentar zu der konkreten Übung und die Zeitdauer. Die hier vorgestellten Stunden können mit ca. 10-jährigen so wie hier oder ähnlich durchgeführt werden. Bei kleineren Kindern müssen einige Übungen weggelassen oder verändert, auf jeden Fall Zwischenschritte oder Annäherungen eingeführt werden.

5) Mit diesem Raumgefühl und am Anfang auch mit dieser Form sollen die Kinder im Raum gehen, dann schließlich schneller werden, dann noch schneller... (Zen, Pinguin Orch., Beethovens Romanze, Haydn)

ad 5 Die Kinder behalten gewöhnlich dieses Gefühl eines persönlichen Raumes um sich herum bei und verhalten sich auch gegenseitig entsprechend. Das wird natürlich schwieriger, wenn die Musik schneller wird, aber auch dabei gibt es einen für Betrachter und die Kinder selbst deutlich wahrnehmbaren Unterschied zu Übung „2". (5 Min)

6) Die nächste Übung bringt nun einen radikalen Wechsel: Die Kinder sollen auf Linien gehen. Wenn sie ein anderes Kind treffen, was ja oft geschieht tippen sie es an und/oder schütteln ihm die Hand zu einer schnellen und lustigen Musik (D.D. Israelites)

ad 6 Jetzt wird der persönliche Raum tatsächlich aufgelöst. Das geschieht aber nach den Vorübungen durchaus mit Respekt und durch das Setting in einer lockeren eher lustigen Art und Weise. (3-4 Min)

Stunde:	1 B
Thema:	Raum (Enge, Schutz, Nähe, Gemeinsamkeit)
Medium:	Empfindungsschulung und Atempädagogik

1) Die Kinder rubbeln sich selbst ab (Jean Chouchuche)
ad 1) So kommen die Kinder gut in Kontakt mit sich und ihrem Körper und bauen die Spannung der vorherigen Schulstunden ab. (5 Min)
2) Jedes Kind sucht sich ein anderes Kind als Partner. Sie setzen sich dann so hin, daß eines hinter dem anderen sitzt. Jetzt umklammert das hintere Kind das vordere so, daß es nicht schmerzhaft ist oder in einen Kampf ausartet, aber das vordere Kind sich gehalten fühlt. Endlich hält es das vordere Kind sanft.
(Meditationsmusik)
ad 2 Die Kinder können etwas sehr wichtiges über sich und die anderen Kinder erfahren: Was ist Nähe, was ist Enge, wie empfinde ich direkten Körperkontakt? Fühle ich mich nur dann sicher, wenn ich feste gehalten (geklammert) werde? Oder fühle ich mich eingeengt und festgehalten? Ist es schön, wenn mich jemand nur sanft von hinten hält, oder brauche ich handfestes?
(2 X 10 Min)
3) In der nächsten Übung gibt es „Action". Die Kinder teilen sich in Gruppen à 6-7 Kindern auf und rennen entweder ganz schnell oder rubbeln sich, wenn sie jemanden treffen und Lust haben, zu zweit oder in einer kleinen Gruppe, ab. Dann bringen sie die Energie wieder durch Rennen in den Raum.
(afrikanisches Trommeln und Singen)
ad 3 Die vorige Übung kann durch ihre Intimität Spannung erzeugen. Hier ist eine gute Gelegenheit, diese in Bewegungsenergie umzusetzen. Außerdem kann eine neue Erfahrung gemacht werden. Energie und selbstverständlicher Kontakt sind, wenn freundlich gemeint, auch in einer heftigen Form den meisten angenehm.
(10 Min)
4) Danach lassen sich die Kinder Zeit, um zu verschnaufen und ruhig zu werden für eine Atembehandlung. Ein Kind liegt dabei auf dem Rücken. Ein anderes Kind hält als Partner des ersten dessen Hand und beobachtet seinen Atem. Wenn das liegende Kind ruhig atmet, hebt das andere Kind dessen Hand immer etwas an, wenn das liegende Kind einatmet. Atmet es aus, läßt es die Hand wieder sinken. Es ist wichtig, daß die Kinder diese Übung sensibel, vorsichtig und behutsam machen.
(Stille oder Meditationsmusik)

ad 4 Die Atembehandlung hat nur indirekt mit dem Thema Raum zu tun. Die Kinder lernen vor allem, genau aufeinander zu achten. Es kann für sie eine regelrechte Erleichterung sein, eine Chance zu haben, in einer konkreten Aufgabe auf sensible Art miteinander umzugehen. Das Kind, das behandelt wird, kann sich richtig entspannen, was für viele Kinder auch im ersten Schuljahr schon ein wichtiges Thema ist. Das andere hat die Gelegenheit, nicht nur im gewöhnlichen Zyklus der Eskalation von lauter und immer lauter zu agieren, sondern ruhig und behutsam zu sein. Auf dieser Ebene hat die Übung dann doch mit dem Thema Raum zu tun: Die Kinder entdecken einen gemeinsamen Raum, und ihr Körper merkt sich diese Möglichkeit der Ruhe und Meditation. (2 X 10 Min)

Nach den Übungen ist ein ausführliches Feed Back untereinander wichtig

Prolog 2 A-F Klarheit, Mut, Entscheidungsfähigkeit, Selbstbewußtsein

TIA Gehen und Klarheit
ELEMENTE: Klarheit, Entscheidung, Unabhängigkeit
EINFÜHRUNG: In dieser Stunde geht es für die Kinder darum, klar und entschieden mit Raum und Zeit umgehen zu lernen.
Die Grundlage bildet das Gehen auf geraden Linien. Das macht den Kindern Spaß. Allerdings sollen sie nach einiger Zeit üben, immer eine Zeit geradeaus zu gehen und dann eine Entscheidung über Ort und Richtung der Drehung zu fällen. Das hat an sich eine ziemliche Bedeutung, da es eine erhebliche Klarheit und Voraussicht benötigt. Viele Menschen haben auch als Erwachsene auf dieser Ebene Probleme mit Klarheit und Entscheidung.
In dem Augenblick, wo auch andere Kinder im gleichen Raum mit geradeaus gehen, kommt zusätzlich aber das Element der Begegnung ins Bewußtsein und schiebt sich in den Vordergrund.
Die Kinder müssen nicht nur Entscheidungen über ihren Weg und die Richtungsänderungen fällen, sondern sich dazu noch mit den anderen Kindern arrangieren, wer verzögert und wer weitergeht im Falle einer zu erwartenden Überschneidung der Wege zur gleichen Zeit.
KÖSYBE Kreuzbein und Brustbein oder „Könige und Königinnen"
ELEMENTE: Lösungs- und Atemübungen zum Bewußtmachen von Kreuzbein und Brustbein, Übungen zum Kraftaufbau und Tanzimprovisation.
EINFÜHRUNG: Diese Übungen greifen die Alltagsbewegung des Gehens auf. Im Gehen wird eine Tragödie deutlich, die darin besteht, daß wir Körperlichkeit, Vertrauen und (naive) Ganzheit verloren haben, und alle Reformpädagog/Innen, die am Körper ansetzten, haben sich mit diesem schrecklichen, kraft- und perspektiv-losen Gehen der Erwachsenen befaßt. Für Kinder sieht das zwar etwas anders aus, ich finde es aber besonders wichtig, früh mit der Verankerung in der Selbstregulation des Körpers zu beginnen, denn wenn auch die Fehler noch nicht so eingeschliffen sind: sichtbar sind sie auch so früh schon deutlich.
Die Lösungs- und Atemübungen, die Kreuz- und Brustbein bewußt machen, arbeiten mit zwei -besonders im Gehen deutlich werdenden- körpersymbolischen Bedeutungen:
-dem Getragen-Sein, der Sicherheit vom Boden, der unpersönlich/vitalen inneren Kraftquelle, die mit der Bewußtheit des Kreuzbeins einhergeht und
-dem Vorwärtsstreben, dem Stolz, der Verbindung der eigenen Kraft durch die Herzensöffnung in den Raum und auf die Welt zu, was durch die Arbeit am Brustbein entsteht.
Das Fehlen dieser beiden Elemente ist in dem wie verloren unsicheren Gehen, das ohne Würde und in sich verschlossen wirkt, sichtbar.

TIA Improvisation Tanz und Klarheit

ELEMENTE: Tanzschritte mit Begrüßungsgeste, Improvisation Klarheit und Geste
EINFÜHRUNG: Schließlich soll eine Begrüßungsgeste ausgeführt werden, wenn man sich begegnet. Für die Kinder ist es nicht einfach, zu entscheiden, ob sie einem anderen Kind begegnen oder nicht. Dabei werden viele persönliche Konflikt-strategien, Angepaßtheiten, Souveränität usw. deutlich. Die Kinder finden das sehr spannend und lernen sich und die anderen besser kennen.
Mit der Begrüßungsgeste wird das Prinzip Entscheidung/Klarheit auf die Spitze getrieben: „Fange ich auch schnell eine Bewegung an, wenn mir ein anderes Kind mit der Begrüßungsgeste begegnet, ich aber nicht von einer Begegnung ausgehe, oder ignoriere ich es? Ziehe ich meine Begrüßung durch, wenn das andere Kind mich ignoriert, oder breche ich ab?"
Außer Klarheit und Entscheidungsbereitschaft lernen die Kinder, den Mut aufzubringen, zur eigenen Entscheidung zu stehen.
Tänzerisch erwerben sie spielerisch die wichtige Fähigkeit, die eigene Bewegung in der Zeit und im Raum einzuschätzen und zu beherrschen und dabei zugleich auf die anderen Kinder und deren Bewegung und Zeit zu achten.

Stunde:	2 A
Thema:	Klarheit, Entscheidung, Stolz und Selbstbewußtsein I
Medium:	Tanzimprovisationstraining, Massage, Körpersymbolik

Einführung

1) Massage auf die Art, die die Kinder bis dahin schätzen gelernt haben. Ausstreichen (Sakamoto)

ad 1 Ruhig werden und die Selbstwahrnehmung stärken, Lösung von Verspannungen, umschalten vom normalen Unterricht, „offen" werden für die Schwingungen von außen, z. B. der anderen, der „Energie" des Raumes.
(2 X 5 Min)

2) Freies Gehen auf geraden Linien und Schlängellinien (Wim Mertens)

3) Darauf achten, anderen Kindern auszuweichen, ohne anzuhalten nur durch Ausweichen auf Schlängellinien oder Verlangsamung auf den geraden Linien.
(Bach Brandenb. Konzerte)

ad 2/3 So entstehen sowohl bewußteres Umgehen mit Zeit und Raum, als auch Kontakt, ein intuitives Verstehen der Beziehung der eigenen Bewegung zu der Bewegung der anderen Kinder und Aufmerksamkeit. (10 Min)

Vorbereitung durch Körperarbeit: „Könige und Königinnen I"

Ein Kind massiert dem anderen das Kreuzbein und dieses springt leicht nach schräg hinten gegen den Widerstand des anderen, das mit den Händen gegen das Kreuzbein gegen hält. Danach schreitet das massierte Kind im Raum herum und das Kind, das behandelt hatte, hält seine Hand an das Kreuzbein des anderen Kindes, so daß es beim Gehen von hinten unterstützt wird. (ethn. Musik aus Mali)

ad 3 Das Springen bringt das Gefühl für die Energie des Kreuzbeins in den realen Kraftaufbau in dieser sehr „bioenergetischen" Übung. Beim Gehen bekommt das unterstützte Kind ein Gefühl, gehalten zu sein, mit Würde und Kraft zu schreiten ***wie eine Königin*** *(2 X 10 Min)*

Schreittanzimprovisation

4) Mit dem Gefühl für Würde und Bedeutung wieder in das Linienmuster gehen: Klare Linien gehen, an den (frei gewählten) Wendepunkten klare Entscheidungen über die neue Richtung treffen (langs. ital.Renaiss.musik)

ad 4 Es entsteht ein stärkeres Bewußtsein von „Raum als Entscheidungsraum". Einmal wird die Ausdehnung der Räumlichkeit an sich klarer, dann entstehen ständig Entscheidungssituationen über neue Richtungen, und vor allem entsteht ein besonderer körpersymbolischer Bezug dazu: „Stoppe ich, oder gehe ich weiter, wenn auf meiner Linie zur gleichen Zeit ein anderer kreuzt." Es besteht die Möglichkeit, defensives oder offensives Verhalten zu erkennen und zu entdecken, ob überhaupt eine Neigung zu Konflikten besteht, denn für einige ausgleichende Charaktere ist dieses für andere so dominante Thema überhaupt nicht existent
. *(10 Min)*

Stunde:	2 B
Thema:	Klarheit, Entscheidung, Stolz und Selbstbewußtsein II
Medium:	Tanzimprovisationstraining, Massage, Körpersymbolik

Keine Einführung

Vorbereitung durch Körperarbeit: „Könige und Königinnen II"

1) Das Brustbein und die Schlüsselbeine werden mit leichtem Trommeln in einer Partnerübung, bei der das behandelte Kind auf dem Rücken liegt, mit den Fingerspitzen behandelt, danach kommt eine Atemlockübung, bei der die Hand auf dem Brustbein liegt und immer im Einatmen leicht gehoben wird, so daß gerade noch Kontakt besteht. Im Ausatmen dagegen wird die Hand mit ihrem Gewicht wieder auf das Brustbein sinken gelassen. Schließlich kann man noch diagonal im Einatmen die Linie Schulter/Becken dehnen. Dann geht das behandelte Kind, wobei die Hand des anderen Kindes leicht gegen das Brustbein gehalten ist. Das Kind, das geht, schiebt also mit seinem Brustbein die Hand des anderen Kindes vor sich her. (Meditationsmusik)

ad 1 Das leichte Trommeln aktiviert die Durchblutung und schafft - zusammen mit der Massage- schon ein Gefühl für Lösung. Besonders die einfache Übung des Handauflegens auf das Brustbein ermutigt dann eine innere Öffnung dieses Bereichs des persönlichen Zentrums und des Mutes. Durch die Wärme wird die Durchblutung gesteigert, die Diagonalenarbeit öffnet den vorderen Atemraum, und durch die Gewichtserleichterung im Einatmen werden der Bereich des Brustbeins und sein „Nach- Vorne- Streben" ermutigt .Die Bewußtheit des Brustbeines hat mit einem Gefühl von innerer Kraft, Stolz und Würde, aber auch emotionaler Öffnung und Kraft zu tun. Das Gehen wird zu einem Schreiten. Dieses Schreiten symbolisiert die innere Kraft, die vom Boden gespeist wird und nach oben und vorne, ins Leben, strömt. Dadurch verstärkt sich das Gefühl der Bedeutung jedes Schrittes, des Schreitens und der eigenen Würde. (2 X 15 Min)

Schreittanzimprovisation

2) Klare Linien gehen und klare Entscheidungen über die neue Richtung treffen (langs. ital. Renaiss.musik)

3) Gleiches Thema aber schneller gehen (Pinguin Orchestra Musik)

ad 2/3 Da das Thema in der letzten Stunde schon ähnlich war, erinnern sich die Kinder und können den Einfluß der neuen Übung an sich ausprobieren. Gewöhnlich sind sie mehr als in der letzten Stunde in der Lage, klar und aufrecht zu sein. (10-Min)

Stunde:	2 C
Thema:	Konzept Klarheit und Entscheidung
Medium:	Empfindungsschulung, Tanztraining

1) Allgemeine Wiederholung der Techniken und Improvisationen zu Klarheit und Entscheidung aus den vorigen Stunden.
ad 1 Da das Thema bedeutsam ist und der weitere Verlauf der Auseinandersetzung mit diesem Thema davon abhängt, daß auch die langsameren Kindern die Techniken zu dem Thema, besonders die Folgenden, verstanden haben und selbstverständlich anwenden können, schiebe ich hier eine ruhige Stunde ein, deren Hauptgewicht das Üben des nächsten Schrittes ist.
2) Die Kinder gehen immer acht Zeiten auf geraden Linien, bevor sie die Richtung wechseln können. Für den Fall, daß zwei Kinder sich begegnen, soll jetzt eine gemeinsame Bewegung zur Begrüßung gemacht werden: Im Vorwärtsgehen wird der Arm auf der Begegnungsseite im Bogen nach hinten geführt. Zueinander drehend machen beide Kinder eine ganze Drehung, so daß am Ende die Plätze mit vier Schritten und der Drehung getauscht worden sind. Dann kann man das Ganze wiederholen, oder in eine andere Richtung weitergehen. Die Hälfte der Gruppe tanzt, die andere Hälfte guckt zu. Hier wird die Geste nur einfach und angedeutet geübt. Dann wird diese Improvisation getanzt. Bei vielen Kindern führt die Entscheidungssituation zu chaotischem Verhalten. Man sollte das am Ende kurz ansprechen, um in den nächsten Stunden zu erleben, wie sich auch die Fähigkeiten der schwächeren Kinder entwickeln (Bach: brandenb. Konzerte)
ad 2 Das körpersymbolische Thema ist hier Anpassung vers. Authentizität; Die Entscheidung darüber, ob sich zwei Kinder begegnen oder nicht, ist selten eindeutig. Die meisten Kinder reagieren hierbei verunsichert und brechen z. B. eingeleitete Begrüßungsgesten ab, wenn das andere Kind keine Begrüßungsgeste beginnt oder beginnen hektisch eine Begrüßungsgeste, obwohl sie gar keine Begegnung wahrgenommen hatten, wenn sie sehen, daß das andere Kind zu einer Bewegung ansetzt. Es ist notwendig, tänzerisch in den nächsten Stunden am Selbstbewußtsein zu arbeiten. Kinder, die unsicher sind, können üben, bei ihrer Entscheidung zu bleiben. Robuste Typen können üben, auf andere zu achten. (25 Min)

Stunde:	2 D
Thema:	Aufmerksamkeit für die Gruppe, Klarheit und Entscheidung für den eigenen Weg
Medium:	Empfindungsschulung, Tanztraining

ELEMENTE: Awareness für die Gruppe und die Raumverteilung, Tanzimprovisation/Gestaltung
EINFÜHRUNG: Das Gehen der Kinder wird in der aktuellen Diskussion über die körperliche Degeneration der postmodernen Gesellschaft sehr beachtet. Im ungeschlachten und unsicheren Gang schon der Kinder drückt sich die Einschränkung natürlicher kindgerechter Lebenswelten aus. Die freie Zeit wird weniger mit anderen Kindern und draußen im Spiel als allein vor dem Fernseher verbracht, was zu einer Verkümmerung der angelegten Fähigkeiten führt.
Das unwillkürliche Moment des recht komplexen Bewegungsvorgangs „Gehen" kann aber auch schon für Kinder ins Bewußtsein gerufen werden durch eine Körperfühlübung beim Gehen. Zusammen mit mehreren anderen Übungen, die später vorgestellt werden, werden durch diese Körperfühlübungen die Selbstheilungskräfte der Kinder aktiviert. Zugleich findet eine andere interessante Übung statt: Die Kinder sollen sich immer wieder - auf Anruf hin - der Position eines anderen Kindes im Raum vergegenwärtigen. Parallel zur Körperfühlübung entsteht somit ein Gefühl für die anderen Kinder im Raum.
Eigentlich geschieht also etwas auf drei Ebenen:
-1 Die Empfindungsschulung für das Gehen ist fundamental und auf jeder Ebene für den kleinen Menschen bedeutsam; die Aufmerksamkeit für die anderen im Raum ist ein wichtiges soziales Element.
-2 Es geschieht eine enorme Ausweitung und Schärfung der Awareness, indem das Gehen und zugleich die Bewegung der anderen Kinder im Bewußtsein sind.
-3 Erstaunlich ist der Wechsel; auch den meisten Erwachsenen fällt es schwer, zugleich die eigenen Körperprozesse und die anderen Menschen im Bewußtsein zu haben. Viele erleben sogar so etwas einen Switch- Effekt, ein Umschalten zwischen der Wahrnehmung der eigenen Befindlichkeit und der Raum/Sozialwahrnehmung. Therapien wollen ja ihrerseits auch die Wahrnehmung der Menschen, die die ständige Wahrnehmung der eigenen Befindlichkeit, den Kontakt mit sich selbst, verlernt haben, trainieren. Die Menschen sollen lernen, in Kontaktsituationen ihre unwillkürlichen Reaktionen nicht zu ignorieren oder zu überspielen, sondern auf sich zu achten und in Kontakt mit der intuitiven, gefühlsmäßigen Wahrnehmung dessen, was geschieht, zu sein. Beginnen wir schon früh bei den Erstkläßlern mit Awareness - Aufgaben, so haben wir es zum einen leichter, da die Kinder auf dieser Ebene her ansprechbarer sind, als viele Erwachsene. Sie müssen aber bildhafter angesprochen werden, da ihre Konzentrationsfähigkeit anders als bei Erwachsenen ist.

PRAXIS und KOMMENTAR

1) Alle Kinder gehen eine Zeit im Raum umher. Nach einiger Zeit lenke ich die Aufmerksamkeit auf die Anatomie und das Abrollen der Füße und im gleichen Atemzug darauf, wo sich ein bestimmtes Kind gerade im Raum befindet, dann auf die Bewegung in den Fußgelenken und auf den Weg des nächsten Kindes, auf die Knie, auf die Arbeit der Hüftgelenke, auf die Beckenkonstruktion mit der Verteilung der Last auf die beiden Beine, die LWS, die BWS, Rippen-Brustbein-Schlüsselbein-Schulterblatt-Arme, HWS, Kopf, Gehen und den Atem, das Gesicht, die Balance beim Lastwechsel und zwischendurch immer jeweils die Position eines anderen Kindes, zum Beispiel: „Du gehst durch den Raum und fühlst, wie deine Füße abrollen. Du spürst das ganz genau, wie deine Füße ganz von selbst immer mit der Ferse aufsetzen und dann über den Mittelfuß und deine Zehen abrollen und dann der andere Fuß drankommt. Du mußt aber nichts Besonderes machen. Geh ganz normal, aber fühl deine Füße, die dich den ganzen Tag tragen. Weißt du auch zugleich, wo Nina gerade herumläuft? Kannst du zugleich deine Füße spüren und merken, wo Nina gerade im Raum geht?"

ad 1 *Bei dieser Übung geht es um drei Dinge:*

* *Der Mechanismus des Gehens, der in hohem Maße typisch für Individuen ist, wird bewußt.*

** *Alle Kinder werden in die Aufmerksamkeit gerufen.*

*** *Am wichtigsten ist der Wechsel der Aufmerksamkeit zwischen dem unwillkürlich Körperlichen der „Alltagsbewegung" des Gehens und dem eher bewußten Gewahrsein der anderen Kinder. Für die meisten Menschen (nicht nur Kinder, sondern auch Erwachsene) ist es mehr oder weniger unmöglich, ihr Innen zu fühlen, wenn sie in Kontakt mit dem Außen sind. In dieser Übung geht es darum, mit der Balance Innen/Außen zu spielen. Günstigenfalls gelingt es durch den permanenten Wechsel zwischen dem Fühlen des eigenen Gehens und der Aufmerksamkeit für die anderen Kinder, ein Gefühl für sich selbst und die anderen Kinder zugleich zu entwickeln* *(15-20 Min)*

2) Wir arbeiten mit der Gestaltung des Themas der letzten Stunde. Die Kinder gehen immer acht Zeiten auf geraden Linien, bevor sie die Richtung wechseln können. Für den Fall, daß zwei Kinder sich begegnen, soll die in der letzten Stunde geübte gemeinsame Bewegung zur Begrüßung gemacht werden: Die Hälfte der Gruppe tanzt, die andere Hälfte guckt zu. Wie gesagt führt die Entscheidungssituation bei vielen Kindern zu chaotischem Verhalten. Wir arbeiten jetzt damit, die Fähigkeiten der schwächeren Kinder zu entwickeln und überhaupt die beobachteten Verhaltensweisen bewußter zu inszenieren und/oder zu verändern.

(Bach: brandenb. Konzerte)

ad 2 Wie gesagt reagieren die meisten Kinder anfangs verunsichert. Das Thema Anpassung vers. Authentizität ist aber auch wie wenige andere geeignet, Hierarchien in Gruppen und persönliche Stärken und Schwächen zu erkennen. Die Entscheidung darüber, ob sich zwei Kinder begegnen oder nicht, ist selten eindeutig, und schwächere Kinder brechen regelmäßig schon eingeleitete Begrüßungsgesten ab, wenn das andere Kind keine Begrüßungsgeste beginnt oder beginnen hektisch eine Begrüßungsgeste, obwohl sie gar keine Begegnung wahrgenommen hatten, wenn sie sehen, daß das andere Kind zu einer Bewegung ansetzt. Wir haben somit die Chance, nicht nur zu beobachten, als auch die Kinder zu bitten, bestimmte Situationen zu wiederholen, sie zu besprechen und zu verdeutlichen. Besteht dafür eine Offenheit und trauen sich Künstler/Lehrer das zu, kann man auch alternative Verhaltensweisen mit mehr Offenheit in den Optionen und mehr Gleichberechtigung proben. Diese Dinge wirken sich mit Sicherheit sehr auf das Alltagsverhalten aus und können zu mehr Respekt der Kinder gegenüber den Schwächeren und einer De Hierarchisierung in der Klasse führen (25 Min)

Stunde:	2 E
Thema:	Bewußtmachung und Befreiung des Gehens
Medium:	Empfindungsschulung, Fußmassage, Phantasiereise

ELEMENTE: Tanztraining, Übungen zum Gehen, Bewußtheit des eigenen Gehens und aufmerksamere Beobachtung der anderen Kinder.
EINFÜHRUNG: In der letzten Stunde haben die Kinder mit der Balance zwischen der Wahrnehmung ihres eigenen Körpers und der Position der anderen Kinder im Raum gearbeitet. Außerdem wurde das wichtige Thema „Gehen" bei der Anfangsübung mit einer Körperfühlübung angesprochen. Die Stunde endete dann mit der Weiterentwicklung des Themas Entscheidung/Klarheit.
Übungen aus dem ersten Teil der letzten Stunde wie die erwähnte Wahrnehmung des eigenen Körpers im Gehen werden in dieser Stunde weiterentwickelt und bilden die Grundlage der nächsten Übung, dem Gehen unter Beobachtung.
Dabei geht es in der ersten Übung um den Ausdruck, die Art, wie ein Kind geht und seine eventuelle Veränderungsmöglichkeiten. Die zweite Übung befreit mit der Fußmassage den Fuß an sich, der in der Phantasiereise seine neue Freiheit im Gehen über unterschiedliche Untergründe im Sand, Waldboden, Schlick, auf Steinen, etc. ausprobieren kann. Beide stellen, da in einer Zweier-Korrektur-Situation konzipiert, intime Aspekte der Wahrnehmung persönlicher Eigenart dar.
Letztlich geht es darum, nach der Bewußtmachung der Eigenarten des Gehens durch die Lösung der Füße in der Phantasiereise eine Möglichkeit zu finden, angemessenere Formen des Gehens auszuprobieren.

1) Die Kinder gehen paarweise, wobei eins das andere genau beobachten und möglichst treffend imitieren soll, um ihm dessen Gehen danach vorzuführen und sich dann über die persönliche Eigenart beim Gehen auszutauschen.
(Vetter: Overtones)

ad 1 Das Thema ist hier das Gehen und seine Mitteilung. Die Kinder vermitteln beim Gehen Wichtiges über ihre persönlichen Eigenarten und ihren Stil. Die Übung dient nicht nur dazu, beobachten zu lernen und nachmachen zu üben. Die Kinder imitieren sowieso gerne und oft. Wichtig ist die Betreuung. Es besteht die Chance, daß das Nachmachen nicht Nachäffen ist, sondern Erkennen und Respektieren der Eigenart des anderen Kindes. (2x 10 Min)

2) Die Kinder machen gegenseitig paarweise eine einfache Fußmassage und gehen dann (möglichst vor dem Partnerwechsel) mit einer Erzählung über verschiedene nach der Erzählung imaginierte Untergründe.
(Tangerine Dream)

ad 2 Da es nicht möglich ist, über äußere Korrektur und Ermahnung das Gehen zu verändern, werden immer wieder indirekte Wege angeboten. Interessant ist hier, daß sich ein geschmeidigeres Gehen oft auch auf das Selbstbewußtsein auswirkt.
(2 X 15 Min)

Stunde:	2 F
Thema:	Klarheit, Entscheidung, Mut, und Konsequenz
Medium:	Körpersymbolik, Tanzimprovisation

ELEMENTE: Tanzschritte mit Begrüßungsgeste, Performancetraining, Improvisation: Klarheit und Geste

EINFÜHRUNG: In dieser Stunde wird die Improvisation: „Klarheit der Entscheidung im Kontakt und über den eigenen Weg” abgeschlossen. Wieder sollen zusammen mit dem Gehen auf geraden Linien Begrüßungsgesten ausgeführt werden, wenn man sich begegnet. Für die Kinder ist es inzwischen bekannt und kann - vor allem nach der Performanceübung - bewußt als Ausdruck persönlicher Konfliktstrategien, Anpassung und Souveränität eingesetzt werden. Bei dem Performancetraining, dem Gehen vor der Gruppe mit anschließendem Klatschen, handelt es sich um eine Übung, wie sie ähnlich in Theater, Selbsterfahrungs-, aber auch Management-Trainings benutzt wird. Diese Übungen stellen oft einen Horror für die erwachsenen Teilnehmer dar, werden sie doch immer wieder ohne angemessene Vorbereitung und Einbettung wie eine Art Mutprobe eingesetzt. Bei Kindern funktioniert so etwas oft anders. Zum einen befinden wir uns in einem Setting, das durch eine einigermaßen gründliche Beschäftigung mit der Thematik eine günstige Ausgangsbasis für eine bestärkende Wirkung der Übung bietet. Zum anderen befinden sich zumindest Erstklässler noch eher in der Phase der (klein)kindhaften Freude am Sich- Zeigen, so daß die Masse der Kinder ohne Probleme laufen könnte und wir uns auf diejenigen, die sich genieren konzentrieren können. Das Performancetraining macht also im allgemeinen Mut, und so könnte in dieser Stunde realisiert werden, was anfangs als Ziel formuliert wurde: Die Kinder erwerben spielerisch die tänzerisch wichtige Fähigkeit, die eigene Bewegung in der Zeit und im Raum einzuschätzen und zu beherrschen und dabei zugleich auf die anderen Kinder und deren Bewegung und Zeit zu achten.

Sie können eine Balance zwischen sich selbst und ihrer Selbstbehauptung, sowie der Reaktion auf die Anforderungen anderer und die Gruppensituation halten.

1) Die Kinder beginnen direkt mit dem Gehen auf geraden Linien. Mit dem Gefühl von Klarheit und Entschiedenheit gehen die Kinder auf klaren Linien und treffen an den (frei gewählten) Wendepunkten klare Entscheidungen über die neue Richtung. (langs. ital. Renaiss.musik)

ad 1 Das Thema „Raum als Entscheidungsraum wird wiederaufgenommen. Es entstehen ständig Entscheidungssituationen über neue Richtungen und vor allem entsteht der weiter oben erwähnte, besondere körpersymbolische Bezug dazu: „Stoppe ich, oder gehe ich weiter, wenn auf meiner Linie zur gleichen Zeit ein anderer kreuzt". Hier besteht noch einmal die Möglichkeit, defensives oder offensives Verhalten zu erkennen und zu reflektieren. (5 Min)

2) Dann stellt sich die ganze Gruppe an einer Stelle auf, und je ein Kind geht einen großen (z.B. die halbe Größe der Turnhalle) Halbkreis vor der Gruppe ab. Ab der Mitte der Strecke darf es traben, dann laufen. Wenn es am Ende der Bahn wieder bei der Gruppe ankommt, klatschen und jubeln alle

ad 2 Die Themen „Balance Innen/Außen" und „Selbstbewußtsein" werden gegenüber den ersten Übungen bei diesem Übungsteil, dem Gehen unter Beobachtung, noch klarer. Das Gehen ist ja sehr persönlich; vor einer Gruppe unter deren konzentrierter Beobachtung zu gehen, kann nach der Vorbereitung aus der vorigen Stunde zu einem Erlebnis werden, in dem die Kinder ihre persönliche Eigenart durch die Art ihres Gehens nicht nur einbringen. Sie erleben sogar, daß sie, so wie sie sind in überwältigendem Maß durch die Gruppe bekräftigt werden!

(25 Min)

3) Die Kinder wiederholen die Begrüßungsgeste aus Stunde 2 D: Die gemeinsame Bewegung zur Begrüßung soll jetzt nach der Vorarbeit noch mal durchgeführt und vorher auch etwas gründlicher geübt werden: Im Vorwärtsgehen wird der Arm auf der Begegnungsseite im Bogen nach hinten geführt. Zueinander drehend machen beide Kinder eine ganze Drehung, so daß am Ende die Plätze mit vier Schritten und der Drehung getauscht worden sind. (5 Min)

4) Für den Fall, daß zwei Kinder sich begegnen und beide das so auffassen, soll diese gemeinsame Bewegung wieder zur Begrüßung gemacht werden. Die Kinder können einmal hin, einmal her die Grußform tanzen. Dann kann man das Ganze wiederholen, oder in eine andere Richtung weitergehen. Die Hälfte der Gruppe tanzt, die andere Hälfte guckt zu. Die Kinder sollen das Ganze nicht mehr ausschließlich daran ausrichten, ob sie eine korrekte Begegnung im geometrischen Sinne wahrnehmen, sondern nach ihrer Lust und Laune, nach ihrem Gefühl und der Gruppensituation. Damit haben wir ein niedrig schwelliges aber durchaus tanztherapeutisches Mittel zur Diagnose und Bearbeitung von Gruppenkonflikten, daß nach dieser gründlichen Vorarbeit auch in späteren Situationen nach Bedarf anwendbar ist. (langs. ital. Renaiss.musik)

ad 4 In diesem Thema Anpassung vers. Authentizität ist die Entscheidung darüber, ob sich zwei Kinder begegnen oder nicht, selten eindeutig. Die meisten Kinder reagieren hierbei verunsichert und brechen z. B. eingeleitete Begrüßungsgesten ab, wenn das andere Kind keine Begrüßungsgeste beginnt oder beginnen hektisch eine Begrüßungsgeste, obwohl sie gar keine Begegnung wahrgenommen hatten, wenn sie sehen, daß das andere Kind zu einer Bewegung ansetzt. Nachdem durch die Vorstunden am Selbstbewußtsein gearbeitet wurde, ist hier eine gute Performance möglich: Kinder, die unsicher waren, haben geübt, bei ihrer Entscheidung zu bleiben. Robuste Typen haben geübt, auf andere zu achten. Vor allem entsteht so Aufmerksamkeit für Improvisation. Durch die vorgeschobenen Übungen ist es auch für etwas schüchternere Kinder möglich, mutig auf ihre Bewegung stolz zu sein und sie zu Ende zu führen, auch wenn das andere Kind das nicht so sieht. Sollten die Vorstunden nicht den gewünschten Effekt haben, kann man auch versuchen, ein klares entschiedenes Verhalten direkt in der Situation einzuüben. Normalerweise ist aber der indirekte Weg günstiger. (10-20 Min)

VORLÄUFIGES RESÜMEE

Die vorgestellten Einheiten können, wenn die Kinder schnell begreifen und keine Störungen auftreten, aber auch das Interesse nicht so groß ist, daß Übungen wiederholt oder ausgedehnt werden, eine Schulstunde dauern. Es ist aber auch aus den genannten Gründen möglich, daß die Einheiten ausgedehnt und wiederholt werden müssen.

Manche Übungen oder gar Konzepte scheinen auch speziell für Erstkläßler zu komplex oder abstrakt.

Sie stellen immer nur Orientierungsmuster dar, anhand derer Künstler eine eigene Stundenkonzeption nach ihrer Einschätzung der Klasse und ihres eigenen Schwerpunktes vornehmen sollen.

Die vorgestellten Übungen und Konzepte passen im Allgemeinen für 10-jährige und müßten für kleinere Kinder modifiziert werden.

Nach meinen Erfahrungen sind die Klassen sehr unterschiedlich. Eine zweite Klasse kann sogar unreifer und schwieriger sein als eine erste. Außerdem ist es interessant, eine Konzeption mit weitgehenden Zielen vor sich zu haben, um nicht bei flachen Beschäftigungsspielen und dem ewigen Einfrieren, dem „Stopptanz" hängen zu bleiben. Können die Kinder Elemente offensichtlich nicht, so kann ein Künstler schnell spüren und reflektieren, ob es allgemein zu schwer für die Kinder in dieser Klasse ist, oder die Stunde mehr Zeit zum Üben und Erfahren braucht. Dann ist es möglich, mit der Entwicklungsmöglichkeit dieses Curriculums im Hintergrund entweder eine Schleife zu machen und nach ergänzenden Übungen auf das Thema zurückzukommen, oder es zum Beispiel für das nächste Jahr zurückzustellen. Wichtig ist es, daran zu denken, daß die Kinder meist eine im Konzept und dem Impetus des Unterrichts angelegte Entwicklungsmöglichkeit spüren und sich dann über Wiederholungen oder ein Aufgreifen in anderer Form (welches sonst vielleicht mit Langeweile Äußerungen kommentiert worden wäre) freuen.

Stunde	3
Thema:	Vertrauen, Fürsorglichkeit, Natur im Menschen
Medium:	Empfindungsschulung/Körpersymbolik

ELEMENTE: Blindes Führen, Sinnesschulung, Naturerleben, Soziales Vertrauen, Fürsorge
EINFÜHRUNG: Übungen dieser Art (eine Person mit geschlossenen Augen wird von einer anderen geführt) sind bekannt und populär. Die Themen des Erlebens sind immer: Hilflosigkeit, Vertrauen, Sich- Führen- Lassen, Sinnesschulung des Tastsinnes, des Gehörs, der Nase, des Gleichgewichtes, der Haut, eine neue Raum- und Zeitwahrnehmung auf der Seite des geführten Kindes, Fürsorge, Verantwortung und ein neuartiges Kontaktfeld zu einem anderen Kind auf Seite des Kindes, das führt. Entscheidende Erlebnisse sind möglich durch die Ausschaltung der Abstraktion, der Vorauseinordnung der Ereignisse der Welt. Die „Blinden" können unmittelbar erleben: alle Sinne, die sonst dem Auge zuarbeiten, schaffen jetzt eine eigene Version der Umgebung. Es kann erlebt werden, im Falle des Loslassens, des vertrauensvollen Geschehen lassens, wie alles für das Zurechtkommen in der Natur ausgestattet und eingerichtet ist. Glücklichenfalls können die Kinder die „Natur im Menschen" [26] in ihrem Zusammenspiel mit der „Natur außerhalb" erleben.
Ein anderer sehr wichtiger Aspekt ist das Moment des Vertrauens bei den „blinden" Kindern. Es ist interessant, zu sehen, wie stark das Vertrauen einmal in die „Natur im Menschen", also das Gleichgewicht etc. ist, zum anderen in die Fürsorge des betreuenden Kindes. Dafür ist wichtig, daß auf keinen Fall gesprochen wird. Das Reden nimmt die Unmittelbarkeit der Erfahrung weg, schafft Pseudovertrauen und Pseudokontakt, entlastet von der Notwendigkeit einer radikalen Neuorientierung. Natürlich taucht auch das Motiv des „Zur- Last- Fallens" auf, da das betreuende Kind ohne die Möglichkeit zu reden das andere Kind volle 25 Minuten betreuen und begleiten muß.
Es gibt ein Moment der Fürsorge, der Unterforderung des aktiven Bereichs durch die Notwendigkeit des „Dabeiseins" bei einem viel langsameren unterlegenen Partner. Eigentlich reicht die bloße Anwesenheit des betreuenden Kindes aus, dem Schützling die eigene individuelle Erfahrung zu ermöglichen. Das schafft auf der Seite des betreuenden Kindes eine ideale Projektionsmöglichkeit der Vater- oder Mutterrolle, was Mädchen gerne und ausführlich im Spiel üben, aber für Jungen auszuprobieren wichtig ist: zärtliches Einfühlen und Fürsorglichkeit.

---

[26] Mit „Natur im Menschen" wird im Groben das bezeichnet, was vor dem persönlichen Lernen im Menschen angelegt ist und weitgehend unwillkürlich funktioniert. Für alles weitere verweise ich auf D. Kappert: „Tanztraining, Empfindungsschulung und persönliche Entwicklung" 1990, wo dieser Begriff an verschiedenen Stellen ausführlich behandelt wird.

PRAXIS und ERLÄUTERUNG

Raum, Sensibilität, Natur im Menschen

1) Ein Kind geht langsam auf einer Linie vorwärts, wobei die Fußgelenke in der Luft völlig locker gelassen werden sollen. Die Führung der Bewegung soll über die Hüfte und das Knie gehen, die Fußgelenke sind völlig entspannt und übernehmen nur im Augenblick des Auftretens die dafür nötige Spannung. Bei dem Belastungswechsel auf das andere Bein wird das Fußgelenk aber sofort wieder völlig lockergelassen. Bei dem Gang auf der gleichen Linie rückwärts zum anderen Kind zurück soll dann ausgreifend geschritten werden. (diese Übung ist erst ab ca. 9 Jahren Alter möglich, da die Sensomotorik sehr komplex ist)

ad 1 Diese Übung hier hat den Vorteil, die schon in den Stunden 2 „D" und „E" angesprochenen Unsicherheiten im Gehen der Kinder konkret anzugehen und über das Loslassen des Fußgelenks zugleich die Stabilität der Hüfte und die Balance positiv zu beeinflussen. Das Rückwärts-Ausschreiten befreit tendenziell das Festhalten in der Hüfte. Man kann über Wiederholung und Korrektur mit dieser Übung unterschiedlich weit gehen. (15 Min)

2) Die Hälfte der Kinder hält die Augen geschlossen, und es wird während dieser Zeit auch nicht geredet. Jedes Kind nimmt sich aus der Gruppe der „Blinden" ein Kind, für das es in der Zeit die Verantwortung übernimmt. Diese Übung ist am schönsten, wenn man sie im Grünen durchführen kann. In der Natur, oder, wenn es nicht anders geht, in der Turnhalle sollen die Kinder mit verbundenen Augen (nur durch die Aufmerksamkeit des anderen Kindes geschützt) die Umgebung und sich selbst erkunden. Sie sollen aber auch gezielt an bestimmte Erfahrungen herangeführt werden (z.B. rennen).

ad 2 Dabei besteht die Möglichkeit zu einer Eltern/Kind Übertragung. Die Kinder machen solche Spiele sowieso gerne. Hier kommt es darauf an, Themen wie Fürsorglichkeit so anzusprechen, daß die Kinder sie bewußt erleben können. Das Gleiche gilt für die Sinneserfahrung. Die Fernsinne sind ja bis auf das Hören ausgeschaltet. Dadurch ist den Kindern die Möglichkeit der Einordnung auf Distanz genommen. Da außerdem nicht geredet werden soll, sind alle Kinder auf direkte unmittelbare Erfahrung durch Fühlen, Riechen etc. angewiesen und müssen sich auf mehr oder weniger Unvorhersehbares einlassen, ganz im Prozeß sein. Neben der sehr eindringlichen Erfahrung, wie intensiv über die Sinne wahrgenommen werden und wie stark und unmittelbar plötzlich das Erleben von Wind oder ähnlichem werden kann, tritt die Fähigkeit, zu vertrauen, in den Mittelpunkt. Es besteht eine Abhängigkeit, die Kinder oft als lustvoll erleben. Umgekehrt werden bei den betreuenden Kindern oft Vater/Mutterinstinkte geweckt, die besonders die Mädchen gern im Rollenspiel üben, die zu üben aber auch gerade für Jungen wichtig ist.

(20-40 Min je nach Konzentrationsfähigkeit)

Prolog 4 A-H Allgemeiner und persönlicher Raum;
Dynamik und Veränderung sinnlicher Erfahrbarkeit

ELEMENTE: Gefühl für dynamische Veränderung im Raum
EINFÜHRUNG: Intuition und Dynamik: Genau im Gegensatz zu den Stunden „Klarheit und Konsequenz" geht es bei dem dynamischen Raumkonzept um permanente Veränderung und die individuelle Einstellung darauf. Hierzu ist eine generelle Aufmerksamkeit erforderlich, die geübt werden muß..., ein Gefühl für die Energie und die „Vibrations" im Raum.
Diese Stunden bringen das auf den Punkt: Wenn sowohl Aufmerksamkeit für Raum, Energie und die anderen Kinder da ist, als auch die Kinder zu einer intuitiven Umsetzung ihrer Impulse in der Lage sind, entsteht ein Gruppengefühl, das außerordentlich spannend für die beteiligten Kinder ist und die Energie und sozialen Verhältnisse untereinander ausdrückt, ohne sie zu beschönigen, aber auch ohne zu verletzen und sich immer mit Power, Sensibilität und in einer offenen Art und Weise äußert.

Prolog A+B Raum Dynamik und Veränderung

ELEMENTE: Verhältnis Raum/Zeit, Tanzimprovisationstraining
EINFÜHRUNG: Bei den Übungen geht es um die Energie im Raum zwischen den Kindern in einer Klasse, um die permanente Einschätzung und Bewertung der Veränderung von Nähe und Distanz. Die ersten beiden Übungen schärfen die Wahrnehmung für die Absicht und die Energie aller Kinder im Raum und bauen zugleich die Zentrierung und ein Gefühl für Spannungswechsel auf.
Alle Übungen befassen sich mit dem komplexen Wechselspiel zwischen Bewegung und Gruppe und verbinden die Variation verschiedener Tempi und unterschiedlich starkem Energieeinsatz zu einem Gefühl für das „richtige" Timing.
Das alles ist, wie durch die Dominanz dieses Themas in vielen Kinderspielen deutlich wird, ein grundlegender Indikator für die Art der Orientierung des Kindes in der Welt, der Grundsensibilität, des Offen- oder Zu-Seins und der aktiven Fähigkeit, sich abzugrenzen, zu schützen, oder ausgeliefert zu sein.

Stunde:	4 A
Thema:	Dynamik und Veränderung
Medium:	Tanzimprovisationstraining

KONZEPT: DYNAMIK, UNVORHERSEHBARKEIT, INTUITION W. Up 1-4:

1) Kurze Massage
2) 8 Zeiten auf gerader Linie gehen, bei Begegnung solange Zeit und Lust reicht die Hand geben (Desmond Dek: Come Here)
3) Frei tanzen und auf 7 einem Kind, das man sich vorher ausgesucht hat aber nicht darüber informiert hat einen schnellen Blick zuwerfen (Desmond Dek.: It Mek)
4) Auf geraden Linien gehen, bei 7 jemanden antippen, bei 8 Wechsel der Richtung (Desmond Dek.: Israelites)

ad 2,3,4 Training von Raumwahrnehmung, Zeit und Kontakt, also auch Souveränität im Umgang mit Zeit, Raum und anderen Menschen. Die Kinder üben, zu zählen und flink zu reagieren. In „2" können sie die Balance zwischen dem Kontakt und einem Zählschema üben. „3" ist Spaß, zählen, Gruppendynamik. „4" ist eigentlich zu kompliziert, macht aber Spaß und kann ein produktives Chaos verursachen. Diese Übung ist nur angebracht, wenn in der Klasse eine bestimmte Grunddisziplin vorhanden ist. Sonst kann zu große Unruhe entstehen. (20 Min)

5) Die Kinder schleichen im Raum umher. „Es ist dämmerig. Du bist ein Tier, das entweder die anderen belauert oder von den anderen belauert wird. Du mußt ganz doll aufpassen, daß niemand hinter dir ist. Du hast auch hinten Augen und bekommst alles mit, und du bist leise, machst kein Geräusch." (Piazzola)

ad 5 Training, sich an sich ständig verändernde Bedingungen anzupassen, aufmerksam zu sein und schließlich selbstverständlich mitzubekommen, was geschieht und sich entsprechend zu verhalten. (10 Min)

6) Eine Hälfte der Gruppe steht mit geschlossenen Augen im Raum, die anderen tanzen zu wechselnden Musiken mit entsprechend wechselnder Dynamik. (Pantomimemusik)

ad 6 Übungen, die Energie im Raum durch die Bewegung und ihre Energie wahrzunehmen und sich entsprechend zu verhalten. Die Kinder werden allgemein sehr aufmerksam und genießen die Aufmerksamkeit ihrer Sinne. (5 Min)

7) Die Kinder gehen im Raum und bleiben stehen, wenn die Musik unterbrochen wird; wenn das gut klappt, sollen nach einer Zeit alle gemeinsam losgehen, ohne sich verbal, durch Zeichen oder Blickkontakt abzusprechen. (RAP)

ad 7 Die Kinder erfahren sich als Gruppe mit Feeling. Wie in einer Gang achten sie auf kleinste Zeichen der anderen, um sich ohne Worte abzustimmen, nur daß es hier nicht um Kampf, sondern um Aufmerksamkeit, um die eigene Power, um Ausdruck geht. (5 Min)

Stunde:	4 B
Thema:	RAUM, DYNAMIK, VERÄNDERUNG spezifische Aufmerksamkeitstrainings/allgemeine Awareness II
Medium:	Tanzimprovisationstraining

KONZEPT: DYNAMIK, UNVORHERSEHBARKEIT, INTUITION

Gleiches Warm Up: Übungen 1-4 wie in Stunde 4A; die Kinder erkennen die Übungen wieder und verstehen sie besser

1) Kurze Massage
2) 8 Zeiten auf gerader Linie gehen, bei Begegnung solange Zeit und Lust reicht die Hand geben (Desmond Dek. Come Here)
3) Frei tanzen, und auf „7" einem Kind, das man sich vorher ausgesucht hat aber nicht darüber informiert hat einen schnellen Blick zuwerfen (Desmond Dek.: It Mek)
4) Auf geraden Linien gehen, bei 7 jemanden antippen, bei 8 Wechsel der Richtung (Desmond Dek. Israelites)

ad 2,3,4 Training von Raumwahrnehmung, Zeit und Kontakt, also auch Souveränität im Umgang mit Zeit, Raum und anderen Menschen. Die Kinder üben, zu zählen und flink zu reagieren. In „2" können sie die Balance zwischen dem Kontakt und einem Zählschema üben. „3" ist Spaß, zählen, Gruppendynamik. „4" ist eigentlich zu kompliziert, macht aber Spaß und kann ein produktives Chaos verursachen. Diese Übung ist nur angebracht, wenn in der Klasse eine bestimmte Grunddisziplin vorhanden ist. Sonst kann zu große Unruhe entstehen.

(20 Min)

5) Die Klasse wird in Gruppen à 10 Kinder eingeteilt. Alle Kinder stehen auf festen Plätzen. Zu einem schnellen Rhythmus gehen jeweils drei Kinder der Gruppe schnell zwischen den anderen herum. Wann immer eins von ihnen stehen bleibt, muß augenblicklich ein anderes aus der Gruppe losgehen und die Rolle des stehen gebliebenen Kindes in der schnellen Bewegung einnehmen.

(RAP)

6) Die Kinder stehen als Statuen in drei Gruppen im Raum, und jeweils eine Gruppe Kinder tanzt zu einer heftigen Musik. Auf Klatschen bleiben sie wie eingefroren stehen, die nächste Gruppe Kinder tanzt sofort weiter, usw.

(Compania Italiana del Canto Popolare)

ad 5/6 Diese Improvisationstrainings verfeinern das Gefühl für die Raumenergie und die Bewegung der anderen Kinder. Sie entwickeln das, was Tänzer und Musiker mit „Timing" bezeichnen. Die Übungen 5 und 6 haben mit dem fundamentalen Verhältnis und der Sicherheit in der Orientierung in Raum und Zeit zu tun. Wenn Kinder spielen, geht es sehr oft um genau diese Erlebnis- und Verhaltensdimensionen. So zielen Spiele- Evergreens wie Räuber und Gendarm auf eben diese Meisterschaft und Selbstverständlichkeit einer Orientierung und Klarheit in Raum und Zeit ab. Wir verbinden Tanz mit dieser Art von Wachheit, Gewahrsein und Sicherheit in der Balance zwischen den eigenen Rauminteressen und denen der anderen Kinder, um eine Gruppenintelligenz zu schaffen und eine relative Sicherheit auch der Kinder zu trainieren, die nicht gut in Sport und eher ängstlich sind.

(30 Min)

Vorläufiges Resümee 2

Künstlerisches Ziel

Tanz im Raum setzt voraus, daß Entscheidung und Mut über den eigenen Weg, Sensibilität für die anderen und Bewußtsein über den Raum so selbstverständlich sind, daß mit ihnen gespielt werden kann. Wir können das Fehlen jeder der angesprochenen Elemente erkennen: Fehlen Entscheidung und Mut für den eigenen Weg, entsteht keine Spannung. Harmoniebedürfnis führt zu einer Vorab- Anpassung, in der weder Konflikte, noch Spannungen aufkommen. Aus diesem Clinch heraus ist aber auch keine Begegnung möglich, keine Überraschung; alles ist ein Brei. Fehlen Sensibilität und Aufmerksamkeit, gibt es ein zusammenhangloses Gerenne. Alle laufen durcheinander und scheinen gar nicht im gleichen Raum zu sein. Die Zuschauer erleben eine deprimierende Vision von Beliebigkeit und Kontaktlosigkeit. Fehlt das Bewußtsein für den Raum, so entsteht ein soziales oft pantomimisches Spiel ohne die tänzerische Realisierung der Raumdynamik, ohne echte Gestaltung im Medium. Es fehlen Kreativität und Veränderung, was zu Nachäffen und Überdruß führen kann. Außerdem gehört aber noch etwas dazu, was Kunst in einer Performance ausmacht und sich nicht erzwingen oder planen läßt: aus der gemeinsamen Aufmerksamkeit, der Balance zwischen Sensibilität für die anderen und Eigenständigkeit muß, damit die Vorstellung spannend wird und alle das Gefühl haben: „Hier ist wirklich etwas passiert!" eine selbstverständliche Gemeinsamkeit der Aufmerksamkeit und des Bewußtseins entstehen, die die Aktion unmittelbar, direkt und wie choreographiert wirken läßt. Hier müssen die Kinder nicht unbedingt im ersten und zweiten Schuljahr ankommen. Der/Die Künstler/in sollte diese Perspektive aber immer im Auge haben. Dadurch bekommt der Unterricht die Ernsthaftigkeit, die die Kinder spüren und schätzen. Auch sie fühlen sich dadurch ernst genommen. Kommen die Kinder aber wirklich auf dieser Ebene von Kunst an, haben sie einen ungeheuer wichtigen Schritt in der persönlichen und sozialen Entwicklung getan.

Prolog 4 C+D Raum, persönlicher Raum

ELEMENTE: Verhältnis Raum/Zeit - Aura/persönlicher Raum
EINFÜHRUNG: In diesen Stunden geht es um eine Sensibilisierung für die Spannung im Raum, das Gefühl für die Energieverteilung, das Bedürfnis nach Kontrolle und Distanz und die intuitive Wahrnehmung der Bedeutung des engen (Aura: Stunde D, Übung 4) und mittleren (Prinzen und Prinzessinnen: Stunde D, Übung 5) persönlichen Raumes, den jedes Kind hat.
Im engen, persönlichen Raum gibt es eine unmittelbare energetische Verbindung über die Aura, die für die Kinder nach einer einfachen Vorbereitung durch Anregung und Sensibilisierung der Haut direkt spürbar ist. Das Gefühl für andere Kinder oder die Gruppe, in der man steht, ist von einer großen Unmittelbarkeit und Wucht, in der „Enge/bedrängt- Sein" oder „Sich- Aufgehoben- Fühlen/In-Kontakt-Sein", bzw. Sym- oder Antipathie von den Kindern intensiv erlebt werden, so daß eine Auflösung durch die Übungen 5 in den Stunden C und D wichtig ist. Bei Stunde C, Übung 5 wird dieses Erlebnis durch die unwillkürliche Gestaltung des Inneren Bildes verarbeitet.
Bei Stunde D Übung 5 geschehen Bewegung und Kontakt im mittleren Raum, also innerhalb einer durch den Körper gebildeten Form, die durch die eigene Reichweite bestimmt ist. Wenn sich dabei die Kinder abwechselnd im gemeinsamen Raum bewegen, kann ein harmonisches Umeinanderfließen, eine Identität im direkten Kontakt, entstehen. Schließlich wird diese intensive Sensibilisierung zurückgeführt auf einen direkten Kontakt Rücken an Rücken, etwas Reales, das die Kinder wieder auf dem physischen Boden des Alltagslebens und der alltäglicheren Wahrnehmung der Körpergrenzen landen läßt.

Stunde:	4 C
Thema:	Raum, persönlicher Raum Nähe und Distanz: Bild (Doppelstunde)
Medium:	Tanzimprovisationstraining, Empfindungsschulung, Bilderleben

PRAXIS und ERLÄUTERUNG

1) Indiv. Warm Up (2-3 Min)

2) Die Kinder stehen sich paarweise auf Distanz gegenüber: Abwechselnd geht ein Kind auf das andere zu, während dieses die Augen geschlossen hat; wenn das stehende Kind das Gefühl hat, es ist nah genug, sagt es „Halt". (Stille)

ad 2 Hier geht es um eine Sensibilisierung der Kinder für die eigene Wahrnehmungsfähigkeit in einer energetischen Veränderung. Wie empfindlich nehmen sie die Annäherung eines anderen Kindes wahr? Wie ist das Bedürfnis nach Distanz oder Nähe. Ein wichtiger Nebeneffekt ist, daß die Kinder lernen, ihre Grenzen und die der anderen (auch die der schwächeren und ängstlicheren) stärker wahrzunehmen und zu respektieren.

(2 X 10 Min)

3) Die Kinder stehen sich weiterhin paarweise auf Distanz gegenüber. Ein Kind hebt langsam die Hände mit gestreckten Armen bis zur Waagerechten, bringt sie plötzlich mit einem Klatschen zusammen, wobei die Energie in den Händen konzentriert wird, geht zentriert und entschlossen auf das andere Kind mit Konzentration auf dessen Mitte zu (wobei die Hände zusammen in der Vorhalte bleiben), dreht direkt vor dem anderen Kind mit einem Fingerschnippsen um und geht gelassen und locker zurück. (Musik tibetanischer Mönche)

ad 3 Es ist möglich, zu sehen, ob ein Kind in der Lage ist, die Energie in sich aufzubauen, durch den Körper bis in die Hände kommen zu lassen (viele sind entweder allgemein schlaff oder halten in den Schultern fest) und sich damit so im Raum zu bewegen, daß eine deutliche Orientierung nach vorne da ist. Das plötzliche Umdrehen bedeutet dann eine dramatische Änderung in der räumlichen, energetischen und sozialen Orientierung, deren Nicht Gelingen oft mit einem Sich- Festhalten am Gegenüber, einer Fixierung auf eine Raumrichtung oder mangelnder Zentrierung/Bodenkontakt zu tun hat. Diese Übung stammt vom Kontext her aus der Richtung des „Movement against Self-Destruction", mit dem Jugendgangs durch Tanz und Musik in eine Richtung kamen, Rivalität nicht auszuprügeln und zu -schießen, sondern auszutanzen. Es symbolisiert einen starken und ernsten, fast bedrohlichen Spannungsaufbau, der aber überraschend und lustig gelöst wird.

Da Kinder heute durch die Medien früher mit einer Gewaltästhetik konfrontiert werden, sind Übungen dieser Art auch für Schulkinder sinnvoll. Allerdings könnten erstes und zweites Schuljahr überfordert sein. Unbedingt interessant werden Übungen dieser Art ab drittem, vor allem viertem Schuljahr. (2 X 7 Min)

4) Kräftiges Abrubbeln den ganzen Körper entlang, danach Streicheln ohne Berührung aber in sehr nahem Abstand, so daß die Wärme der Hände und umgekehrt des Körpers spürbar bleibt. (Zulu-Choräle)

Die massierten Kinder werden dann so eng zusammengeführt, daß sie einen gemeinsamen Raum bilden ohne sich zu berühren und dann mit der Aufgabe alleingelassen, sich mit geschlossenen Augen in diesem gemeinsamen Raum zu bewegen, wie es dem Gefühl für Nähe und Distanz entspricht, ohne die Augen zu öffnen und ohne sich zu berühren. (Sphärische Musik)

ad 4 In diesen sehr machtvollen Übungen entsteht ein unzweifelbares Gefühl für den eigenen Raum, den Raum der anderen und die Bereitschaft zu Gemeinsamkeit, bzw. dem Bedürfnis nach Abgrenzung, was für alle Kinder eine intensive und aufschlußreiche Erfahrung darstellen kann. (2 X 15 Min)

5) Fremdentspannung „Körperbegrenzung", bei der die Aufmerksamkeit auf die Haut als Umhüllung des Körpers gelenkt wird. Das Bild in Kurzform: „Du liegst auf einem hohem Felsen, dessen Gipfelplattform genau Deiner Auflagefläche entspricht...; der gesamte Raum wird mit Sand aufgefüllt, der so hoch steigt, daß er Deine Seiten umschließt und genau mit Deiner Körperoberfläche abschließt...; Auf Dich rieseln Daunen, die Dich bedecken und mit Deiner Atembewegung leicht auffliegen und sich wieder senken. [27]

ad 5 In diesem Bild können sich unterschiedliche Tendenzen der Wahrnehmung der Körpergrenzen aktualisieren. (15 Min)

---

[27] ARCHETYPEN, INNERE BILDER UND KÖRPERSYMBOLIK, Verlag für Ästhetische Bildung, Essen 1997 Seiten 16 ff

Stunde:	4 D
Thema:	Raum, persönlicher Raum Nähe und Distanz: Tanz
Medium:	Tanzimprovisationstraining, Empfindungsschulung, Bilderleben

Gleicher Übungsaufbau wie in 4c, anderes Ende

PRAXIS und ERLÄUTERUNG

1) Indiv. Warm Up (2-3 Min)

2) Die Kinder stehen sich paarweise auf Distanz gegenüber: Abwechselnd geht ein Kind auf das andere zu, während dieses die Augen geschlossen hat; wenn das stehende Kind das Gefühl hat, es ist nah genug, sagt es „Halt". (Stille)

ad 2 Hier geht es um eine Sensibilisierung der Kinder für die eigene Wahrnehmungsfähigkeit in einer energetischen Veränderung. Wie empfindlich nehmen sie die Annäherung eines anderen Kindes wahr? Wie ist das Bedürfnis nach Distanz oder Nähe. Ein wichtiger Nebeneffekt ist, daß die Kinder lernen, ihre Grenzen und die der anderen (auch die der schwächeren und ängstlicheren) stärker wahrzunehmen und zu respektieren. (2 X 7-10 Min)

3) Die Kinder stehen sich weiterhin paarweise auf Distanz gegenüber. Ein Kind hebt langsam die Hände mit gestreckten Armen bis zur Waagerechten, bringt sie plötzlich mit einem Klatschen zusammen, wobei die Energie in den Händen konzentriert wird, geht zentriert und entschlossen auf das andere Kind mit Konzentration auf dessen Mitte zu (wobei die Hände zusammen in der Vorhalte bleiben), dreht direkt vor dem anderen Kind mit einem Fingerschnippsen um und geht gelassen und locker zurück. (Musik tibetanischer Mönche)

ad 3 Es ist möglich, zu sehen, ob ein Kind in der Lage ist, die Energie in sich aufzubauen, durch den Körper bis in die Hände kommen zu lassen (viele sind entweder allgemein schlaff oder halten in den Schultern fest) und sich damit so im Raum zu bewegen, daß eine deutliche Orientierung nach vorne da ist. Das plötzliche Umdrehen bedeutet dann eine dramatische Änderung in der räumlichen, energetischen und sozialen Orientierung, deren Nicht-Gelingen oft mit einem Sich- Festhalten am Gegenüber, einer Fixierung auf eine Raumrichtung oder mangelnder Zentrierung/Bodenkontakt zu tun hat. Diese Übung stammt vom Kontext her aus der Richtung des „Movement against Self-Destruction", mit dem Jugendgangs durch Tanz und Musik in eine Richtung kamen, Rivalität nicht auszuprügeln und zu -schießen, sondern auszutanzen. Es symbolisiert einen starken und ernsten, fast bedrohlichen Spannungsaufbau, der aber überraschend und lustig gelöst wird. Da Kinder heute durch die Medien früher mit einer Gewaltästhetik konfrontiert werden, sind Übungen dieser Art auch für Schulkinder sinnvoll. Allerdings könnten erstes und zweites Schuljahr überfordert sein. Unbedingt interessant werden dieser Art Übungen ab drittem, vor allem viertem Schuljahr. (2X5-7 Min)

4) Kräftiges Abrubbeln den ganzen Körper entlang, danach Streicheln ohne Berührung aber in sehr nahem Abstand, so daß die Wärme der Hände und umgekehrt des Körpers spürbar bleibt. (Zulu-Choräle)

Die massierten Kinder werden dann so eng zusammengeführt, daß sie einen gemeinsamen Raum bilden ohne sich zu berühren und dann mit der Aufgabe alleingelassen, sich mit geschlossenen Augen in diesem gemeinsamen Raum zu bewegen, wie es dem Gefühl für Nähe und Distanz entspricht, ohne die Augen zu öffnen und ohne sich zu berühren. (Sphärische Musik)

ad 4 In diesen sehr machtvollen Übungen entsteht ein unzweifelbares Gefühl für den eigenen Raum, den Raum der anderen und die Bereitschaft zu Gemeinsamkeit, bzw. dem Bedürfnis nach Abgrenzung, was für alle Kinder eine intensive und aufschlußreiche Erfahrung darstellen kann. (2X10 Min)

5) Die Kinder beginnen, als verzauberte Prinzessinnen und Prinzen, ganz langsam aus der Erstarrung zu erwachen und sich wie im Zauber leicht und wie von selbst zu bewegen. Dabei sollen sie nah zusammen bleiben, sich aber nicht berühren. Schließlich stellen sie sich Rücken an Rücken, und beginnen, die Rücken aneinander zu reiben. (Ravi Shankar; Jan Gabarek.)

ad 5 Die Kinder lösen die fast hypnotische Orientierung auf die Wahrnehmung energetischer Veränderungen in einer Aufgabe, die der Phantasie entspricht und die magische Stille tänzerisch löst. Dabei kann eine schöne Bewegungsqualität entstehen. Zum einen sind die Kinder von innen her ruhig und auf sich konzentriert. Die Auramassage bewirkt auch eine Tonusregulierung. Vor allem kann ein seltenes intimes Gefühl von Gemeinsamkeit entstehen. (2X5 Min)

Prolog 4 E,F,G,H Raum, sinnliche Erfahrbarkeit Ebenen, Konfrontation, Grenzen, Struktur

ELEMENTE: Empfindung der Raumebenen, Eutonie, Balance, Raum, Form und Konfrontation, Tanztheater- und Tanztherapie-Elemente, Katathymes Bilderleben
EINFÜHRUNG: In der ersten Stunde geht es um die Bedeutung von Raum und ein Erlebnis von Räumlichkeit durch die Raumebenen (von der Sicherheit aber auch Beschränktheit des Kriechens über das Krabbeln zur Aufrichtung und darüber hinaus zur Balance, der erhöhten Aufrichtung) und deren sinnlicher Erfahrung. Die Aufrichtung führt zu der konkreten sozialen Bedeutung von Raum durch Form und durch die räumliche Konfrontation eines Einzelnen mit der Gruppe.
Die Raumebenen in „4 E" begrenzen das Aktions- und Sichtfeld. Durch ihre sinnliche Erfahrung läßt sich eine Verbindung herstellen zur persönlichen und Stammesentwicklung vom Säugling zum Erwachsenen aber auch vom Kriechtier zum Menschen. Auf der gleichen Ebene der Erfahrbarkeit bewegt sich das Raumerleben durch Hören und Riechen. Durch die sinnliche Erfahrung werden Riechen und Hören als Nah- und Fernsinne deutlich.
Der Raum/Formteil 5 F mit offenen Augen gibt der Beziehung von Raum und Form mehr Bedeutung. Die Übung führt die Formen aus der Beliebigkeit und läßt ihre Bedeutung direkt spürbar werden.
Die letzte Übung schließlich bringt besonders nach dieser Vorbereitung eine Fülle von Selbsterfahrungs- und Lösungsmöglichkeiten als Paar und in der Einzelne(r)-Gruppe Konstellation.
In „H" schließlich wird die Meta-Ebene „Bild" eingeführt, auf der sich die Eingrenzung des Raumes als Begrenzung der schrankenlosen Freiheit durch Strukturen des Alltagslebens ausdrückt. Dieses Thema ist für Kinder zwar nicht abstrakt diskutierbar aber erlebbar und sehr bedeutsam.

Stunde	4 E
Thema:	Raum, sinnliche Erfahrbarkeit, Ebenen Bedeutung der Ebenen: Balance
Medium:	Körpersymbolik, Tanzimprovisationstraining, Tanztheater

PRAXIS und ERLÄUTERUNG

1) Mit geschlossenen Augen: -Kriechen am Boden wie ein Wurm oder eine Schlange; -auf allen Vieren krabbeln wie ein Hund oder eine Katze; -mit der Aufrichtung experimentieren wie die Affen; -aufrecht gehen als „der Vierfüßler, der du bist mit zwei freien Gliedmaßen", -gehen mit einem Gefühl für Hände und Füße als Raumerfahrung, tasten; -dabei das Energiefeld der anderen spüren; -die Körperöffnungen der Ohren spüren, Konzentration auf die Ohren, die Geräusche hören (Bälle und andere Gegenstände werden durch den Raum geworfen), -die Körperöffnung der Nase empfinden, bei Begegnung an den anderen riechen

(Milton de Nascimento)

ad 1 Erlebnis der Veränderung der räumlichen Möglichkeiten mit der Veränderung der eigenen Perspektive, wobei viele Assoziationen an die eigene Entwicklung vom Baby zum Kind aber auch von Kriechtieren usw. vorkommen. Die Kinder erleben, wie eingeschränkt sie am Boden sind, aber auch, wie sicher. Genauso wird deutlich, wie frei sie im Stehen sind und was sie alles machen können, aber auch wie ausgesetzt sie sind; auch, wie eingeschränkt der Horizont am Boden ist und wie er sich im Stehen erweitert. Es ist ein geschärftes Bewußtsein möglich für die anthropologische Besonderheit des Menschen als eines „Tieres in Aufrichtung mit zwei freien Gliedmaßen", sowie der sinnlichen Einbindung in die Welt. Der Raum wird also besonders intensiv wahrgenommen und auch taktil erspürt, was für die emotionale Sicherheit und die Bewegungsregulation wichtig ist. Nun tritt der Fernsinn des Hörens hinzu, und das räumliche Hören tritt in den Vordergrund. Das Riechen hingegen schafft wieder Nähe und Kontakt, und die Räumlichkeit tritt in den Hintergrund zugunsten einer personengebundenen Orientierung.

(10-15 Min)

2) Vierfüßler Rückenmassage:
Ein Kind ist im Vierfüßler, ein anderes behandelt es.
* Reiben, Massage,
** Wahrnehmungsschulung: genau an den Stellen nachgeben, wo die Hand aufgelegt wird,
*** Abwechselnd Katzenbuckel und Hohlkreuz, dabei werden kräftige Striche entlang der Wirbelsäule gemacht,
**** Improvisation zwischen den Händen und der Rückenbewegung,
***** Ausstreichen. (Abdul Nasr: Leila)

ad 2 Diese Übung präpariert den Körper vom Rücken her dafür, durchlässig und kräftig zu sein. Sie beugt Haltungsschäden vor und ermöglicht größere Geschicklichkeit im Alltag und Spiel. Hier bereitet sie darauf vor, ein anderes Kind auf dem Rücken zu tragen. (2 X 10 Min)

3) Stehen auf zwei Vierfüßlern: Zwei Kinder sind wie Pferde nebeneinander im Vierfüßler. Ein anderes steigt auf die beiden, so daß es mit den Füßen auf den Kreuzbeinen steht. Es soll durch die beiden Vierfüßler hindurch in den Boden spüren und so eine gute Aufrichtung halten. Wenn das gut geht, können die beiden „Pferde" sich langsam in Bewegung setzten. (Tibetanische Mönchsgesänge)

ad 3 Es entsteht eine besondere Aufmerksamkeit für die Senkrechte im Raum, für Balance und die animalische Komponente des Gleichgewichts.

(3 X 6 Min)

Stunde	4 F
Thema:	Raum, sinnliche Erfahrbarkeit Ebenen Bedeutung der Ebenen: Konfrontation Gruppe
Medium:	Körpersymbolik, Tanzimprovisationstraining, Tanztheater

1) Warmmachen, Kriechen, Krabbeln, Gehen

2) Schwingungsübung: Ein Kind liegt am Boden. Ein anderes bringt das liegende Kind von den Fußgelenken her, dann vom Becken und anderen Körperstellen her in eine leichte Schwingung. (Egberto Gismonti)

ad 2 Diese Schwingung löst die Verspannung des Körpers und schafft Durchlässigkeit. Auch der Atem entkrampft und befreit sich.

(2 X 7-10 Min)

3) Auf der Raumdiagonalen tritt ein Kind der Gruppe entgegen. Die Gruppe geht kompakt aber nicht völlig undurchlässig vor mit einem gemilderten Stakkatostil. Das Kind nähert sich der Gruppe und nimmt die Energie wahr, drückt sie tänzerisch aus, kann „sein" Raumthema sagen, durch die Gruppe durchgehen etc., ab da ist die Gestaltung des Themas frei. (Ann Clark)

ad 3 Dieses Setting bietet eine Fülle von Gestaltungsmöglichkeiten der persönlichen Thematik von Raum, besonders der Themen Präsenz, Solidarität etc. Hier experimentieren die Kinder gewöhnlich viel mit ihrer Form und damit, wie weit ihre Form über ihre physikalischen Grenzen hinausreicht. Die ganze Gruppe wird sich der Energie und der Bedeutung von Form bewußt .Das Thema „Auseinandersetzung eines einzelnen Kindes mit einer Gruppe" wird als Raum/Form/Energie-Thema bewußt. Alles, was in dieser Konfrontation geschieht, ist Ausgangspunkt der prozeßorientierten Phasen nach Übung 3, es entfalten sich sehr persönliche Geschichten, für die es keine allgemeine Darstellung gibt.

Stunde	4 G
Thema:	Raum, sinnliche Erfahrbarkeit Ebenen Bedeutung der Ebenen: Konfrontation Einzelne
Medium:	Körpersymbolik, Tanzimprovisationstraining, Tanztheater

1) Warmmachen, Schwingungen

2) Schwingungsübung: Ein Kind liegt am Boden. Ein anderes bringt das liegende Kind von den Fußgelenken her, dann vom Becken und anderen Körperstellen her in eine leichte Schwingung. (Egberto Gismonti)

ad 2 Diese Schwingung löst die Verspannung des Körpers und schafft Durchlässigkeit. Auch der Atem entkrampft und befreit sich.

(2 X 7-10 Min)

3) Ein Kind verteidigt den Raum, eines will den Raum durchdringen. Dabei geht es nicht um Spiel, sondern um Tanz und die Kinder sollen sich nicht berühren. (Flamenco)

ad 3 Diese Improvisation ist direkt, konkret und persönlich. Sie legt keinerlei formale Schranken fest und erlaubt, alles an persönlicher Bedeutung, an Interesse und Temperament auszudrücken. Interessant ist die Dimension: pragmatisch/spielerische vs. symbolisch/tänzerische Gestaltung, sowie das Ausmaß der persönlichen Verwicklung und die Tendenz zur Absprache vs. Durchsetzung der eigenen Rauminteressen. Wie in „4 F" wird diese Stunde individuell und prozeßorientiert ausgestaltet und beendet.

Stunde	4 H
Thema:	Raum, sinnliche Erfahrbarkeit Ebenen Bedeutung der Ebenen: Bild
Medium:	Körpersymbolik, Tanzimprovisationstraining, Katathymes Bilderleben

1) Warmmachen, Schwingungen

2) Schwingungsübung: Ein Kind liegt am Boden. Ein anderes bringt das liegende Kind von den Fußgelenken her, dann vom Becken und anderen Körperstellen her in eine leichte Schwingung. (Egberto Gismonti)

ad 2 Diese Schwingung löst die Verspannung des Körpers und schafft Durchlässigkeit. Auch der Atem entkrampft und befreit sich.

(2 X 7-10 Min)

3) Fremdentspannung „Raum" mit Lenkung der Wahrnehmung auf die Innenräume des Körpers und seine Umhüllung durch die Haut; das Bild der Wiese und einer Begrenzung der Wiese; Identifikation mit der Wiese und dann mit der Begrenzung; Betrachtung des Bildes; Wechsel zu Körperempfindung; Herausgehen aus dem Bild. [28]

ad 3 Das Bild der Wiese und ihrer Begrenzung steht oft für den Lebensraum und seine Begrenzung durch die Struktur und Bindung. Eine mögliche Übertragung ist z.B. die Wiese, über die die Menschen achtlos hinweglaufen für die eigene Tendenz, den persönlichen Raum nicht genug zu achten und abzugrenzen. Bedeutsam ist das Verhältnis zur Begrenzung, die als Einengung, als gerade richtig oder als Schutz gesehen werden kann. Letzteres ist oft überraschend für die Betroffenen, die Reibung an Begrenzungen, die Strukturierung des Lebens, wird oftmals erst im Bild als positiv erlebt.

---

[28] ARCHETYPEN, INNERE BILDER UND KÖRPERSYMBOLIK, Verlag für Ästhetische Bildung, Essen 1997 Seiten 37 ff

Stunde	5 A
Thema:	GEBEN UND NEHMEN symbolisch
Medium:	Körpersymbolik, Tanzimprovisation

ELEMENTE: Balance zwischen Geben und Nehmen, das „Wie" der Gesten, der Inhalt dessen, was gegeben und genommen werden soll, Assoziationsübung.
EINFÜHRUNG: In dieser Stunde geht es zuerst darum, ob ein Kind anderen überhaupt wirklich etwas (ab)geben will und tatsächlich etwas (an)nehmen kann. Das drückt sich in der Assoziationsübung als Gefühl und Erinnerung an bestimmte Situationen und Menschen aus. Das wirkt sich auch in der Improvisation mit den Gesten von Geben und Nehmen, besonders aber mit den Tüchern aus und kann als Assoziationsübung bewußter wahrgenommen werden.

PRAXIS und ERLÄUTERUNG
Warm Up 1-3:
1) In Bewegung kommen zu einer chansonartigen brasilianischen Musik, dabei tanzend Gegenstände, die im Raum verteilt sind, anderen Geben und von ihnen Nehmen. (Joao Assis Brasil: Ney Matogrosso)
2) Diese Bewegung expressiver werden lassen mit ausgeprägterer Gestik. Symbolisch, also ohne die Gegenstände, weitertanzen (Edith Piaf)
ad 1, 2 Auf tänzerischer Ebene sind Geben und Nehmen eher Gesten[29] *als Formen. Die Musik (chansonartig) unterstützt einen konkreteren tänzerischen Ausdruck.*
(8 Min+8 Min)
3) Bei dieser Übung darauf achten, ob die eigene Bewegung mehr ein Geben oder eher ein Nehmen ist, oder ob das gar nicht der Hauptaspekt des Tanzes ist. (Edith Piaf)
ad 3 Wir haben hier die Möglichkeit, bestimmte offensichtliche Vorlieben und Probleme der Kinder zu beobachten.

[29] Gesten sind im Unterschied zu Formen eher konkret, in ihrer Bedeutung benennbar und im oberen Bereich des Körpers lokalisiert.

4) Fremdentspannung mit Schwerpunkt auf „obere Extremitäten, oberer Raum", Assoziation „Geben und Nehmen": „Wie ist es bei dir mit dem Geben, gibst du anderen oft Sachen oder eher Gefühle und Aufmerksamkeit, in welchen Situationen gibst du, und tust du es von Herzen, oder weil du denkst, du mußt oder aus Gewohnheit oder weil Eltern oder Lehrer es wollen?“ Das gleiche für „Nehmen“, „was bekommst Du von anderen?" usw., dann ganz allgemein und grundlegend: „Was willst du im Leben werden oder sein, was willst du vom Leben und den anderen Menschen bekommen? Was willst du anderen Menschen und der Welt von dir geben? Ist das Verhältnis Geben und Nehmen für dich überhaupt ein Thema oder nicht, ist es ein selbstverständlicher Fluß? Gibst du mehr, als du von anderen bekommst oder umgekehrt? Stimmt das Verhältnis, oder stimmt es nicht", usw.?

ad 4 Die Assoziationsübung reißt das Thema an auf einer Ebene, die viel Vorbewußtes [30] *miteinschließt aber nicht so weit führt, wie ein Symbol des katathymen Bilderlebens, in dem sich eine grundlegende unbewußte Sichtweise oft sehr klar äußert. Durch die Entspannung und die dann folgende eindrückliche Formulierung werden zwar Gefühle und Sichtweisen angeregt, die sonst kontrolliert werden oder zumindest meist so nicht in Erscheinung treten. Die direkte Ansprache des Themas verhindert jedoch einen weitergehenden Ausdruck des Unbewußten, das sich gewöhnlich nur verschlüsselt ansprechen läßt und auch verschlüsselt antwortet. Dabei reagieren Kinder oft mit einer Verschränkung ganz konkret materieller und ideell gefühlsmäßiger Inhalte. (10 Min)*

5) „Komme allmählich in Bewegung, drücke das aus, was Du fühlst!" (Meditationsmusikmantras)

6) Es gibt halb so viele Tücher wie Kinder: „Tanze Dein Thema von vorhin weiter und benutze dabei auch das Tuch! Achte darauf, wie es ist, wenn Du es hast oder nicht hast, wie es ist, wenn Du es anderen Kindern gibst oder von anderen Kindern bekommst!"

ad 5, 6 Hier ist es wichtig, eine Gestaltungsmöglichkeit für die eigene Empfindung zu finden. Zuerst ist der Ausdruck persönlich und nur auf sich selbst bezogen, er ist allgemein und grundsätzlich. Schließlich kommt es zu einer konkreteren Gestaltung, die in einen sozialen Bezug gesetzt wird und so die eigene Sicht- und Ausdrucksweise über die Möglichkeit der Identifikation und die bewußte Gestaltung deutlicher werden läßt. (15 Min)

7) Zur Auflösung suchen sich die Kinder einen Partner. Dann überrollen sie sich gegenseitig mit Bällen, wobei sie große Petzibälle, dicke Medizinbälle, mittlere Gymnastikbälle und kleine Tennisbälle benutzen können.

ad 7 Die Verbindung von Druck und Weichheit schafft Lösung und Kontakt.

---

[30] Vorbewußtes meint in diesem Kontext die prinzipielle Zugänglichkeit für das Bewußtsein im Unterschied zum Unbewußten, das sich, wenn überhaupt, nur auf einer symbolischen Ebene erfahren läßt und das sich ansonsten indirekt auswirkt.

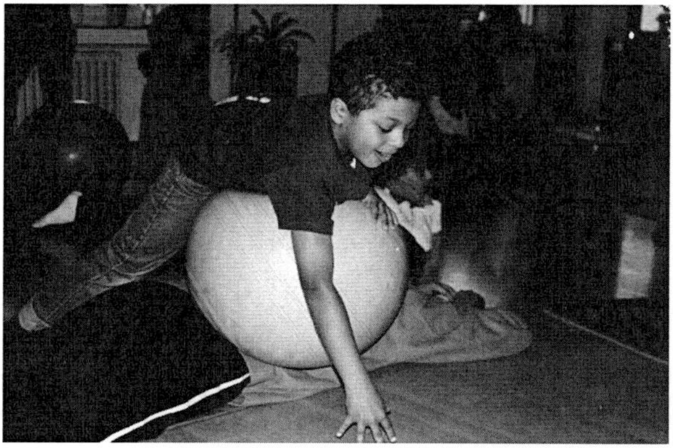

Stunde	5 B
Thema:	Geben und Nehmen in der Gruppe zusammen
Medium:	Körpersymbolik, Tanzimprovisation, katathymes Bilderleben

ELEMENTE: Gemeinsamer Fluß in Geben und Nehmen, Bild, was Du in der Zukunft bekommst.
EINFÜHRUNG: Jetzt tritt auch der Inhalt dessen, was gegeben oder genommen wird, in den Vordergrund. Schon bei der Übung, in der die Gegenstände durchgereicht werden und die Kinder mit geschlossenen Augen die unterschiedlichsten Dinge annehmen und wieder abgeben müssen, steht neben dem WIE schon das WAS mit im Mittelpunkt.
Das wird in dem Bild mit der Wahrsagerin besonders deutlich. Oft nimmt in diesem Bild die aktuelle Lebenssituation, das, was von Innen oder Außen her ansteht, Gestalt an.

PRAXIS und ERLÄUTERUNG
Warm Up 1-3 wie in Stunde 6A:
1) In Bewegung kommen zu einer chansonartigen brasilianischen Musik, dabei tanzend Gegenstände, die Raum verteilt sind Geben und Nehmen
(Joao Assis Brasil: Ney Matogrosso)
2) Diese Bewegung expressiver werden lassen mit ausgeprägterer Gestik. Symbolisch, also ohne die Gegenstände, weitertanzen
(Edith Piaf)
ad 1, 2 Auf tänzerischer Ebene sind Geben und Nehmen eher Gesten als Formen. Die Musik (chansonartig) unterstützt einen konkreteren tänzerischen Ausdruck.
(8 Min+8 Min)
3) Bei dieser Übung darauf achten, ob die eigene Bewegung mehr ein Geben oder eher ein Nehmen ist, oder ob das gar nicht der Hauptaspekt des Tanzes ist.
(Edith Piaf)

ad 3 *Wir haben hier die Möglichkeit, bestimmte offensichtliche Vorlieben und Probleme der Kinder zu beobachten.*

4) Alle Kinder sitzen sich im Schneidersitz so gegenüber, daß sie zwei Reihen bilden. Zuerst wird mit Fingerspitzenkontakt eine Improvisation mit geschlossenen Augen gemacht. Dann werden verschiedene Gegenstände durchgereicht; ein Pfennig, ein Topf voll Wasser, ein Seidentuch, ein Stuhl, ein Nagel, usw. Vorher wird mit den Kindern darüber gesprochen, daß sie vorsichtig sein müssen, weil es auch gefährliche Gegenstände geben kann.

(Wim Breuker)

ad 4 *Diese Übung spricht stark die Empfindungsschulung für Gegenstände mit unterschiedlichem Gewicht etc. an. Alles muß aber zusammen angenommen werden und wird* auch zusammen weitergereicht. *Wie so oft tritt auch hier gerade in der Konzentration auf die Empfindungsschulung der mitbeinhaltete psychologische Aspekt, in diesem Fall das Geben und Nehmen in der Zusammenarbeit als deutliche Gestalt auf.* *(15 Min)*

5) Fremdentspannung, Bild: „Du sitzt einer alten Frau gegenüber, einer Wahrsagerin, die vor sich eine Kristallkugel liegen hat. In der Kugel erscheint, was Du in Deinem Leben zu geben hast. Was gibst Du anderen, was ist es, was Du in das Leben hinein gibst? Was bekommst Du im Leben, was geben Dir die anderen, was ist es, das Du im Leben erhältst?"[31]

ad 5 *Im Gegensatz zur ersten Fremdentspannung geht es diesmal vor allem um den inhaltlichen Aspekt des Themas Geben und Nehmen. Meist ist die Erkenntnis in dem Bild eine relativ klare Vision dessen, was gerade ansteht für ein Kind als Lebensthema. Somit steht mehr der Inhalt dessen, was von innen nach außen will, was also das Kind der Welt mitteilen, geben, ins Leben geben will, im Vordergrund genauso wie das, was von außen her als Anforderung ansteht, was in das Leben des Kindes hineingetragen wird.* *(15 Min)*

---

[31] ARCHETYPEN, INNERE BILDER UND KÖRPERSYMBOLIK, Verlag für Ästhetische Bildung, Essen 1997 Seiten 60 ff

Stunde	5 C
Thema:	Geben und Nehmen als Fluß und ethnisch Form
Medium:	Körpersymbolik, Ethnischer Tanz,

ELEMENTE: Bewegungsfluß als Grundlage, ethnische Tanzform, Ausdruckstanz.
EINFÜHRUNG: Diese Stunde bearbeitet das Thema auf eine pure, „archetypische" Art: Bewegungsfluß als Tanzimprovisationstechnik zu trainieren erlaubt, das eigene Festhalten oder Im- Fluß- Sein direkt zu erleben. Der Bezug vom Bewegungsfluß zum konkreten sozialen Geben und Nehmen allerdings ist nur indirekt zu erschließen (1-3).
Ähnlich ist es mit dem ethnischen Tanz (4). Auf musikalischer und gestueller Grundlage des polynesischen Kulturkreises basierend stellt dieser „Modern- Ethnic" Tanz einen körperlichen Archetypus dar. Seine Form wird immer wiederholt im Vor- oder Zurückgehen und erzeugt etwas wie eine leichte Trance, in der viele erwachsene TeilnehmerInnen angeben, sie hätten das Gefühl, Geben und Nehmen ganz anders zu begreifen und für immer mit dieser Bewegung weitermachen zu wollen. Kinder sind sowieso stärker auf dieser symbolisch rituellen Ebene präsent und können sich mit Freude und oft leicht einfühlen.
Interessant ist danach die freie Arbeit mit eigenen improvisierten Bewegungen. Hier wird der eigene Anteil deutlich, das, was einem Kind mehr oder weniger entspricht. Die Kinder fühlen, welche Formen sie füllen können, identifizieren sich mehr mit der Bewegung und empfinden deren Sinn deutlicher.

PRAXIS und ERLÄUTERUNG
1) Als Warm Up eine Tanzübung, bei der nacheinander um alle wichtigen Gelenke herum kreisförmige fließende Bewegungen gemacht werden.
(Jimmy Cliff, the harder…)
2) Improvisation: Bewegungsfluß, wobei ein Kind mit dem Finger Linien auf den Rücken des anderen Kindes malt, dieses das zuerst nur genießt, sich dann intuitiv mitbewegt und sich dann nach dieser Anregung mit der Hand des anderen Kindes fließend bewegt. (Magma)
ad 1, 2 Die tänzerische Grundlage für einen selbstverständlichen Fluß zwischen Geben und Nehmen ohne Festhalten ist der Bewegungsfluß. Es ist insofern interessant, sich bewußt zu werden: Wo halte ich fest? (10 Min)(2 X 7 Min)
3) Feed back: Wie komme ich mit Fluß zurecht, kann ich im Fluß bleiben, wieviel Raum nehme ich mit meinen Bewegungen, gebe ich ihn wieder frei?
(5 Min)

4) Eine festgelegte Tanzform, bei der sich die Kinder paarweise so gegenüberstehen, daß sie zugleich zwei Reihen von sich gegenüberstehenden Partnern bilden. Diejenigen, die vorgehen, geben, indem sie eine ausdrehende, kreisende und zugleich gebende Bewegung mit Armen und Beinen mit abwechselnd einer und der anderen Seite machen. Die Reihe, die zurückweicht, nimmt, indem sie eine zugleich eindrehende, kreisende und nehmende Bewegung mit Armen und Beinen abwechselnd der einen und der anderen Seite ausführt. Dabei wird auch das Bild „Ritualtanz in der Südsee unter Palmen" gegeben.

(polynes. Chorus, Samoa)

Feed Back: Kann ich die Form füllen und mit Freude geben und nehmen?

ad 4 Es ist interessant, zu sehen, inwieweit Kinder, die meist Freude am Ritual und dem exotischen Bild, der Musik und der Bewegung haben diese starke Form zu Geben und Nehmen füllen können und welches von beiden leichter fällt. In dieser „modern-ethnischen" Form tritt der reine Charakter von Geben und Nehmen als Bewegungsarchetypus besonders stark hervor, was oft dem kindlichen Erleben entgegenkommt. *(20 Min)*

5) Wenn Zeit sein sollte: Freie Improvisation in den gleichen Paarkonstellationen zum Thema Geben und Nehmen; Feed Back

(Minimal Music, Wim Mertens)

ad 5 Es ist nach dieser starken Form interessant, herauszufinden, was die Formen für die eigenen Gefühle zu diesem Thema sind und wie man sich mit ihnen ausdrücken könnte. *(7-8 Min)*

Stunde	5 D
Thema:	Geben und Nehmen
	Sich angenommen fühlen in der Gruppe
Medium:	Körpersymbolik, Empfindungsschulung,

ELEMENTE: Empfindungsschulung und unmittelbare Erfahrung
EINFÜHRUNG: Die lange Übung, in der der Hälfte der Kinder, die mit geschlossenen Augen im Raum steht, unterschiedliche Objekte gegeben und wieder genommen werden, hat mehr ganz allgemein mit Annehmen- und Abgeben-Können, sowie dem Vertrauen auf den Prozeß des Gebens und Nehmens zu tun, als mit konkretem Geben und Nehmen. Wohl entsteht ein starkes Erlebnis des Gebens und Nehmens bei dem aktiven Teil der Kinder, der den anderen Kindern die Objekte reicht und austauscht oder ganz wegnimmt. Was der Übung im Erleben der Kinder den zentralen Stellenwert verschafft, ist jedoch mehr der passive Teil. Durch die Sensibilisierung werden die Unterschiede der Objekte stark empfunden. Mit geschlossenen Augen fühlen sie sich mehr ausgeliefert und entwickeln ein intensiveres Verhältnis zu den Dingen. Daß man etwas bekommt und einem das dann wieder genommen wird, wird auf diese Weise sehr unmittelbar erlebt. Das für Kinder oft so zentrale Thema des Gebens und Nehmens allgemein wird in Realität und Projektion, in Wirklichkeit und Anspruch genauso deutlich, wie wer konkret bevorteilt und wer in der Gruppe benachteiligt wird.

PRAXIS und ERLÄUTERUNG

1) Als Warm Up eine Tanzübung, bei der nacheinander um alle wichtigen Gelenke herum kreisförmige fließende Bewegungen gemacht werden (Desmond Dek. Israelites)(10 Min)

2) Eine lange Übung, die mit Partner/innenwechsel und Feed back ca. 30-40 Min dauert: Zuerst wird jeder Arm 5 Min. massiert. (tib. Mönchsmusik)
Ohne Rollenwechsel werden diejenigen Kinder, die massiert worden sind, mit geschlossenen Augen im Raum aufgestellt. Die anderen Kinder bekommen die Anweisung, ihnen Tennis-, Medizin- und Gymnastikbälle in einer Art zu geben und wieder wegzunehmen, wie es ihrem Gefühl entspricht: Danach Feed back (Wim Mertens, Experimentalmusik: Töne)
Beim Rollenwechsel wird nach der Massage das Material um viele unterschiedliche Gegenstände erweitert. Außerdem gibt es eine Absprache, jedes Kind eine Zeitlang ohne irgend etwas stehen zu lassen.

ad 2 Diese Übung ist „die" Körpersymbolikübung zum Thema: Es gibt in der ersten Version eine Empfindungsschulung durch Bälle unterschiedlicher Textur, Gewicht u. ä. Die Kinder, die die Bälle bekommen und weggenommen bekommen, sind aber ganz von den anderen Kindern abhängig, die die Bälle geben und wegnehmen. Durch die Empfindungsschulung ist die Wahrnehmung sehr geschärft, und alle anderen Botschaften, die beim Geben und Nehmen mitvermittelt werden (z.B. ob sanft oder ruppig, routiniert oder einfühlsam agiert wird), werden sehr stark empfunden. Vor allem gibt es eine starke Projektion darüber, WIE Geben und Nehmen erlebt wird, -ob ein Kind genug bekommt, -ob es zum richtigen Zeitpunkt geschieht,
-es zuviel oder zuwenig ist, -wie mit der Wegnahme umgegangen wird. Hintergrund ist bei den passiven Kindern das Vertrauen. Ist Grundvertrauen da, wird alles sehr genossen und mit freudiger Aufregung erlebt, andernfalls wird der Wechsel als Ausgeliefert-Sein mit viel Mißtrauen wahrgenommen. Für die aktiven Kinder gibt es oft eine Projektion von Verantwortlichkeit. Da bei der zweiten Formation die passiven Kinder schon durch ihr eigenes Tun informiert sind, kommt für die Sinnesschulung eine Vielzahl anderer Gegenstände hinzu. Für die soziale Projektionsmöglichkeit und Befragung des Vertrauens gibt es die Absprache, jedes Kind einmal eine Zeitlang ohne Beachtung stehen zu lassen. Dabei wird die Projektion, von den anderen Kindern vergessen oder gar bestraft zu werden, besonders begünstigt.

Coca-Cola

Stunde	5 E
Thema:	Geben und Nehmen Bild Feuertanz
Medium:	Tanzimprovisation, Katathymes Bilderleben,

ELEMENTE: Das Bild des Feuertanzes
EINFÜHRUNG: Das abschließende Bild (Bei einem Tanz ums Feuer können die Kinder von verschiedenen Bekannten und Phantasiewesen oder real bekannten Menschen zum Tanz ausgewählt werden oder selbst auffordern) endlich zielt auch eher auf den Gesichtspunkt des Annehmen Könnens. Zwar sehen Kinder in dem Bild auch oft ihre Energie, die sie bei dem Tanz einbringen, am stärksten steht aber meist der Aspekt, von verschiedenen Wesen ausgewählt zu werden, im Vordergrund.

PRAXIS und ERLÄUTERUNG

(Warm Up 1-3 wie in Stunde C)

1) Als Warm Up eine Tanzübung, bei der nacheinander um alle wichtigen Gelenke herum kreisförmige fließende Bewegungen gemacht werden

(Desmond Dek. Israelites)

2) Improvisation: Bewegungsfluß, wobei ein Kind mit dem Finger Linien auf den Rücken des anderen Kindes malt, dieses das zuerst nur genießt, sich dann intuitiv mitbewegt und sich dann nach dieser Anregung mit der Hand des anderen Kindes fließend bewegt.

(Magma)

ad 1, 2 Die tänzerische Grundlage für einen selbstverständlichen Fluß zwischen Geben und Nehmen ohne Festhalten ist der Bewegungsfluß. Es ist insofern interessant, sich bewußt zu werden: Wo halte ich fest? (10 Min)(2 X 7 Min)

3) Feed Back: Wie komme ich mit Fluß zurecht, kann ich im Fluß bleiben, wieviel Raum nehme ich mit meinen Bewegungen, gebe ich ihn wieder frei?

(5 Min)

4) Nach einer kurzen Fremdentspannung wird ein Bild eingeführt, in dem die Kinder an einem Feuer stehen mit ganz vielen Menschen, schönen, häßlichen, alten, jungen, usw. und auch Hexen, Magiern, Feen und anderen Geist- und Phantasiewesen, sowie Tieren. Zu einer etwas fremdartigen Musik wird die Szene beschrieben, daß die Kinder mit jedem, der kommt, tanzen müssen, aber auch selbst jeden wählen können, daß sie selbst alles, was sie wollen, in die Tänze hineingeben können, aber auch selbst mit dem, was sie von den anderen erhalten, umgehen müssen.[32]

ad 4 In diesem Bild kommt der Aspekt des Annehmen- Könnens und auch der Inhalte dessen, was ganz allgemein gegeben wird, zum Ausdruck. Ängste und Widerstände gegen bestimmte Entwicklungen, sowie Wünsche von Dingen, die sich von innen her bilden und die man nach Außen geben will, drücken sich oft in diesem Bild aus. (15 Min)

---

[32] ARCHETYPEN, INNERE BILDER UND KÖRPERSYMBOLIK, Verlag für Ästhetische Bildung, Essen 1997 Seiten 68 ff

Stunde:	6 A
Thema:	Vereinigung/Trennung Art des Kontaktes
Medium:	Körpersymbolik, Tanzimprovisation

ELEMENTE: Gruppentanzimprovisationen, Ausdruckstanz
EINFÜHRUNG: Wie erlebt ein Kind Kontakt, ist es aktiv oder passiv, kann es sich auf andere Kinder einstellen, oder ist es schnell Außenseiter?
Wichtige Erfahrungsmöglichkeiten der Stunde sind:
-die Art, wie ein Kind Kontakt aufnimmt und wie sich ein solcher Paar- oder Gruppenkontakt entwickelt;
-unter welchen Bedingungen ein Kind Kontakt aufsucht oder ihn eher meidet;
-was das Kind veranlaßt, Kontakt zu meiden;
-welche Kontaktbedingungen (schnelle oder langsame Musik, Möglichkeit zu wechseln oder Gruppenzwang, Entscheidungsmöglichkeiten im Kontakt oder relative Festlegung der Rahmenbedingungen durch hohes Tempo, dominanten Rhythmus oder Vorgabe der Kontaktart [z.B. Handkontakt mit beiden Nachbarn]) die Kontaktprozesse für unterschiedliche Personen erleichtern oder erschweren;
-werden enge Kontakte ohne Ausweichmöglichkeit als intensive Erfahrung geschätzt oder machen sie Angst und werden als Einengung erlebt?
-hängt das entscheidend von dem Partner ab oder ist es eine allgemeine persönliche Tendenz?

PRAXIS und ERLÄUTERUNG
Warm Up Übung 1:
1) Alle Kinder tanzen und tun sich immer mit je einem Kind zusammen. Es ist möglich, diese Beziehung aktiv zu verlassen und ein anderes Kind zu suchen. Es kann aber auch sein, daß jemand von außen in die Beziehung hereinkommt und ein Kind verdrängt. Dabei soll immer ein gemeinsamer Rhythmus gefunden werden, und der Kontakt soll Körperkontakt sein.

* Zu rhythmisch gleichbleibender Musik auf Reggae Basis
* Zu einem langsamen dramatischen Stück von Piazzola
* Zu einem Stück mit großer Wucht und Tempo aus dem Zulubereich

ad 1 Es entwickeln sich schnell die von der allgemeinen Einstellung und der Tagesstimmung abhängigen persönlichen Geschichten von Partnersuche, dem Sich-Aufeinander- Einstellen und der Trennung. Bei der ersten Musik bleibt das Ganze eher unverbindlich, da der Rhythmus vieles vorgibt und erleichtert. Bei der zweiten Musik müssen sich die Kinder sehr aufeinander einlassen. Es entstehen entweder intensive Kontakte oder nichts geht. Das dritte Stück kann nur ohne große Überlegung und rückhaltlos getanzt werden, weil sein Tempo und die große Energie Planung unmöglich machen. *(15 Min)*

2) Während aller folgenden Übungen werden die Augen geschlossen gehalten. Die Gruppe wird so aufgestellt, daß alle miteinander körperlich in Kontakt stehen. Bei den vier Musiken, zu denen getanzt werden soll, ist es möglich, die eigene Position so zu verändern, wie man will, alsc aus der Gruppe hinaus, oder mehr hinein zu gehen.

* Die erste Musik ist leicht und schnell (Pinguin Orchestra)
* Die zweite Musik ist leicht und langsam (Zen)
* Die dritte Musik ist stark und schnell (Carmina Burana)
* Die vierte Musik ist stark und langsam (Rachmaninoff Byz. Chor.)(15 Min)

ad 2) Hier passiert viel an Kontakterleben, da die dynamischen Qualitäten der Musik auf engem Raum relativ direkt in körperlichem Kontakt umgesetzt werden. Man kann sehen, ob der Kontakt mit anderen Kindern wichtiger ist, als die eigene Gestaltung, ob die Anpassung, die immer in mehr oder weniger starkem Ausmaß nötig ist, als Konflikt erlebt wird oder nicht und ob Anpassung oder Durchsetzung dominiert. Interessant ist auch die unterschiedliche Auswirkung der verschiedenen dynamischen Qualitäten auf die Kontaktprozesse. (15 Min)

3) Die Kinder sollen mit geschlossenen Augen einen Kreis bilden und sich einfach der Schwingung der Musik hingeben, ohne sie bewußt umzusetzen oder zu gestalten. Weil sich alle an den Händen halten, muß immer ein Kompromiß mit den beiden benachbarten Kindern gefunden werden. Die Musik besteht aus gesungenen Mantras zu Ehren verschiedener indischer Gottheiten, die langsam, mittel und schnell vor- und nachgesungen werden (Satya Say Baba)

ad 3) In dieser Übung steht eine fundamentale Kontakterfahrung an. Während ziemlich langer Zeit müssen sich die Kinder total mit ihren Nachbarn und letztlich dem ganzen Kreis auseinandersetzen, sind in direktem „Kontakt", das heißt sie müssen ihre Grundschwingungen irgendwie harmonisieren. Durch die Musik geschieht das in einer leichten Trance und die Kreisform bietet keine Ausweichmöglichkeit. (15 Min)

Stunde:	6 B
Thema:	Vereinigung/Trennung Kontaktverlust und Neuorientierung
Medium:	Körpersymbolik, Tanzimprovisation

ELEMENTE: Gruppentanzimprovisationen, Ausdruckstanz
EINFÜHRUNG: Jetzt geht es um die Frustrationstoleranz und die Fähigkeit, sich selbst neu zu orientieren und auf sich selbst zu verlassen. Wie geht ein Kind mit Trennung um, und wie bewertet es Kontakt? Die zentrale körpersymbolische Übung dabei ist das willkürliche Herausnehmen aus dem Kontaktkreis, in dem eine sehr intensive Gruppenerfahrung entstanden war, weil die Grundschwingung ohne Ausweichmöglichkeit mit beiden benachbarten Kindern gefunden und geteilt werden mußte.
Als erstes wird drastisch und plötzlich deutlich, ob der Kontakt im nachhinein (und diese Bewertung geschieht ja oft erst rückblickend) als warm und stützend erlebt wurde, sein Wegfall also als Leere und Verlust, oder ob er als einengend und Zwang im Gefühl erscheint, sein Wegfall mithin als Befreiung und Erleichterung.
Als nächstes zeigt sich eine Grundtendenz,
-aktiv sein Kontaktfeld zu gestalten, also allein zu tanzen und das toll zu finden, oder von selbst in die Gruppe zurückzugehen, oder
-passiv Kontakt und Kontaktverlust zu erleiden, also unter Schock zu verharren und allein zu bleiben.
Das aber hat oft mit einer Selbstbewertung im Sinne einer Schuldzuschreibung zu tun: Kinder haben zum Teil die Tendenz, sich bestraft zu fühlen, wenn sie aus der Gruppe plötzlich und für sie überraschend und unerklärlich herausgenommen werden und konstruieren sogar blitzschnell Gründe dafür in der Art „Ich habe es nicht richtig gemacht" oder ähnliches.
Dieses Gefühl korrespondiert mit einem allgemeinen Ohnmachtsgefühl gegenüber dem Warm Up Übung 1 wie in Stunde A aber kürzer:

PRAXIS und ERLÄUTERUNG
1) Alle tanzen und tun sich immer mit je einem Kind zusammen. Es ist möglich, diese Beziehung aktiv zu verlassen und ein anderes Kind zu suchen. Es kann aber auch sein, daß jemand von außen in die Beziehung hereinkommt und ein Kind verdrängt. Dabei soll immer ein gemeinsamer Rhythmus gefunden werden und der Kontakt soll Körperkontakt sein. (zu rhythmisch gleichbleibender Musik auf Reggae Basis)
ad 1 Es entwickeln sich schnell die von der allgemeinen Einstellung und der Tagesstimmung abhängigen persönlichen Geschichten von Partnersuche, dem Sich-Aufeinander- Einstellen und der Trennung. (5 Min)

2) Die Kinder sollen mit geschlossenen Augen einen Kreis bilden und sich einfach der Schwingung der Musik hingeben, ohne sie bewußt umzusetzen oder zu gestalten. Weil sich alle an den Händen halten, muß immer ein Kompromiß mit den beiden benachbarten Kindern gefunden werden. Die Musik besteht aus gesungenen Mantras zu Ehren verschiedener indischer Gottheiten, die langsam, mittel und schnell vor- und nachgesungen werden. (Satya Say Baba)

ad 2) In dieser Übung steht eine fundamentale Kontakterfahrung an. Während ziemlich langer Zeit müssen sich die Kinder total mit ihren Nachbarn und letztlich dem ganzen Kreis auseinandersetzen, sind in direktem „Kontakt", das heißt sie müssen ihre Grundschwingungen irgendwie harmonisieren. Durch die Musik geschieht das in einer leichten Trance und die Kreisform bietet keine Ausweichmöglichkeit. Die Übung wird aber kürzer als in A getanzt, da sie hier nur zum Wiederreinkommen dient und das Hauptgewicht auf der nächsten Übung, einer Variation dieses Szenarios liegt. (10 Min)

3) Der Künstler nimmt jedes Kind einmal aus der Gruppe heraus und läßt es eine Zeit allein stehen, bevor es wieder in die Gruppe zurückgeführt wird.

ad 3) Das ist die zentrale körpersymbolische Übung. Man kann sehen, ob die Kinder aktiv zurückgehen in die Gruppe oder draußen bleiben, ob sie wie unter Schock verharren, empört sind, oder es offensichtlich genießen, allein zu sein. (15 Min)

4) Alle sollen langsam auseinander gehen und zu einem etwas melancholischen Chanson allein tanzen. Wer will, kann wieder Kontakt aufnehmen. (Nina Simone)

ad 4) Für die Kinder wird spätestens hier deutlich, ob sie die Geborgenheit der Gruppe trotz der Einschränkungen vorziehen, oder eigentlich erleichtert sind, daß sie wieder frei sind. Oft entwickeln sich hier auch Prozesse, die Paare und Gruppe zu- und auseinanderführen. (5 Min)

6) Mit geöffneten Augen beschließen alle Kinder dieses Thema, indem sie zu den beiden letzten Stücken frei tanzen, Kontakt aufnehmen oder nicht und für sich die Erfahrung abschließen.

ad 6) Diese Übung stellt die Verbindung zur alltäglichen Welt dar; mit geöffneten Augen kann das, was erfahren wurde, noch einmal bewußt ausgeführt und integriert werden. (5 Min)

Stunde:	6 C
Thema:	Vereinigung/Trennung Sich aufgehoben fühlen in der Gruppe oder im All-Eins-Sein
Medium:	Körpersymbolik, Tanzimprovisation, Katathymes Bilderleben

ELEMENTE: Gruppentanzimprovisationen, Ausdruckstanz, Katathymes Bilderleben

EINFÜHRUNG: Da eines der zentralen Themen der Schule und der Kindheit das Gefühl, ausgegrenzt oder angenommen -im Spiel- zu sein, ist, kommt dieser Stunde eine besondere Bedeutung zu. Sie ermöglicht, die Erfahrungen der vorhergegangen 2 Stunden zu dem Thema in einem inneren Bild zusammenzufassen. Kinder, Künstler und Lehrer können gemeinsam erkennen, wie die unwillkürliche Ausgestaltung des Bildes die Befindlichkeit, die Wünsche und Ängste der Kinder ausdrückt. Daher ist hier das Bild ziemlich ausführlich dargestellt. Wir beginnen aber mit dem üblichen Warm Up, wobei das Gewicht diesmal mehr auf Rhythmik liegt. Es ist auf unterschiedliche Art und Weise möglich, das Thema Kontakt und Gemeinsamkeit erfahrbar zu machen. Eine Möglichkeit bietet die Rhythmusarbeit. In Rhythmen können sich die Kinder einfügen, oder auch nicht. Das gilt sowohl für Gruppenrhythmen, als auch für die Aufgabe, mit einem anderen Kind in einen gemeinsamen Rhythmus zu kommen.

Das Bild „Tauchen/Auf dem Meeresgrund" gehört zum klassischen Repertoire des Katathymen Bilderlebens, ist aber hier verändert. Bei Kindern hat „Unter Wasser" mit oft mit unbewußten Wünschen zu tun. Durch die Einbettung in die Strandsituation „Freunde, Familie" kommt „soziale Geborgenheit" als inhaltlicher Schwerpunkt dazu. Dieser Aspekt taucht in der Situation „Im-Wasser-Getragen-Sein" wieder auf. Die Umhüllung mit warmem Wasser, das trägt und schaukelt, hat mit Entspannung, mit der Urgeborgenheit zu tun. Die Kinder können im Verlauf des Bildes -in der Zeit ohne Ansage- weitere Inhalte, die für sie wichtig sind, autonom entwickeln.

Von der sozialen Geborgenheit in der Gruppe am Strand über die organismische Geborgenheit im warmen Wasser birgt das sehr Tiefe für die Kinder dazu die Möglichkeit, einen Schritt weiter zu gehen und die Individualität aufzulösen als letzte Stufe, die die Geborgenheit in das „Sich In Etwas Großem Auflösen" überführt.

Die Kinder können eine Menge projizieren: Am Strand können sowohl Situationen von Freude und Harmonie erscheinen. Genausogut kann auch der Gegenaspekt: „Ich habe ja niemand, mit dem ich spielen kann", erscheinen. Das Wasser kann als beängstigend erlebt werden, vor allem das Dunkle, Tiefe kann zu einer Angst vor Auflösung führen. Eigentlich am interessantesten sind die Ebenen. Welche Geborgenheitssituation tritt in den Vordergrund, was bleibt hängen als Grundgefühl? Das wird auch am Schluß deutlich, wenn die Möglichkeit erscheint, im Wasser zu treiben oder zu der Gruppe zurückzugehen.

PRAXIS und ERLÄUTERUNG

Warm Up Übung 1 wie in Stunde A, aber mit ausschließlich rhythmischer Musik:

1) Alle tanzen und tun sich immer mit je einem Kind zusammen. Es ist möglich, diese Beziehung aktiv zu verlassen und ein anderes Kind zu suchen. Es kann aber auch sein, daß jemand von außen in die Beziehung hereinkommt und ein Kind verdrängt. Dabei soll in erster Linie ein gemeinsamer Rhythmus gefunden werden. (rhythmische Musik)

ad 1 Durch die Vorerfahrung und die Rhythmik wird bewußter nach Gemeinsamkeit gesucht, werden Geschichten aus den beiden vorangegangenen Stunden aufgenommen und entwickelt. (15 Min)

(Bild „Tauchen" aus dem Buch: „ARCHETYPEN, INNERE BILDER UND KÖRPERSYMBOLIK[33]"; mit Genehmigung des Verlages für Ästhetische Bildung hier mit leichten Veränderungen wörtlich zitiert:)

"Wir fangen jetzt an mit dem Entspannungstraining: es ist genug Platz da, und du kannst ausprobieren, ob du wirklich so liegst, daß du dich die ganze Zeit über wohl fühlst; guck, ob deine Beine genug Platz haben, ob deine Arme, der Kopf, der Rücken so liegen, wie es richtig ist, und wenn du dann gut liegst, dann spüre bewußt, mit welchen Körperteilen du aufliegst. Spür, wie an den Stellen, wo du auf dem Boden aufliegst, durch den leichten Druck des Körpergewichtes ein Gefühl von Wärme und Verbindung zum Boden entsteht.... Stell dir vor, daß die Flächen, die du spürst, mit denen du auf dem Boden aufliegst, keine Grenzen sind, sondern Kontaktflächen, Übergänge zum Boden, und stell dir diese riesige Kugel der Erde vor mit ihrer ungeheuren Masse.... Stell dir vor, wie klein du darauf bist, und wie sicher dich diese riesige Erde trägt,... wieviel Ruhe das gibt, sich vorzustellen, daß du ein Teil davon bist, daß du über die Auflage verbunden bist.... Fühl, wie diese Ruhe von der großen, großen Erde durch die Kontaktflächen mit dem Boden dich mehr und mehr erfüllt. Laß dich von der Schwerkraft sanft an den Boden ziehen, fühl, wie das Sicherheit gibt, und wie mit jedem Ausatmen das Gefühl von Entspannung immer tiefer wird.... Du bist schwer und warm,... der Atem fließt ganz von selbst ein und aus,... das Herz schlägt ruhig und gleichmäßig,... und die Gegend um das Herz herum ist warm; die Herzkranzgefäße sind gut durchblutet;... du spürst, etwa in der Mitte zwischen Bauchnabel und dem unteren Ende des Brustbeins, da wo das Sonnengeflecht hinter dem Magenausgang sitzt, ein Gefühl strömender Wärme, was sich im Bauch ausbreitet(1),..."

PAUSE

---

[33] ARCHETYPEN, INNERE BILDER UND KÖRPERSYMBOLIK, Verlag für Ästhetische Bildung, Essen 1997 Seiten 101 ff

Bild: Tauchen

„Wenn du wieder dahinspürst, wo du auf dem Boden aufliegst, dann stell dir vor, du liegst auf einem Sandboden, auf warmem Sand. Du spürst die Wärme von unten am Körper, und es ist ein Strand, irgendwo am Meer, wo du mit deinen Eltern, Freunden, allen, die jetzt vor deinem inneren Auge erscheinen, da liegst auf diesem Strande; es ist warm, es weht ein sanfter Wind, der wunderbar warme Luft mit einem ganz leichten Geruch, sowohl von Meer, als auch von Blüten - im Hinterland sind sehr viele Blumen, die blühen - über dich weht,... und das Meer ist warm, so wie eine Badewanne. Ihr wart da schon drin heute, und jetzt ruht ihr euch aus. Alle schlafen ein bißchen oder träumen, und du bist in dieser harmonischen Situation zusammen mit den Menschen, die du gerne bei dir hast. Du überlegst dir, daß du vielleicht ein bißchen ins Wasser gehen möchtest, und es gibt diese wunderbaren ganz neuen Tauchausrüstungen, die habt ihr auch schon mal ausprobiert. Die kann man mit einem Handgriff anlegen, und man merkt gar nicht, daß man eine Ausrüstung trägt. Man kann schwimmen wie ein Fisch, über Wasser, unter Wasser, und du denkst, du gehst nicht lange weg, aber du möchtest ein wenig ins Wasser gehen. Du stehst auf, die anderen sind in ihren Träumen, sind mit Lesen, mit Dösen beschäftigt. Jemand schaut kurz auf und winkt. Du gehst über den Strand zum Meer, ziehst die Tauchausrüstung an, das geht ganz leicht, du bist jetzt schon drin, und dann gehst du langsam ins Wasser. Das ist ganz warm, und es trägt dich wunderbar leicht. Du spürst, wie du leichter und leichter wirst und so ein schwebendes Gefühl entsteht, während du dich von dem warmen Wasser tragen läßt (2)....“

MUSIK VANGELIS WIRD LANGSAM EINGESPIELT, DABEI SPRECHE ICH:
„Während du dich tragen läßt, siehst du nach unten, ins Wasser - du kannst unter Wasser ja so schön sehen. Es ist hell; du siehst die Reflexe des Sonnenlichtes auf dem Sand, du schaukelst auf den Wellen, und dieses Gefühl von Entspannung wird im ganzen Körper immer wohliger. Du läßt dich einfach etwas weiter raus treiben, da sind Pflanzen, grün, auf dem hellen Meeresgrund und viele bunte Fische in leuchtenden Farben. Du hast dieses schöne Gefühl der Gewißheit, daß die anderen am Strand sind, und du kannst jetzt auch einfach mal ein bißchen wie ein Fisch unter Wasser schwimmen, weil du diese Tauchausrüstung hast. Dadurch geht es ganz leicht, du kannst normal atmen unter Wasser, du bist ganz umgeben von warmem Wasser,... und du kannst das einfach für dich etwas weiter erkunden, du kannst dich tiefer sinken lassen zum dunklen Grund des Meeres, du kannst wieder aufsteigen, wo das Sonnenlicht wieder ganz hell ist, du kannst auch an Stellen schwimmen, wo es unendlich tief ist, wo das Licht verdämmert im Ungeheuren, aber du hast die Sicherheit, daß dir mit diesem tollen Gerät nichts geschehen kann, und du hast auch die Sicherheit, daß, wenn immer du möchtest, du zum Ufer zurück kannst, zu deinen Eltern und Freunden. Ich überlasse dich jetzt etwas diesem Abenteuer und der Entspannung im Meer.

Lasse dich treiben, tragen; ich überlasse dich jetzt ganz deinen Erlebnissen und werde erst nach einiger Zeit wieder Kontakt mit dir aufnehmen. (3)"

PAUSE, VANGELIS ETWAS LAUTER
„Ich nehme jetzt wieder Kontakt mit dir auf. Wo befindest du dich jetzt? Im Meer, oder auf dem Land? Wenn du noch im Meer bist, wie geht es dir? Wie fühlst du dich, was hast du erlebt, und was siehst du jetzt um dich herum?"

HELLE TÖNE UND GLÖCKCHEN IM STÜCK.
„Siehst du, wie die Sonnenstrahlen sich brechen, wenn sie durch die Wasseroberfläche nach unten fallen, etwas ganz helles (4),..."

PAUSE, VANGELIS ETWAS LAUTER
„Jetzt nehme ich wieder Kontakt mit dir auf. Wo befindest du dich jetzt? Wenn du noch im Meer bist, dann mache dir bewußt, wie du dich fühlst. Wie ist deine Stimmung? Und dann geh einfach, wenn du Lust hast, an Land zurück, oder überlege dir, was ein guter Schlußpunkt von deiner Reise im Wasser und unter Wasser sein könnte; entweder daß du wieder zurückgehst zum Strand zu den anderen Menschen, oder daß du dich weiter treiben läßt, wie du möchtest (5),..."

KURZE PAUSE, VANGELIS ETWAS LAUTER
„Geh dann bitte so ganz allmählich heraus aus dem Bild. Guck, ob es möglich ist, daß du dich jetzt einmal von außen siehst am Schluß, wie du, entweder im Wasser oder auf dem Strand, bist,... und laß dieses Bild dann in dein Gedächtnis hineinsinken, bewahre es in dir, und stell deine Aufmerksamkeit wieder ganz auf diesen Raum ein! Fühl, wie du hier, in diesem Raum, auf dem Boden liegst. Das Bild von dir, im Wasser oder am Strand, wird undeutlicher, ist schließlich nur noch in deinem Gedächtnis, und du bist mit deiner ganzen Aufmerksamkeit hier in diesem Raum. Du spürst den Kontakt mit dem Boden,... du läßt dich tragen von dem festen Boden unter dir und spürst noch einmal diese Verbindung mit der Erde, die Sicherheit und Entspannung, fühlst die Lebendigkeit in deinem Körper, die Muskeln, das Blut, die Lymphflüssigkeit in deinem Körper. Alles fließt und bewegt sich in dir, und du spürst, wie in dir das Gefühl von Aktivität langsam wieder erwacht, wie der Körper sich darauf vorbereitet, aus dieser tiefen Entspannung heraus ganz frisch, mit reiner Energie, wieder in das aktive Leben zu treten; die Außenwelt wird für dich wieder real, die Geräusche und das, was du von den anderen sehen, spüren und hören kannst, treten allmählich wieder in den Vordergrund deiner Aufmerksamkeit. Kleine Bewegungen entstehen; Atem, Puls, alles wird wieder kräftiger und aktiver. Laß dir dann die Zeit, die du brauchst, um aus der Entspannung richtig wieder in deine normale Aktivität zurückzukehren."

Kommentar zum Wortlaut der Fremdentspannung und des Bildes:

ad (1)

Dieses Bild ist ganzheitlich in die Körperfühlübung eingebunden. Da das Bild im Wasser spielt und an sich ungemein entspannend ist, findet hier keine explizite Körperfühlübung statt. Die Entspannung: Auflage, Getragen - Sein findet über das Bild der Erde statt. Für die Entspannung wichtig ist die Arbeit mit der Vorstellung „Auflagefläche als Kontakt", die auf das Wasser des späteren Bildes als verbindendem Fluidum vorbereitet. Die Größe der Erde, die trägt, ist ein anderer Ankerpunkt der Entspannung durch dieses Bild, und das korrespondiert direkt mit dem späteren Thema „Geborgenheit". Um den guten entspannten Zustand richtig rund zu machen, werden abschließend die leicht abgewandelten Formeln des Autogenen Trainings vorgetragen.

ad (2)

Der Übergang von der Entspannung in die Bildvorstellung geschieht elegant durch die Übertragung von der Körperfühlübung in das Bild. Die Kinder sind direkt in der Situation, die angenehm geschildert wird. Der warme Sand, der Wind und das gesamte Ambiente sprechen von Sich - Wohlfühlen und Geborgenheit durch das Schmeicheln der Sinne. Dazu paßt die soziale Situation, in Harmonie mit Freunden, Familie, Menschen die zu einem gehören, die man liebt oder mag an diesen schönen Ort zu sein. Die Formulierung ist absichtlich offen gewählt, so daß sich unwillkürliche Wünsche oder Abneigungen ausdrücken können. Der Übergang von der sozialen Geborgenheit ins Wasser soll möglichst unspektakulär sein. Die Tauchausrüstung wird so ins Spiel gebracht, daß der konkrete technische Aspekt des Tauchens ausscheidet. Es wird bewußt - wie beim Bild des Fliegens - auf den Phantasieaspekt abgehoben und darauf, daß die Kinder sich sicher fühlen und frei im Traum bewegen können. Das andere ist die Beiläufigkeit der Entfernung von der Gruppe. Alle kennen diese Situation leichter Verfremdung und Unwirklichkeit, wenn mehrere Menschen in ihrer Welt (Entspannung, Dösen, Träumen, Lesen) beieinander liegen. Gerade in dem Augenblick, wo jemand diese Stimmung verläßt, ist gar nicht sicher, ob das schon real ist. Diese Stimmung sollte durch die Formulierung des Bildes leicht angesprochen werden. Dann geht es schnell und selbstverständlich, und das Kind ist mit wenigen Worten im Wasser, wo dieser neue Aspekt „Leichtigkeit", „Aufgehoben Sein" erscheint.

ad (3)

Die nächste Phase spricht an, was im Wasser geschieht. Das sanfte körperliche Getragen - Sein im Warmen verbindet sich mit dem, was unter Wasser sichtbar ist. Dabei werden die freundlichen Dinge wie Lichtspiele und Fische angesprochen. Auch das Unheimliche, Tiefe, Dunkle wird erwähnt. Dabei spielt die Musik, die während der Bildvorstellung bereits im Hintergrund spielte, ähnlich wie beim „Fliegen" eine große Rolle. Sie verstärkt das auch körperlich für viele spürbare Gefühl des Fließenden, Schwebenden. Dabei spreche ich den Entspannungsaspekt betont noch einmal an und auch die Sicherheit, zurück zu können. Das erleichtert sowohl das „Sich Einlassen Können", als es auch die Selbstregulation verstärkt. Beides zusammen schafft den Kindern eine günstige Möglichkeit, angstfrei etwas über unbekanntes Terrain in sich selbst zu erfahren. An diesem Punkt überlasse ich die Kinder dem autonomen Ablauf ihrer inneren Bilder zusammen mit der Musik.

ad (4)
Diese Kontaktaufnahme hat den Zweck, kurz bewußt zu machen, was geschehen ist. Manche sind vielleicht schon am Strand. Für die anderen soll es eine kurze Möglichkeit sein, sich ihrer Situation gewahr zu werden. Wegen der relativ langen Zeit zusammen mit dem auflösenden Charakter von Musik und Bild möchte ich mit dieser Ansprache verhindern, daß einige Kinder abdriften. Ich suche außerdem eine bestimme Stelle in der Musik, von der ich weiß, daß es diese hellen Töne gibt. Wenn ich dabei auf Licht hinweise, kann ich auch bei Kindern, die sich zu sehr in dunkle Bereiche und Untiefen sinken ließen, einen Anstoß geben, diesen lichten Aspekt in ihr Erleben zu bringen.

ad (5)
Wegen der Verquickung von Körperfühlübung, Entspannung und Bild gehe ich vorsichtig in mehreren Schritten aus der Übung heraus. Interessant und wichtig zugleich ist der Moment, wo sich die Kinder einen Schlußpunkt suchen sollen. Manchmal ist das Wasser schöner, als die Familie und die Freunde. Für die Lösung dieser verführerischen und auflösenden Bilder, die ja von Anfang an mit der Identifikation begannen, gehen die Kinder selbst aus dem Bild heraus und betrachten sich von außen. Das erleichtert die Ablösung, ist aber auch gut, weil die Sichtweise von außen manchmal neue Aspekte bringt. Erst dann kommt der Augenblick, wo sich das Bild ins Gedächtnis verabschiedet. Wegen der Brücke Empfindung/Körperfühlübung - Bild gehe ich auch auf diesem Wege umgekehrt langsam wieder aus dem Bild heraus, so daß die Kinder allmählich in die Wirklichkeit zurückfinden können.

Stunde:	7 A
Thema:	Einfach Da Sein im Kontakt, Willkürlich- Unwillkürlich
Medium:	Empfindungsschulung

ELEMENTE: Übungen zum Gehen, Awareness für die Gruppe und die Raumverteilung
EINFÜHRUNG: Nachdem in den beiden letzten Stundenkomplexen die Themen „5": „Wie sehr fühlt sich ein Kind in der Gruppe und allgemein angenommen" und „6: „Wie ist ein Kind <<in Kontakt>>" körperlich erlebbar wurden, rückt jetzt der Aspekt: „Wie sehr kann ein Kind im Kontakt standhalten, bei sich bleiben und bei den anderen sein?" in den Mittelpunkt. Günstig ist, daß diese Balance übbar ist und so für Kinder mit Problemen Verbesserungsmöglichkeiten bestehen. Nachdem das Thema in der Stunde 2 D schon einmal behandelt wurde, sollte es an dieser Stelle wieder auf genommen werden. Es ist zu schwierig für die meisten Kinder und als Gruppenlernprozeß für die ganze Klasse, als daß es beim ersten Mal gekonnt worden wäre. Außerdem ist es eines der wichtigsten Anliegen, Tanz zu den Kindern und an die Schulen zu bringen, um Aggressionen abzubauen und durch kooperatives Verhalten und ein positives Gruppenbewußtsein zu ersetzen. Dafür sind die Übungen dieser Stunden besonders wichtig. Wir könnten eine Schleife machen, falls so etwas in spezieller Kleingruppenarbeit möglich ist und nach dem Training in diesen Stunden 7 A und B zu den Stunden 5 und 6 zurückkehren. Zudem benötigen die Stunden 7 C und D die Vorbereitung der Stunden 7 A und B, die also hier in Wiederholung dargestellt werden.
Das Mittel dieser Stunde 7 A ist das einfache Gehen. Über diese Alltagsbewegung drückt sich die persönliche Geschichte, Konstitution und für den interessierten Beobachter überhaupt sehr viel von dem Lebensgefühl des Kindes aus.
Nach einer Einführung mit der Vorstellung verschiedener Untergründe rufen wir das unwillkürliche Moment der Bewegungssteuerung „Gehen" ins Bewußtsein durch eine Körperfühlübung beim Gehen. Die Kinder erleben, was alles zusammenspielt an ständigen automatischen Vorgängen und fühlen die Reichhaltigkeit des Lebens und die Steuerung, die körperlichen Selbstverständlichkeiten zugrunde liegt.
Dabei wird ihre Aufmerksamkeit auf eine andere interessante Weise herausgefordert: Die Kinder sollen sich immer wieder - auf Anruf hin - der Position eines anderen Kindes im Raum vergegenwärtigen. Parallel zur Körperfühlübung entsteht somit ein Gefühl für die anderen Kinder im Raum.
Das kann zuerst für die kleineren Kinder in den ersten Schulklassen zu viel auf einmal sein.
Die Empfindungsschulung für das Gehen ist aber von fundamentaler körperlicher und persönlicher Bedeutung; und die Fähigkeit zur gleichzeitigen die Aufmerksamkeit für die anderen im Raum ist ein wichtiges Element für die allgemeine Präsenz, die Fähigkeit, eine Balance zwischen den eigenen Bedürfnissen und der Wahrnehmung der anderen Kinder herzustellen.

Die Folge ist eine enorme Ausweitung und Schärfung der Awareness, indem das Gehen und zugleich die Bewegung der anderen Kinder im Bewußtsein sind. Realistischerweise muß ich zugeben, daß anfangs und das vor allem bei den Kleineren ein ständiger Wechsel der Aufmerksamkeit stattfindet. Den meisten Kindern fällt es schwer, zugleich die eigenen Körperprozesse und die anderen Kinder im Bewußtsein zu haben. Häufig ist ein Switch- Effekt, ein Umschalten zwischen der Wahrnehmung der eigenen Befindlichkeit und der Raum/Sozialwahrnehmung. Wichtig ist aber vor allem der Weg, und der führt in die richtige Richtung.
Diese Übung bildet die technische und psychologische Voraussetzung für die nächste Übung: Darin geht es um den Ausdruck, die Art des Gehens und seine Veränderungsmöglichkeiten. Beide stellen, da in einer Zweier-Korrektur-Situation konzipiert, intime Aspekte der Wahrnehmung persönlicher Eigenart dar.

PRAXIS und ERLÄUTERUNG
Warm Up Übung 1:

1) Gehen mit Vorstellungsübung „Verschiedene Untergründe" in der Art: „Du gehst durch einen Wald und deine nackten Füße spüren den Waldboden. Er ist warm, es liegen trockene Blätter darauf und manchmal pieksen dich kleine Äste. Du kannst den Geruch des Waldes und den trockenen Boden riechen. Dann kommst du zu einem Strand. Du gehst über den Sand und deine Füße graben sich in den Sand ein", usw., die weitere Geschichte und ihre Ausschmückung ist der persönlichen Phantasie überlassen. (Oberton Tamboura)

ad 1) Eine solche Vorstellungsübung beeinflußt die Art des Gehens und seine natürliche Reaktion bei den Kindern mehr, als Ermahnungen und äußere Korrekturen, die genau so wenig nützen, wie bei Erwachsenen eine Haltungskorrektur von außen hilft. (15 Min)

2) Alle gehen eine Zeit im Raum umher. Nach einiger Zeit lenke ich die Aufmerksamkeit auf die Anatomie und das Abrollen der Füße und im gleichen Atemzug darauf, wo sich ein bestimmtes Kind gerade im Raum befindet, dann auf die Bewegung in den Fußgelenken und auf den Weg des nächsten Kindes, auf die Knie, auf die Arbeit der Hüftgelenke, auf die Beckenkonstruktion mit der Verteilung der Last auf die beiden Beine, die LWS, die BWS, Rippen-Brustbein-Schlüsselbein-Schulterblatt-Arme, HWS, Kopf, das Gehen und den Atem, das Gesicht, die Balance beim Lastwechsel und zwischendurch immer jeweils die Position eines Kindes.

ad 2) Den Kindern wird dabei etwas abverlangt, was ihre Aufmerksamkeit sehr fordert. Sie sollen zugleich eine ungewohnte Selbstbeobachtung durchführen und außerdem auf andere achten, ohne dabei den Kontakt zu sich selbst zu verlieren. Dabei muß ich darauf hinweisen, daß das oft zitierte ungelenke Gehen heutiger Kinder nicht durch einfache Hinweise zu beheben ist. Sie müßten einfach mehr in natürlicher Umgebung spielen, aber auch eine solche Empfindungsschulung für das Gehen hilft. Dabei ist die scheinbare Überforderung mit der gleichzeitigen Aufmerksamkeit für die andern Kinder im Raum letztlich insofern hilfreich, als die Kinder sich so nicht auf die Selbstwahrnehmung fixieren und verkrampfen:

So wird der Mechanismus des Gehens bewußt. Alle Kinder werden in die Aufmerksamkeit gerufen. Die Kinder lernen, mit dem Wechsel der Aufmerksamkeit zwischen dem unwillkürlich/Körperlichen der „Alltagsbewegung" des Gehens und dem eher bewußten Gewahrsein anderer Kinder zu spielen. Meist ist es sowieso unmöglich, Innen zu fühlen, wenn der Kontakt mit dem Außen in die Aufmerksamkeit rückt. Hier geht es wirklich darum, mit dieser Balance zu spielen. Günstigenfalls gelingt es den Kindern durch den permanenten Wechsel zwischen Empfindungsschulung und Aufmerksamkeit für die anderen Kinder sich selbst in den eigenen Gefühlen und Reaktionen auf die anderen stärker wahrzunehmen. (15 Min)

4) Die Kinder gehen paarweise, wobei eins das andere genau beobachten und möglichst treffend imitieren soll, um ihm sein Gehen danach vorzuführen und sich dann über die persönliche Eigenart beim Gehen auszutauschen.

ad 4) Diese Übung geht nach der letzten einen delikaten Schritt weiter. Es besteht die Gefahr, daß es in Clownerie und Nachäffen abgleitet. Wenn vorher aber ernsthaft und gut an der Balance und der Empfindungsschulung gearbeitet wurde und lächerliche Tendenzen sofort in der Anfangsphase angesprochen werden, entsteht eine intime Kooperation über die auch bei Kindern so persönliche Eigenart des Gehens. (10 Min)

<u>ad allgemein vorläufiges Resümee:</u>

Es ist wichtig und interessant, mit den Kindern über die Entwicklung dieser Übungen vom ersten Mal in der Stunde 2 D bis jetzt zu sprechen. Sowohl der Kontakt zu sich und das Bewußtsein ihrer selbst, als auch die Fähigkeit zu allgemeiner Awareness und zu Kontakt in der Gruppe sollten sich in der Beobachtung der Künstler/Lehrer und im Bewußtsein der Kinder verbessert haben. Auch wenn so etwas vielleicht offensichtlich scheint, ist es meiner Erfahrung nach in allen Gruppen von großer Bedeutung, eine solche Verbesserung auch rückzumelden, da die Teilnehmer durch die allmähliche Veränderung das Ausmaß der Verbesserung meist nicht bemerken.

Stunde:	7 B
Thema:	Einfach Da- Sein im Kontakt, Gehen
Medium:	Empfindungsschulung, Performancetraining

ELEMENTE: Übungen zum Gehen, Awareness für die Gruppe und die Raumverteilung
EINFÜHRUNG: Ziele der Stunde sind die Bewußtheit im Gehen, das entspannt Bleiben unter Streß und die Beziehung dieser körperlichen Bereiche zu den psychologisch/philosophischen Themen: Präsenz, unter Beobachtung bei sich bleiben, Gleichzeitigkeit von Fremd- und Selbstkontakt.
Anfangs geht es wieder darum, die Wahrnehmung der eigenen Befindlichkeit, den Kontakt mit sich selbst, zu trainieren. Übungen wie diese Empfindungsschulung stellen das Grundmuster einer Balance zwischen sich selbst und den anderen dar, was bei der nächsten Übung, dem Gehen unter Beobachtung der ganzen Klasse, das wichtigste ist. Die Kinder lernen, in Kontaktsituationen ihre unwillkürlichen Reaktionen nicht zu überspielen, sondern auf sich zu achten und in Kontakt mit der intuitiven, gefühlsmäßigen Wahrnehmung dessen, was geschieht, zu sein. Das Günstige ist, daß ja nichts Besonderes geschieht und auch nicht verlangt wird, sondern nur das einfache alltägliche Gehen und Traben - aber eben unter Fremdbeobachtung - ausgeführt wird. Es besteht eine einfache Möglichkeit, zu üben, cool zu bleiben, sich nicht durch die anderen Kinder von sich selbst wegbringen zu lassen, da ja der Erfolg, das Klatschen und die gute Durchführung, mit diesen einfachen Alltagsbewegungen garantiert sind.
Therapien wollen ja die Wahrnehmung der Menschen, die das ständige Mitempfinden der eigenen Befindlichkeit, den Kontakt mit sich selbst, verlernt haben, trainieren.
Es ist ein essentielles Anliegen, eine Kommunikationsfähigkeit schon im Kindesalter zu trainieren, die Innen und Außen auch in einer nicht intimen, geschützten Situation vermitteln kann und die nicht aus Angst vor anderen Kindern den Kontakt nach Innen abbricht, sich also selbst verrät und dann in eine Nischen- und Scheinwelt flüchten muß, die spätestens mit der Pubertät zusammenstürzt.

PRAXIS und ERLÄUTERUNG
Warm Up Übung 1 wie in Stunde 7 A
1) Gehen mit Vorstellungsübung „Verschiedene Untergründe" in der Art: „Du gehst durch einen Wald, und deine nackten Füße spüren den Waldboden. Er ist warm, es liegen trockene Blätter darauf, und manchmal pieksen dich kleine Äste. Du kannst den Geruch des Waldes und den trockenen Boden riechen. Dann kommst du zu einem Strand. Du gehst über den Sand, und deine Füße graben sich in den Sand ein", usw. Die weitere Geschichte und ihre Ausschmückung sind der persönlichen Phantasie überlassen. (Oberton Tamboura)

ad 1) *Diese Vorstellungsübung aus der letzten Stunde kann jetzt in ihrem Thema variiert werden und wird von den Kindern genüßlich zelebriert.*

(15 Min)

2) Alle gehen eine Zeit im Raum umher. Nach einiger Zeit lenke ich die Aufmerksamkeit auf die Anatomie und das Abrollen der Füße und im gleichen Atemzug darauf, wo sich einE bestimmteR Teilnehmer/in gerade im Raum befindet, dann auf die Bewegung in den Fußgelenken und auf den Weg der/s nächsten Teilnehmer(s)In, auf die Knie, auf die Arbeit der Hüftgelenke, auf die Beckenkonstruktion mit der Verteilung der Last auf die beiden Beine, die LWS, die BWS, Rippen-Brustbein-Schlüsselbein-Schulterblatt-Arme, HWS, Kopf, das Gehen und den Atem, das Gesicht, die Balance beim Lastwechsel und zwischendurch immer jeweils die Position eines/r Teilnehmers/in.

ad 2) *Die Kinder haben jetzt, beim dritten Mal, die Chance, etwas mehr an Gleichzeitigkeit der Aufmerksamkeit und Awareness zu realisieren.*

(15 Min)

3) Alle stellen sich in einer Ecke des Raumes auf einen Haufen, und je ein Kind geht einen Halbkreis vor der Gruppe. Nach etwa der Hälfte kann das Kind traben. Wenn es am Ende de Halbkreises auf die Gruppe zukommt, klatschen und jubeln alle.

ad 3) *Man kann sich fragen, warum etwas so alltägliches wie das Gehen oder Traben plötzlich schwierig sein soll, nur wenn andere einen beobachten! Machen Sie Sich einfach nur einmal bewußt, wie schwierig es ist, an einem Straßenkaffee* ***normal*** *vorbei zu gehen, wenn einen die Leute unverblümt mustern oder gar anstarren. So wird der Reiz der Herausforderung für die Kinder klar. Das Gehen ist ja sehr persönlich; vor einer Gruppe unter deren konzentrierter Beobachtung zu gehen, kann nach der Vorbereitung der Pendelübung (der Aufmerksamkeit zwischen dem eigenen Gehen und der Raumposition der anderen Kinder) zu einem Erlebnis werden, in dem das Kind seine persönliche Eigenart: indem es einfach geht, nicht nur einbringt, sondern miterlebt, wie es mit seinem einfachen So - Sein in überwältigendem Maß durch die Gruppe bekräftigt und gefeiert wird.*

(15 Min)

Stunde:	7 C
Thema:	Einfach Da Sein im Kontakt, Willkürlich- Unwillkürlich Einfach Da- Sein im Kontakt, Innehalten (60 Min)
Medium:	Körpersymbolik

ELEMENTE: Awareness für die Gruppe und ihre Dynamik; das Thema der letzten Stunde, Sich- selbst- treu- Bleiben, Sich- annehmen- Können, zu sich stehen, standhalten, Präsenz, wird hier in anderer Form aufgenommen.
EINFÜHRUNG: Die meisten Kinder und auch Menschen allgemein haben Probleme damit, einfach vor anderen zu bestehen. Sie werden verlegen, haben das Gefühl, etwas Lustiges oder irgendwie Besonderes tun zu müssen und wollen nicht ohne Absprache „einfach so" da sein. Das hat oft damit zu tun, daß Teile des eigenen Körpers, das Gesicht und/oder Aspekte der eigenen Persönlichkeit nicht so akzeptiert werden können, wie sie sind. Bei Kindern tritt die Angst, von anderen gehänselt zu werden, manchmal offen hervor. Sie haben schon gelernt, sich zu vergleichen und haben Angst, abgelehnt zu werden, wenn sie anderen gegenüber stehen. Nach den Übungen der letzten Stunde können wir es wagen, eine Szene zu konstruieren, in der sich die Kinder -ohne etwas tun zu müssen und ohne sich selbst zu bewerten- einfach nur in Kontakt erleben können: Die erste Übung baut behutsam eine Situation auf, in der die Kinder die persönliche Konfrontation mit anderen im Sinne von Präsenz, nicht von Gegnerschaft wahrnehmen lernen und bereiten eine versöhnliche Sichtweise vor. Sie öffnen auch in aktuellen Schwierigkeiten die Perspektive auf das positive Entwicklungspotential, welches in ihnen steckt.
Die hier benutzten Übungen stammen aus Entspannungs-, Performance- und Selbstsicherheitstrainings für Erwachsene und beinhalten Bereiche aus Gruppentherapien, Sensory Awareness und Theater, die das einfache Da- Sein im Angesicht anderer Menschen fördern. Dadurch werden ganze Erlebnis/Verhalten/Erlebnis-Ketten in Bewegung gesetzt, die im Groben so funktionieren, daß die Gelassenheit aus dem Präsenztraining zu einem anderen, günstigeren Verhalten führt. Dadurch reagieren die anderen Menschen positiver, was wiederum das Bild von sich und das Selbstwertgefühl verbessert. Das verstärkt das positive Verhalten noch mehr, die anderen reagieren darauf bestätigend und so weiter. In Bezug auf die Ausgrenzungs- und Anerkennungsproblematik bei Kindern halte ich diese Übungen für zentral, auch wenn sie nur indirekt mit Tanz und körperlicher Empfindungsschulung zu tun haben. Solche Übungen und vor allem die Prozesse der Aufwärtsspirale in dem Verhalten und Selbstwertgefühl der Kinder können Rückschläge haben. Der Effekt insgesamt wird aber noch dadurch besonders günstig verstärkt, daß nicht abstrakt für eine fremde Außensituation geübt wird, wie in Selbstsicherheitstrainings für Erwachsene. Die Klasse wird ja mittrainiert, so daß ein sich gegenseitig respektierender Verhaltenskodex mit entsprechenden wertschätzenden Einstellungen entstehen und wachsen kann.

PRAXIS und ERLÄUTERUNG

1) Die Kinder sitzen mit geschlossenen Augen im Kreis mit den Händen auf dem Schoß, Handflächen nach oben. Jedes dritte oder vierte Kind aus dem Kreis geht im Kreis von Kind zu Kind und legt ihm die Hände auf den Kopf, die Schultern und die geöffneten Hände. Wenn es durch ist, setzt es sich wieder an seinen Platz, und das nächste Kind geht los. (Genesis)

ad 1) Diese Übung schafft unaufdringlich aber nachhaltig einen direkten Kontakt der Art, wie er in den vorigen Stunden Thema war. Die Präsenz ist hier aber anderer Art. Da ein Kind die Augen geöffnet, das andere sie aber geschlossen hält, kann das aktive Kind sich ohne Beobachtung auf den Kontakt einlassen. Das passive Kind kann nicht anders, als sich dem Kontakt verschließen oder sich ihm hingeben. Durch diese Konstellation ist auch Nähe in einer Art möglich, die sonst, wenn beide die Augen geöffnet hätten und Beobachtung durch die anderen Kinder befürchtet werden müßte, Angst auslösen würde oder wegen Peinlichkeitsbefürchtungen unterlassen würde. (35 Min)

2) Alle Kinder gehen herum und achten noch einmal auf das Abrollen der Füße, die Knie und so weiter wie in Übung 2 der Stunden A und B. Die Aufmerksamkeit wird aber nicht auf die Raumposition eines anderen Kindes gelenkt, sondern die Kinder bleiben auf ein Zeichen hin in einem Abstand doppelter Armlänge vor dem Kind stehen, das ihnen gerade am nächsten ist. Dann sollen sie sich erst auf die Füße, nach einer Pause auf die Hände, dann schließlich auf das Kinn schauen. Aufgelöst wird diese Übung, indem sich die Kinder Rücken an Rücken stellen und den Atem des anderen Kindes spüren. Dann wird der Weg im Raum wie oben beschrieben wiederaufgenommen. Bei der nächsten Begegnung ist der Focus Knie, Bauch und Nase, bei der letzten Begegnung Oberschenkel, Brust und Augen. Dabei darf nicht geredet werden, aber Lachen, Weinen und alles andere sind bewußt erlaubt. (beim dritten Set Laurie Anderson)

ad 2) Diese Übung ist gewagt und sollte nur in Klassen durchgeführt werden, in denen der Lehrer/Künstler ein Händchen für Gruppendynamik hatte und der Kontakt zur Klasse vertrauensvoll ist. Dann aber wird eine Treppe von Selbst- und Fremdakzeptanz in Gang gesetzt, die bei Gelingen zu einem sehr entspannten Umgehen der Kinder miteinander führt und zu großem Vertrauen. (mit eventuellen Zwischenschritten 25 Min)

Stunde:	7 D
Thema:	Einfach Da Sein im Kontakt, Willkürlich- Unwillkürlich Einfach Da- Sein im Kontakt, Bild
Medium:	Massage, Katathymes Bilderleben

ELEMENTE: Gruppenmassagetechnik, sich Spüren durch die anderen, standhalten, eine andere Form von Präsenz, Katathymes Bilderleben
EINFÜRUNG: Die Gruppenmassage ist zu diesem Zeitpunkt möglich, nachdem viele Barrieren, die sonst zu Kitzeln und Kichern geführt hätten, im Verlauf der vorigen Übungen überwunden wurden. Die Gruppenmassage ist nicht so schwierig in Bezug auf die geforderte Präsenz und das Aushalten von Beobachtung, sondern durch das Ertragen können einer - wenn auch angenehmen - überwältigenden physischen Einwirkung der anderen Kinder. Da aber die Akzeptanz von Nähe jetzt schon groß sein sollte, ist diese Übung zwar auch eine Herausforderung, doch eher eine mit Belohnungscharakter, als eine schwierige Aufgabe. Diese Stunde bedarf der Vorbereitung aus den Stunden 7 A, B und C.
Das Haus gilt als Bild, durch das sich eine Sichtweise der eigenen Persönlichkeit ausdrückt. Nach all den Übungen kann sich hier vieles ausdrücken, was durch die Spiegelung durch die anderen Kinder und durch die Selbstwahrnehmung an Bildern und Gefühlen, an Gedanken, Ängsten und Wünschen entstanden ist. Die Wendung, die man dem an sich ja bekannten Bild mit dem letzten Teil (verborgenes Zimmer, und „alle kucken dich an") geben kann, hat speziell mit dem hier in den körpersymbolischen Übungen vorgearbeiteten Aspekt der Präsenz und des Sich-selbst- annehmen- Könnens zu tun, in dem komplexe symbolische Bedeutung liegt und deren Wachstumsprozeß auslösende Möglichkeiten in 7 C beschrieben wurden. Ein Anfang dazu wird in den Trainings gemacht, und dieser Anfang beeinflußt die emotionale Tönung und die Richtung des Bildes vom Haus und dem Zimmer mit den Menschen darin positiv.

PRAXIS und ERLÄUTERUNG

1) Die Klasse wird in Gruppen zu ca. 7 Kindern aufgeteilt. Ein Kind liegt auf dem Rücken oder auf dem Bauch, wie es will. Die anderen Kinder verteilen sich so, daß auf jeder Seite je eins an Füßen, Beinen/Hüfte, Flanken/Armen und eins am Kopf sitzt. Beim Wechsel rückt das massierte Kind an den Kopf, das Kind, was oben links gesessen hatte, legt sich hin. Zuerst -halten alle die Hände in geringem Abstand über den Körper, -sie legen die Hände auf
-leichtes Streichen
-kräftiges Rubbeln
-normales Massieren
-leichtes Kneifen, Zwicken, Haut reiben
-auf dem Körper trommeln,
-die Hände auf den Körper drücken,
-langsam den Druck lösen und heben

ad 1) Es ist wichtig, den Ablauf wie ein Ritual regelmäßig und konzentriert durchzuführen. Für die Kinder, die massieren, ist die Übung durchaus anstrengend. Der Lehrer/Künstler muß darauf achten, daß die einzelnen Massagephasen nicht zu lang sind. Sonst wären die behandelnden Kinder schnell erschöpft oder überdrüssig. Sie sollten aber schon lang genug sein, ein intensives Erleben zu ermöglichen. Dann schafft die körperliche Erfahrung, behütet und behandelt zu sein, eine neue Form von Kontaktsicherheit zu sich selbst und zu den anderen Kindern.

(40 Min)

2) Die Stunde endet mit einer Fremdentspannung, bei der mit dem Bild des Hauses und dem Begehen des Hauses in der Phantasie unbewußte Sichtweisen der eigenen Persönlichkeit symbolisch ausgestaltet werden können. Nach der Einführung des Hauses und einer Zeit, in der die Kinder freie Zeit haben, das Haus zu erkunden, kann man am Schluß wieder Kontakt aufnehmen und auf ein unentdecktes Zimmer hinweisen. „Du gehst jetzt zu dem Zimmer, hinter dessen Tür du Stimmen und Musik hörst. Wer ist wohl alles in dem Raum, was machen die da drin? Was ist das für ein Gefühl, was für eine Stimmung, die du spürst? Du öffnest jetzt die Tür, gehst in den Raum, und alle schauen dich an. Wie ist das für dich? Freust du dich, oder magst du das nicht? Wie geht es dann weiter, was machst du, oder was macht ihr?"[34]

ad 2) Selbstredend ist es wichtig, nicht automatisch das Haus als Persönlichkeitsbild zu interpretieren. Die besten Deutungen wissen immer die Träumer selbst, und alles Gesehene kann genausogut für sich selbst stehen oder eine ganz andere Bedeutung haben. Mit so genannten klientenzentrierten Techniken, also indem die Kinder in Gegenwart und Ich-Form ihr Traumbild erzählen und man sie erzählen läßt und vorsichtig nur bestimmte Aussagen mit anderen Worten wiederholt, die Gefühle oder zentrale inhaltliche Punkte beinhalten und bestimmte Szenen spielen läßt, um sie zu verdeutlichen, ergibt sich die Deutung ohne viel dazutun von selbst. Nötig sind hierzu Erfahrungen mit dieser Art von Bildarbeit, vor allem Intuition.

Sie helfen, zu erspüren, was wesentlich ist und was nicht, wo etwas hinter steckt und was einfach für sich steht, wo durch Spielen, durch In-Szene-Setzen versteckte Gefühle klar werden können.

(ohne Besprechung 15 Min)

ANMERKUNG

Die Bilddarstellungen stellen keine do it your self- artige Gebrauchsanleitung dar. Sie sind immer als Hinweise für Menschen gedacht, die schon eine entsprechende Ausbildung, zumindest aber viel persönliche Erfahrung im Umgang mit KB, wenigstens Phantasiereisen haben.

---

[34] ARCHETYPEN, INNERE BILDER UND KÖRPERSYMBOLIK, Verlag für Ästhetische Bildung, Essen 1997 Seiten 76 ff

Stunde:	8 A
Thema:	Verwurzelung/Bodenkontakt
Medium:	Fremdentspannung/Assoziation/Malen und Gestaltung

ELEMENTE: Fremdentspannung mit Körperfühlübung: „Bodenkontakt"; Assoziationsübung: „Verwurzelung", Malen, Besprechung, ev. Ausdruckstanz;
EINFÜHRUNG: Das Thema dieser Stunde, Sicherheit/Kontinuität, wird durch eine klare Körpersymbolik vermittelt und hat für Kinder in einer postmodernen Gesellschaft eine spezielle Bedeutung.
Die soziale Entwicklung der letzten 40 Jahre kann durch die Auflösung familiärer Strukturen beschrieben werden. Seit ca. 150 Jahren schon entwickelt sich der kindliche Lebensraum in Richtung auf eine erst allmähliche und jetzt rasante Auflösung aller organischen Bindungen, die durch das Leben in einem kleinen kontrollierten sozialen Rahmen und in direkter Abhängigkeit von der Natur bestanden. Kinder früherer Epochen erlebten die Welt vorwiegend draußen mit Tieren, anderen Kindern, Wind und Wetter auf dem Land. Die Erwachsenen und ihre Rollen waren durch offensichtlich für das gemeinsame Leben notwendige Arbeiten erlebbar. Der Rahmen des Lebens und der Entwicklungsmöglichkeiten der Kinder waren durch Familie, Dorf oder soz. Gruppe, Traditionen, Geschlecht, Religion und vieles andere mehr festgelegt. Sie hatten im Verhältnis zu durchschnittlichen Kindern in postmodernen Gesellschaften viel weniger Freiheiten der Lebensoptionen und der informativen Teilhabe an der Welt, waren aber freier bezüglich der Teilhabe an einem begreifbaren Leben mit weniger funktional festgelegten Räumen wie Felder und Wiesen zum Spielen und der Gestaltung von Spielen durch Phantasie anstelle vorgefertigter Möglichkeiten in industriellen Spielen. Sie waren fest in ihren Lebensrahmen eingebunden, wußten, wo ihr Ort und ihre Aufgabe für die Gemeinschaft war, mußten aber ihre Lebensumstände unmittelbarer erleiden, als es heute üblich ist. Das Leid früher war wohl eher die Beschränkung realer Entwicklungsmöglichkeiten, Hunger, Krankheit und Armut. Heute scheint das Leid im Allein- gelassen- Werden, der früh erlebten Sinnlosigkeit der eigenen Existenz für andere und der Trennung von der sinnlichen Welt überhaupt zu liegen, in einer allgemeinen Unsicherheit und Entwurzelung inmitten einer abstrakten technischen und kalten Welt. Die Arbeit der Eltern kann nicht mehr direkt erlebt werden, und viele Kinder leben in zerbrochenen Familien ohne Großeltern, Geschwister, Tanten, Onkel, etc., oder sind familiär zwar eingebunden, die Familie ist aber aus einer fremden Kultur ohne Bezug zur Postmoderne (nicht einmal Moderne) eingewandert.
Diese Thematik soll mit der ersten Übung vorsichtig angerissen werden. Übungen zwei und drei bieten eine offene Möglichkeit für die Kinder, sich so weit auf das Thema einzulassen, wie es ihnen gut tut und sie es spontan wollen, sowie mit dieser Befindlichkeit zu spielen, sie auszudrücken, in Szene zu setzen oder zumindest zu erzählen.

PRAXIS und ERLÄUTERUNG

1) Fremdentspannung mit Schwerpunkt: „Bodenkontakt/Auflagefläche", behutsame Assoziationsübung darüber, ob das Kind sein Leben als beliebig und zufällig, sinnlos und mit Bruchstellen erlebt, oder ob es sich sicher und verwurzelt im seiner körperlichen Identität, seinem Leben, der Familie, Freunden, der Klasse und der Stadt, letztlich dem Land fühlt.

ad 1 Der Bodenkontakt, das Sich- Tragen- Lassen, das entspannte Ruhen und die Empfindung der Auflagefläche mit einem Gefühl der Verbindung zur Erde geben den Kindern ein Gefühl von Sicherheit und Ruhe. Sie können innerlich riskieren, ihr Lebensgefühl zu befragen und sich einzugestehen, ob sie sich sicher und geborgen fühlen oder orientierungslos, unruhig, wütend oder ängstlich in einem Leben ohne festen Halt existieren. (10 Min)

2) Die Kinder malen das, was sie erlebt haben, als Bild.

ad 2 Bevor es durch Durcheinanderreden oder einfach zu viele Kinder verlorengeht, kann das Erlebnis so festgehalten werden. (10 Min)

3) Je nach Ernsthaftigkeit, Alter der Kinder, Stimmung und Neigung des Lehrer/Künstlers kann man das Bild erzählen, besprechen eine Aufstellung der Menschen und Szenen im Bild mit den Klassenkameraden machen oder Szenen davon tanzen.

ad 3 Dieser Punkt ist als Vorschlag mit offenem Ende gedacht. Seine Realisation hängt neben der Stimmung in der Klasse, dem Alter der Kinder und dem Bildmaterial vor allem vom Feeling des Lehrer/Künstlers und seiner Vorerfahrung/Ausbildung bezüglich der vorgeschlagenen Techniken ab.

Stunde:	8 B
Thema:	Verwurzelung/Bodenkontakt
Medium:	Empfindungsschulung/Körpersymbolik/Katathymes Bilderleben

ELEMENTE: Massage und Bewegungstherapie: Körper- und Bewegungsschulung, Improvisation
EINFÜHRUNG: Zuerst werden die Verspannungen der Beine und des Beckens je nach Möglichkeit angegangen. Auch bei Kindern gibt es oft aus Angst, Bewegungsmangel oder festgehaltener Aggression starke Verspannungen an Becken und Oberschenkeln. Natürlich machen wir hier in einer Schulklasse keine Bioenergetik, aber wir können zum einen den Kindern immer mehr ihres eigenen Körpers näher bringen, sie zudem weiter und weiter an Massagetechniken und einen behutsam-respektvollen Umgang miteinander heranführen und schließlich wirklich je nach Alter und Kontakt untereinander, besonders aber abhängig von der Natürlichkeit des Künstler/Lehrers im Umgang mit Körper und Massage etwas Beinverspannung wegnehmen, so daß die nächste Übung vorbereitet ist.
Die zweite Übung spricht die Phantasie und Gestaltung an und macht phylo- und ontogenetische Entwicklungen vom Boden zur Aufrichtung spielerisch erlebbar, während die dritte Übung direkt eine Möglichkeit schafft, eigene Kraft zu spüren und Beharrungsvermögen und entwickeln.

PRAXIS und ERLÄUTERUNG
1) Es werden einige der hier vorgestellten Übungen aus Massage und Bewegungstherapie zur Entspannung der Beine und Füße gemacht.

Massage/Bewegungstherapie Lösung Beine
-Beinrückseite:
Ausstreichen, Ziehen, mit Zug vibrieren, mit angestellter Wade vibrieren, Ferse andrücken, Knie pendeln lassen, Hüfte ausheben, Ausstreichen
Beinvorderseite:
Ausstreichen, (leichter) ziehen, mit Zug vibrieren, stark gegen Fußballen drücken, Querverwindung, Zehen auf und abbiegen, Zehen einzeln drehen, biegen etc., passive Bewegung Bein, Knie gegen die Brust drücken, Ausstreichen. (Entspannungsmusik)

ad 1 Der Lehrer/Künstler sollte sich überlegen, wie sehr die Kinder sich auf Körperkontakt einlassen können und dann die Übungen auswählen, von denen er am stärksten eine günstige Kombination von Lösung der Beine und ernsthafter Übungsdurchführung annimmt. Dann wird durch diese Lösungsarbeit die nächste Übung gut vorbereitet. (20 Min)

2) Das Gefühl und die Ideen der Sicherheit und Erdverbundenheit werden körperlich gestaltet, wobei die Kinder zuerst den Boden nutzen sollen in den Phasen Kriechen, Krabbeln, dem Experimentieren mit der Aufrichtung, der Erweiterung des Horizontes im Stehen und dem freien Tanzen im Stehen.

(Milton de Nascimento)

ad 2 Hier besteht die Möglichkeit, auf der direkten Bewegungsebene zu erleben, ob ein Kind sich sicher und zufrieden am Boden fortbewegen kann, wie sehr es in der Lage ist, sich wirklich dabei tragen zu lassen und wie in der weiteren Aufrichtung immer mehr von der Sicherheit aufgegeben wird zugunsten von mehr Bewegungsfreiheit und mehr Spielraum. Wir können sehen, wie das Sicherheitsbedürfnis aber auch die Geschicklichkeit eines Kindes sind, welche Schutzräume, Fluchtmöglichkeiten und Phantasien es in den Phasen vom Boden zum Stand entwickelt. Bei der Reflexion sollte der Lehrer/Künstler in dem Ausmaß und der Art bildhaft sein, wie es seinem Naturell entspricht.

(15 Min)

3) In einer Partnerübung baut ein Kind von unterschiedlichen Ansatzpunkten am Körper des anderen Kindes Druck oder Zug auf, und das andere Kind entwickelt die Gegenkraft.

(Comp. Ital. del Canto Popolare di Napoli)

ad 3 Durch diesen Kraftaufbau entwickeln sich eine bessere Aufrichtung und mehr Selbstsicherheit. Es ist aber unerläßlich, die Übungen genau zu supervisieren und immer wieder zu korrigieren, bis alle wirklich in einer Art zusammenarbeiten, daß es kein Zerren und Schubsen ist, sondern das stärkere Kind nur so viel Kraft einsetzt, daß das schwächere Kind gegenhalten kann. Tanz und Körperarbeit bedeuten immer Kooperation, nie Kampf und Rücksichtslosigkeit.

(15 Min)

Stunde:	8 C
Thema:	Verwurzelung/Bodenkontakt (Doppelstunde)
Medium:	Empfindungsschulung/Körpersymbolik/Katathymes Bilderleben

ELEMENTE: Massage und Bewegungstherapie „Füße”; Eutonie „Bewußtsein und Lösung der Füße”; Ausstreichen; Katathymes Bilderleben: „Baum”
EINFÜHRUNG: Für ein Kind scheint es heute die Grundlage psychischer Gesundheit zu sein, eine Verwurzelung in sich selbst, (nicht nur in der Familie, Sippe, etc.), in seiner Phantasie, seinem Körper und bei den ihm nahe stehenden Menschen zu finden. Wichtige Übungen dafür stellen die körpersymbolisch bedeutsamen Lösungen durch Massage- und Eutonie - Übungen dar, die körperlich die Räume für Verwurzelung durch guten Bodenkontakt öffnen.
Die Übungen, die körperlich Bodenkontakt aufbauen, indem sie die Muskelverspannungen des unteren Bereichs lösen, steigern sich in ihrer Wirksamkeit über die drei Stunden, so daß die Voraussetzung für ein positives Bilderleben günstig ist. Besonders die letzte Übung aus dem Eutoniebereich mit dem Stehen auf Hölzern in der Kombination mit dem Ausstreichen schafft ein Gefühl für die Energie, die das Kind aus der Verwurzelung mit der Erde bekommen kann. Das Symbol des Baumes in den Jahreszeiten ermöglicht es, diese starke Erfahrung mit einem persönlichen Bild der Kraft, Sinnhaftigkeit und Verankerung in sich selbst zu verbinden, die es dem Kind erlaubt, gegen manche Brüche der Umgebung und in der Familie ein Quäntchen mehr Stabilität zu setzen.

PRAXIS und ERLÄUTERUNG:

1) Fußmassage, bei der die Fußsohle kräftig durchgeknetet, außerdem etwas Chiropraktik wie Querverwindungs- und Zehengelenklösung durchgeführt wird.
(Entspannungsmusik)

ad 1 Nach der Massageübung der Beine in der letzten Stunde sollte die Fußmassage nicht so kitzelig aufgenommen werden. Sie ist wichtig als Vorbereitung für die nächste Übung, die mit verspannten Füßen schmerzhaft sein kann.
(20 Min)

2) Die Kinder stellen sich jetzt auf dünne Bambushölzer, so daß die Füße etwa hüftbreit und parallel stehen. Die Aufmerksamkeit wird auf Gelenke, Knochen und Muskeln der Beine und Füße gelenkt. „Stell dir vor, die Hölzer sind von deinen Füßen aufgenommen worden, die Füße haben Platz gemacht und die Hölzer umschlossen."...“Stell dir jetzt vor, du stehst am Strand und hast durch dein Gewicht die Hölzer in den Sand gedrückt, so daß die Füße eben mit dem Boden abschließen."

ad 2 Diese Übungen entspannen und lösen den unteren Bereich so, daß ein innigerer und stärkerer Bodenkontakt möglich ist. (7-8 Min)

3) Die Kinder steigen vorsichtig von den Hölzern herunter. Sie bleiben mit geschlossenen Augen stehen und spüren dem Gefühl in Füßen und Beinen nach und geben sich dem Kontakt zum Boden hin. Dabei wird eine Wind simulierende Musik mit links- rechts- Wechsel des Stereo-Effektes gespielt, wobei die Kinder mit geschlossenen Augen mit ihrer Balance spielen sollen. Der Lehrer/Künstler geht danach den ganzen Kreis von Kind zu Kind ab und streicht jedes Kind aus:

-vom Kreuzbein aus jedes Bein einzeln herunter über den Fuß zum Boden,
-vom Kreuzbein aus die Wirbelsäule hinauf und parallel mit beiden Händen an den Armen bis über die Hände hinunter,
-vom Kreuzbein aus die Wirbelsäule 'rauf, an den Ohren vorbei und in der Verlängerung der Wirbelsäule mit dem Haarschopf nach oben.

(Chiamo Corse, bodenständige Fischer-Choräle à capello gesungen)

ad 3 Da die Füße durch die Massage schon vorbereitet sind, tun die Hölzer den meisten Kindern zwar etwas weh, es ist aber auszuhalten. Dabei lösen sich die Fußverspannungen und die Kinder stehen nachher „wie angewurzelt".

(15-20 Min)

4) Die Kinder bleiben entweder stehen, oder es wird die Anweisung gegeben, sich hinzulegen aber das Gefühl vom Stehen zu behalten. Der Künstler/Lehrer leitet eine Fremdentspannung mit dem Schwerpunkt Füße an. Das Bild in Kurzform: „Laß vor Deinem inneren Auge einen Baum entstehen, schau ihn Dir genau an, Wurzeln, Stamm, Verästelungen, Blätter oder Nadeln etc...betrachte die Umgebung..., jetzt bist Du dieser Baum mit diesen Wurzeln" etc..., wie oben alles durchgehen. „Es wird Herbst, die Tage werden kürzer, es weht ein kälter werdender Wind, alles wird bunt, verliert die Blätter, es wird Winter, die Tage werden kürzer, es ist kalt, Schnee fällt, alles ist kahl",... dasselbe mit dem Frühling, und es endet mit dem Sommer: „Du bist aber stark und kannst alles aushalten und an deinem Platz genießen und erlebst alles um dich herum und die Jahreszeiten."[35]

(Gegen Ende Vogelgezwitscher)

[35] Siehe ausführlich in Dr. Detlef Kappert, ARCHETYPEN, INNERE BILDER UND KÖRPERSYMBOLIK, S. 22ff, Verlag für Ästhetische Bildung, Essen 1997

ad 4 *Mit dem Baum können die Kinder sich leicht identifizieren. Er drückt stetige Kraft und Sicherheit im Leben aus. Ein gesunder Baum mit kräftigen Wurzeln bedeutet oft ein Grundgefühl, in dem das Kind sich getragen und in seiner Lebenssituation geborgen und verwurzelt fühlt. Er steht für ein Gefühl von Kontinuität, von sinnvoller, organischer Entwicklung und die Einstellung, seinen Platz im Leben zu haben. Umgekehrt drücken sich Ängste, ein Sich nicht Geborgen Fühlen und das Empfinden von Brüchen in der Lebenssituation und dem Lebensverständnis oft direkt in diesem Bild aus. „Entwurzelt" zu sein, nicht zu wissen, wo man hingehört und für das Leben nicht gewappnet zu sein oder das eigene Leben als (von den Eltern) nicht erwünschten Zufall zu empfinden kann sich in einem Baum mit schwachen oder ohne Wurzeln, mit verdorrten oder gebrochenen Ästen ausdrücken oder in Unglücksfällen bei dem Wechsel der Jahreszeiten. Kinder sehen zum Teil Bäume, die gefällt oder von Stürmen umgerissen werden und die keine Blätter oder Früchte tragen.*

(15 Min)

5) Malen des Baumes oder Besprechung der Inneren Bilder

Bildbesprechung

Stunde	9 A Teil I für Kinder ab 9 Jahren
Thema:	Unabhängigkeit/Freiheit
Medium:	Tanzschritt/Körpersymbolik, Fremdentspannung

ELEMENTE: polyrhythmischer Tanzschritt, Körperfühlübung, Assoziationsübung
EINFÜHRUNG: Kinder können ein Gefühl für Freiheit nur aus dem Gefühl der Verwurzelung, einer Grundgeborgenheit heraus, entwickeln. Wenn das Kind das als festen Hintergrund seines Lebens spürt, kann es die Welt erkunden und sich und seine Wirkung im Leben entdecken. Durch einen gewissen Mangel an echter (nicht medial vermittelter) Realität und das vielmals beschriebene Fehlen von Eltern, die das Kind respektieren und doch feste Grenzen setzen, befinden sich viele Kinder in dem seltsamen Zustand einer virtuellen Freiheit durch Fluchtmöglichkeiten in Form von Medienkonsum etc.
Es fehlt mit anderen Worten der feste Hintergrund verläßlicher Elternbeziehungen, die aus einem realen Lebensbezug heraus das sinnvolle Nutzen der enormen Erfahrungserweiterung (oder nur Informationserweiterung) der postmodernen Gesellschaft ermöglichen würden.
Die Stunde für Kinder ab 9 Jahren greift dieses komplexe Thema auf eine anspruchsvolle Art auf, die sowohl tänzerisch, als auch psychisch und bezüglich der verbalen Verarbeitung einiges fordert. Eine solche Arbeit ist meiner Ansicht nach aber mit Kindern durchaus möglich, wenn sie ein bestimmtes Alter und einige Vorerfahrungen mit dieser Art Arbeit haben.
Von der Körperarbeit her wird in dieser Stunde ein guter Bodenkontakt als Vorraussetzung für das Loslassen-Können oben aufgebaut, der sich körpersymbolisch auf die psychologisch/philosophische Ebene überträgt: Die Möglichkeit der Unabhängigkeit, der Gebrauch von Freiheit, setzt eine persönliche Sicherheit im Handling der Erdkraft, der Verwurzelung voraus. Das Durchhalten des schwierigen und kraftvollen Rhythmusses unten heißt demnach körpersymbolisch, die Abhängigkeiten des wirklichen Lebens zu bejahen, aber eine (körperlich in der leichten Armbewegung symbolisierte) innere Unabhängigkeit zu bewahren, die die Möglichkeit einer Entscheidung in Freiheit auch gegen Erwartungen und Sachzwänge immer offen hält.
Die nächste Übung ruft dann den oberen Raum in die Aufmerksamkeit. Er hat körpersymbolisch mit der Freiheit zu tun. Im Unterschied zu Tieren, die in ihrer Art festgelegt sind und auch auf ihren vier Beinen laufen, läßt sich auch schon das kleine Kind von zwei Beinen tragen und hat so die Vorderbeine/Arme frei mit der Wahlmöglichkeit zur Manipulation der Umgebung.
Da der Tanzschritt mit dem Rhythmus komplex ist, schlage ich vor, ihn in einem verteilten Üben dreier Stunden 9 A 0 I-III vor der Stunde 9 A 1 zu lernen. Dabei sollen jeweils eine Geschichte über Freiheit vorgelesen und der Schritt-Rhythmus geübt werden.

PRAXIS Stunden 9 A 0 I-III für Kinder ab 9 Jahren:

1) Die Kinder gehen im Raum und betonen durch festeres Auftreten immer die eins aus einem Takt, den der Lehrer/Künstler zwischen 2er und 7er variiert. Allmählich entsteht ein Rhythmus: 123 123 12, den die Kinder mehr und mehr durch Wiederholung automatisieren.

ad 1 Da dieser Schritt schwierig ist, kann man ihn nicht durch massierte Übung erzwingen, sondern sollte ihn im verteilten Üben zweier oder dreier Stunden sanft erlernbar machen. (15-20 Min)

2) Teile des Buches „Die Möwe Jonathan" werden vorgelesen.

ad 2 Dieses Buch handelt als modernes Märchen für Kinder und Erwachsene von der Freiheit und bereitet so ideal in literarischer Form das Thema der Körpersymbolik vor. (20-25 Min)

PRAXIS Stunden 9 A 1 für Kinder ab 9 Jahren:

1) Die Kinder gehen im Raum und betonen durch festeres Auftreten immer die eins aus einem Takt, den der Lehrer/Künstler zwischen 2er und 7er variiert. Allmählich entsteht ein Rhythmus: 123 123 12, den die Kinder mehr und mehr durch Wiederholung automatisieren. Die Kinder üben dann eine Armschwingung wie beim Fliegen, die -bei festem Bodenkontakt- in ihrer Qualität frei und gelöst ist. Der Lehrer/Künstler kann das Bild „Fliegen wie ein Vogel" hineingeben. Die Kinder üben schließlich, zu dem 123 123 12, was den Bodenkontakt und seine Kraft in eine Form bringt, leicht und allmählich die Arme wie Flügel zu schwingen und so zusammen die Energie des Stampfens im Rhythmus unten und davon unabhängig die allmähliche leichte Schwingung oben zu verwirklichen.

(Konga)

Wenn alle einigermaßen im Rhythmus sind, wird ein Stück -mit 123 123 12 Rhythmus im Hintergrund- von Jimmy Cliff: (Suffering in the land)
eingespielt.

ad 1 Übung 1 ist für die Kinder schwierig zu lernen und sollte nur mit Klassen geübt werden, die tänzerisch und rhythmisch gut drauf sind. Die Übung hat dann aber große körpersymbolische Bedeutung: Sie symbolisiert die Beherrschung der kreatürlichen Kraft der Erde (von Unten, das Animalische) und setzt die freie leichte Kraft der Luft (Oben, das Geistige) mit ihr in Beziehung. Das steht für eine nicht-beliebige, mit der Urenergie verbundene Gestaltung der Freiheit. Diese Energie-Kombination kommt in ziemlich unterschiedlichen Formen in mehreren ethnischen Tanzformen (wie Flamenco) und auch klassischen und modernen Tanzstilen vor. (25 Min)

2) Fremdentspannung mit dem Schwerpunkt: Arme, Schultern, Schlüsselbeine, Schulterblätter, oberer Raum, Assoziation Unabhängigkeit, Freiheit: „Fühlst du dich in deinem Alltagsleben frei und hast das Gefühl, du kannst das, was wichtig ist für dich auch machen, oder hast du keine Chance, das zu tun, was du wirklich möchtest, etc."

ad 2 Wenn die Kinder nach dem heftigen Tanzen erhitzt sind, hat die Fremdentspannung eine besonders starke Wirkung. Die Kinder sind in einer Trance und die körpersymbolische Nachwirkung der Tanzkombination „Rhythmus und Kraft unten, Leichtigkeit und Fluß oben" ergibt häufig eine emotionale Prädisposition von Kompetenz, ich kann es schaffen, Verwurzelung und Freiheit in meinem Leben zu realisieren. Das innere Thema Freiheit wird dann noch einmal durch die Ansprache des oberen Raumes, der Luftassoziation betont, so daß die verbale Ansprache des Themas auf dafür sensibilisierte Gemüter stößt.

(12 Min)

3) Gruppengespräch über den Inhalt der Assoziationsübung

ad 3) Es ist wichtig, Worte für die Gefühle, Wünsche, Ahnungen und Ängste zu finden, so daß sie für die Kinder der bewußten Auseinandersetzung zugänglicher sind. Sie können auch von den anderen lernen und Dinge erfahren, die vielleicht überraschenderweise bei anderen gleich sind oder aber ganz anders gelöst werden.

Die Keule wird an das nächste Kind, das etwas sagen will, weitergegeben

Stunde	9 A Teil II für alle Kinder
Thema:	Unabhängigkeit/Fliegen
Medium:	Empfindungsschulung/Körpersymbolik, Katathymes Bilderleben

ELEMENTE: Körperfühlübung, Empfindungsschulung, Bewegungstherapie, Bewegung und Atem
Dieser Körperbereich, der über die Lungen auch noch mit Luft, dem Element der Unabhängigkeit, zu tun hat, wird hier über Bewegungstherapie gelöst, was ein Gefühl von Freiheit bewirken kann. Die Atemübungen schaffen die Verbindung nach innen, zu etwas im Menschen, das die Freiheit gestaltet, ihr den Sinn gibt und sie von der Beliebigkeit unterscheidet. Neben der Verwurzelung und der Einbindung in das Leben ist für die Kinder das Entscheidende an der Freiheit ein Bezug nach innen, zur Seele, die sich in dem Atem mitteilt. Hier fühlen die Kinder die eigentliche Quelle der Gestaltung. Fehlt dieser Kontakt, erweist sich unter dem Strich die Freiheit als das Ausprobieren von Belanglosigkeiten und Spielen mit Äußerlichem.

PRAXIS und ERLÄUTERUNG:
1) Zuerst schiebt in einer Partnerübung ein Kind mit (nach Absprache) ziemlich kräftigem Druck langsam den Ellenbogen oder den Handbogen zwischen Daumen und Zeigefinger auf der Beinrückseite des anderen Kindes nach oben.
ad 1 Vor der Lösungsübung für den oberen Raum und die Schultern in der nächsten Übung wird ein starker Bodenkontakt hergestellt. Das erleichtert für die Kinder das Loslassen. Diese Übung stellt eine einfache, kurze, effektive Lösung für UNTEN dar. (10-12 Min)
2) Die Kinder führen vorbereitend eine kurze Massage der Schulter- und oberen Rückenmuskeln durch, sowie nach leichtem Trommeln auf Brust- und Schlüsselbeinen ein kräftiges Herausziehen der zwischen beiden Händen gehaltenen Schultern zur Seite. Dann zieht das behandelnde Kind das liegende Kind am Arm so herum, daß es vom Rücken am -quer über den Körper gezogenen- Arm auf den Bauch gerollt wird. Zurück wird es vom Bauch am Arm entsprechend auf den Rücken gezogen. Dabei muß der Arm zur Seite nach Unten, also in Beckenrichtung, nicht nach oben, gezogen werden. Nach einer kurzen Strecke wird immer in der jeweiligen Position innegehalten und balanciert, so daß das behandelte Kind loslassen kann. Das bezieht sich vor allem auf das (unwillkürliche) Mitnehmen der Hüfte. Besonders wichtig ist es, am „Kippunkt", also kurz vor dem Herüberrollen aus dem eigenen Gewicht nur durch die Schwerkraft, zu warten und leicht zu balancieren.

ad 2 Analog zur Aussage über die Verspannung des Bein-/Beckenbereichs aus der vorigen Einheit mit dem Thema Lösung des unteren Raumes gilt auch hier das Wort, daß schon Kinder ziemlich verspannt sein können. Insofern machen diese Übungen, die den Bereich der oberen Extremitäten sehr weitgehend lösen, entschieden Sinn. Die Lösung geht oft mit einem freieren Gefühl einher. Für die Durchführung der Übung ist allerdings eine erfahrene Übungsleitung erforderlich. Gerade bei Kindern unter 9 Jahren muß die Ausführung genau überwacht werden. Körpersymbolisch interessant ist vor allem der Aspekt des Loslassens im Kippen: Beim Herumziehen entsteht eine spiralige Querverwindung des Körpers, die zuzulassen schwierig ist. Im Bereich des „Kippunktes" entsteht oft ein Bedürfnis nachzuhelfen. Wie die freie Entscheidung erst einmal das Zulassen des natürlichen Prozesses ohne Angst und Manipulation zur Voraussetzung hat, kann man auch hier gut eben dasselbe Zulassen des natürlichen Prozesses üben. Selbst wenn es den Kindern nicht bewußt wird, hat ein solcher Lernprozeß (vielleicht gerade weil körperlich und unwillkürlich/unbewußt) eine weitgehende psychische Initialwirkung.

(20-25 Min)

3) Es werden leichte Bewegungen von Oberkörper und Armen im Rhythmus von Ein- und Ausatmen durchgeführt.

ad 3 Nach der Lösung der Schultern und des Oberkörpers kann mit der Gleichzeitigkeit von Bewegung und Atem ein Gefühl der Harmonie von Atem und Bewegung, von Körper und Seele entstehen. Dabei sollen die Kinder aber gar nicht auf den Atem achten. Die Kunst besteht vielmehr darin, den Atem wahrzunehmen ohne ihn zu sehr zu stören. Wegen der Bedeutung des Atems als Schnittstelle zwischen Willkürlichem und Unwillkürlichen verstärkt diese Übung wieder das Thema Zu- und Loslassen.

ad ALLGEMEIN

Die nächsten beiden Unterrichtseinheiten sollten immer nur nach den Einheiten „Verwurzelung – Bodenkontakt" durchgeführt werden. Von der körperlichen Lösung her setzt ein Loslassen OBEN eine Grundlage UNTEN voraus.

Stunde:	9 B
Thema:	Verwurzelung/Bodenkontakt-Unabhängigkeit/Freiheit
Medium:	Ausdruckstanz, Körpersymbolik/Katathymes Bilderleben

ELEMENTE: Ausdruckstanz, Verkörperung von Gefühlen, Lösungsarbeit, Bewegungsbildung, Körpersymbolik, Bewegungsritual, Tanzimprovisation
EINFÜHRUNG: Nach der Lösungsarbeit für den oberen Raum wird die Spannung zwischen Verwurzelung/Bodenkontakt und Unabhängigkeit/Freiheit auf der lebensgeschichtlichen Ebene der Kinder aufgegriffen und vom Ansatz her nach einer Zuspitzung gelöst und integriert. Dabei kommen wir der Grenze zu therapeutischen Settings nahe. Wenn der Künstler/Lehrer zu dem Thema, der Klasse und dieser Art von Arbeit einen guten Draht und Erfahrung hat, kann diese Stunde sehr hilfreich für die Kinder und die Klasse sein. Hat der Künstler/Lehrer Defizite im Umgang mit starken Emotionen und/oder keinen Kontakt zu dem Thema, sollte er die Finger davon lassen.
Die ersten beiden Übungen beschäftigen sich mit einem psychologischen Hemmnis bei der Akzeptanz der Lebensbedingungen und der Arbeit daran, die eigene Beschränkung im Leben zur eigenen Verwurzelung zu zählen, um sie überwinden zu können. Es geht um negative Ereignisse der Vergangenheit und Gegenwart in Schule und Elternhaus. Diese Erlebnisse sollen erst tanzend erinnert, dann durch Ausdruck verstärkt und ergänzt, schließlich mit einer Haltung identifiziert und endlich in einer symbolischen Befreiung ihres negativen Bannes beraubt werden. Am Ende wird nach einer sanften Integration durch Atem und Bewegung in ihrer Harmonie ein rituell archetypisches Element benutzt. Die Kinder sind bei einer stilisierten Flugbewegung aus dem Atem heraus fest an ihrem Platz und verbinden so körpersymbolisch den Realismus der Festigkeit des Stehens in der Reihe mit den anderen Kindern mit dem freien, gelösten Fluidum der Flugbewegung der Vögel.

PRAXIS und ERLÄUTERUNG:
1) Die Kinder üben das Springen mit Unterstützung kurz an. Sie lernen, daß das springende Kind drei kleine Sprünge macht, bevor es beim vierten -so fest es geht- abspringt und daß beide Kinder gemeinsam zählen. Für das optimale Heben muß das unterstützende Kind das Timing üben, so daß es genau im Scheitelpunkt der Sprungkurve, also bevor das springende Kind zu fallen beginnt, kraftvoll hebt.
ad 0 Durch das Vorüben kann die Folge der Einbildung, Ausbildung, Katharsis und Lösung der Belastung ohne weitere Störung durch Erklärungen durchgeführt werden. *(5 Min)*

2) Die Kinder tanzen frei und sollen sich Situationen ihres Lebens vorstellen, die sie bedrücken und behindern in der Schule, im Elternhaus und mit anderen Kindern und das mehr und mehr in die Bewegung einfließen lassen. Wenn die Kinder sich auf den Ausdruck ihrer Gefühle einlassen und das, was ihnen einfällt, mehr und mehr ausdrücken und dabei sehen, wie sich mit dem Ausdruck ihr Gefühl verändert, kann ein Wechselspiel der Steigerung zwischen Gefühlsintensität und dem Ausdruck entstehen. Manchmal verstärkt sich dieses Gefühl immer mehr und das Kind steigert sich in das Gefühl so rein, daß der Künstler ein Loslassen einleiten muß, fast immer löst es sich selbständig durch das Tanzen. Wenn der Künstler sieht, daß die Kinder im Thema drin sind, sagt er an, daß die Kinder mit den gleichen Vorstellungen und Gefühlen gebeugt in ca. 90 Grad Vorhalte des Oberkörpers tanzen und dabei die Arme auf dem Rücken verschränkt halten sollen. In der letzten Phase sollen die Kinder damit experimentieren, sich aus der Form und dem Gefühl zu lösen, sich frei zu tanzen und sich allgemein zu befreien.

(Trauermusik der Zulus)

3) Die Kinder tun sich zu Paaren zusammen, eines springt, und das andere Kind unterstützt das Springende durch Heben am Höhepunkt des Sprunges mit beiden Händen in der Lenden/Kreuzbeingegend. Dabei schlagen Arme und abwechselnd auch je ein Bein des springenden Kindes nach Vorne und zu den Seiten, so daß das springende Kind sich noch einmal symbolisch befreit.

(Euphorisches Rockstück)

ad 2+3 Mit diesen Übungen können sich die Kinder von den negativen Aspekten ihrer Verwurzelung, dem Leid und allem, was schief gelaufen ist, symbolisch befreien. Die Phasen folgen der Entwicklung:

-Finden des Gefühls und Ausdruck durch Tanz

-Bewußtmachung, Identifikation und Verstärkung durch die 90 Grad-Haltung

-Befreiung und Auflösung durch eigene Bewegungen

-schließlich symbolisch-rituelle Lösung durch das Springen mit Unterstützung, was für beide Beteiligten sehr anstrengend ist. Wenn die Kinder in die Anstrengung hineingehen, entsteht ein Gefühl von Schwerelosigkeit, in dem kurzzeitig alle Extremitäten gleichzeitig bewegt werden können. Dabei kann das Kind durch seine eigene Kraft die Spannung aus dem Tanz der Unterdrückung lösen, was oft als lustvoll und als Triumph der eigenen Energie erlebt wird.

(15+10 Min)

4) Es werden wie in 9 A II leichte Bewegungen von Oberkörper und Armen im Rhythmus von Ein- und Ausatmen durchgeführt. (Zen Musik)

ad 3 Nach der Befreiung von den unterdrückenden Situationen dient diese Übung mit ihrer ruhigen Gleichzeitigkeit und dem Gefühl von Harmonie der Bewegung und des Atems sowohl als „Cool down", als auch der Meditation des Zustandes der Leichtigkeit und Absichtslosigkeit. (7-8 Min)

5) Die Kinder stehen in einer Reihe hintereinander. Die Hände liegen auf den Lenden des vorstehenden Kindes. Alle spüren so den Atem der anderen Kinder und den eigenen Atem. Nach einiger Zeit gehen alle etwas auseinander und lassen langsam und allmählich eine Armbewegung wie beim Fliegen der Vögel entstehen. Später werden die Augen geöffnet, und es entsteht eine Tanzimprovisation aus diesem Thema heraus. (Condona)

ad 5 Nach dem Kampf der ersten Übungen, der Ruhe der Atemharmonie und den körpersymbolischen Aspekten kommt auf einer rituellen Ebene archetypischer Symbolik jetzt das Symbol des Fliegens und des Vogels dazu. Die Kinder können im Einklang mit dem Gefühl der Freiheit und Ungebundenheit in einer klassischen Form die Gestaltung des Fliegens aus dem Atem heraus tanzen.

(7-8 Min)

Stunde:	9 C
Thema:	Kontinuität des Lebens, Freiheitsmöglichkeiten, Fliegen
Medium:	Massage, Körpersymbolik/Katathymes Bilderleben

ELEMENTE: Rückenmassage, Körpersymbolik der Raumrichtungen im Gehen, Fremdentspannung der Arme, Katathymes Bilderleben
EINFÜHRUNG: Wie in den vorangegangenen Übungen arbeiten wir zuerst an der Lösung von Körperenergien, die eine gute Anbindung an die Erde und die damit einhergehende psychische Sicherheit blockieren.
Die zweite Übung setzt das Kind als Zentrum der sechs Richtungen „1 unten", „2 hinten", „3 links" und „3 rechts", „4 vorne" und „5 oben" in den körpersymbolischen Bezug von 1: Sicherheit/Beharrungskraft
2: Vergangenheit/Familie, 3 Freundschaft/Spielkameraden, 4 Zukunft/Wachsen, Ideen/Lebensmöglichkeiten und 5 Spiritualität.
Diese werden ziemlich ausführlich beschrieben, und den Kindern wird der Augenblick als Schnittstelle dieser Linien und Ort zwischen Vergangenheit und Zukunft klar, in dem sie immer auch in jedem Augenblick die Möglichkeit haben, sich frei zu entscheiden und ihre Ideen zu verwirklichen. Wie alle Menschen sind Kinder trotz ihrer besonderen Abhängigkeit prinzipiell in jedem Augenblick frei, die Möglichkeiten ihrer Freiheit aber entstehen aus dem Erkennen der Einschränkungen der Gegenwart und der Festlegungen aus dem Vergangenen zusammen mit diesem Wissen, daß das Kind trotz dieser Beschränkungen für die Zukunft frei ist und immer neue Entscheidungen treffen kann.
Das Bild des Fliegens schließlich ist stärkster Ausdruck des Gefühls von Unabhängigkeit/Freiheit. Für das Gelingen eines guten Erlebnisses der Freiheit im Fliegen und dem körperlichen Schwebe - Feeling ist die Erdung aus den Übungen zuvor wichtig. Wenn das Bild in seiner Fülle und Intensität erlebt wird, kann es für die Kinder so etwas wie ein Ankerpunkt ihres Wunsches nach Freiheit sein.

PRAXIS und ERLÄUTERUNG
1) Ein Kind sitzt im Langsitz und bekommt vom hinter ihm liegenden Kind eine Fuß-Rücken-Massage, bei der sein Rücken von den Füßen des liegenden Kindes massiert wird. Danach wird -während ein Kind auf dem Rücken liegt- ein Papprohr (etwa in der Dicke einer Tapetenrolle) sehr langsam von unterhalb des Gesäßes bis zu den Fersen und zu den Zehen gezogen.
ad 1 Beide Massage- Bewegungstherapie-Übungen lösen und stellen einen starken und guten Bodenkontakt her. Die Philosophie der Freiheit ist, unabhängiger von den Behinderungen, Traumata und Festlegungen zu werden, indem man sie akzeptiert. Meist wird umgekehrt vorgegangen und versucht, das Gefühl der Bedrängung aufzulösen, indem die eigene Geschichte und die Probleme und Beschränkungen der Gegenwart verdrängt werden. Kinder wie Menschen allgemein lenken sich so gerne ab und flüchten sich in eine vorwiegend mediale Scheinwelt.

Alle Lebenslügen dieser Art erweitern aber nur scheinbar den persönlichen Handlungsspielraum, schwächen hingegen die Verwurzelung und die vitale Energie. Der Übungskanon dieser Stunden betont nun eine Stärkung des Bodenkontaktes. Immer wieder wird der untere Raum bewußt angesprochen und gelöst und dann auch in Übungen wie der nächsten so in den allgemeinen Rahmen der persönlichen Geschichte gestellt, daß das Kind versteht: „Das ist das Leben, das ist deine Geschichte. Sie hat dich beeinflußt und geprägt, aber jetzt bist du frei, obwohl du in die Schule gehen mußt und deine Eltern Entscheidungsgewalt über dich haben. Schritt für Schritt wächst du, wirst größer und bekommst mehr und mehr Entscheidungsgewalt über dein Leben. Ob du sie gut nutzen kannst, hängt stark davon ab, die Verantwortung für dein Leben und deine Idee von Freiheit immer schon zu spüren und zu träumen." *(2 X 10 Min)*

2) Die Kinder gehen im Raum umher und der Lehrer/Künstler spricht in das Gehen hinein: Dabei wird die Aufmerksamkeit zuerst auf den „Raum hinter dir" gelenkt: „Fühl deinen Rücken, an dem die Luft in kleinen Wirbeln nach jedem Schritt zusammenfließt, wie das Wasser hinter einem Schiff. Mit jedem Schritt fließt auch die Zeit hinter dir zusammen und schafft Vergangenheit. Denk daran, was dich einschränkt, daran hindert, das zu tun, was du gerne willst und so zu sein, wie du sein könntest, aber auch daran, was dir geholfen hat, so zu werden, wie du bist. Denk an deine Eltern und daran, wie du klein warst als Kleinkind und Baby. ...Stell dir dann vor, wie deine Eltern klein waren und von deinen Großeltern erzogen wurden und wie sie das geworden sind, was sie für dich sind; das alles ist hinter dir, in der Vergangenheit und in deinem Rücken und hat dazu beigetragen, daß du so bist, wie du bist. (Laury Anderson, United States live)

-Spür jetzt deine Seiten, am Gesicht, den Ohren, den Außenseiten der Arme und Beine... Denk an die Kinder neben dir, deine Freundinnen und Freunde, an alle Kinder in dieser Stadt und an alle Kinder, die in diesem Augenblick auf der Welt leben, aber auch an alle die Augenblicke, die gleichzeitig auf der Welt geschehen, in Gegenden, wo es jetzt Morgen ist oder Abend oder Nacht.

(Laury Anderson, United States live)

-Fühl jetzt den Boden unter dir und wie deine Füße abrollen. Denk daran, wie ungeheuer riesig groß die Erde ist und wie klein du und alle andern Kinder und auch die größten Erwachsenen und selbst Elefanten auf der riesigen Erde sind. Die Erde kann dich und alle anderen sicher tragen. Denk auch daran, daß auf der Erde alles wächst, was du essen und trinken kannst und an die Lebensprozesse, die nötig sind, damit du lebst und diesen Augenblick erleben kannst; ohne daß du je daran denkst, wie die Erde uns alle trägt und ernährt. (Laury Anderson, United States live)

-Denke an den Raum über dir, den Himmel, der unendlich hoch ist und an die die Leichtigkeit der Luft. Über deinem Kopf ist unendlich viel Luft. Die Luft ist leicht, so leicht, daß du sie gar nicht fühlst. Es ist die federleichte Welt der Geschichten, der Ideen und Traumgestalten, wo alles denkbar ist und alles auch anders sein könnte und daß von weit oben alles leicht und wie Spielzeug aussieht und die Vögel aber auch Menschen in Flugzeugen durch die Lüfte fliegen und in ganz andere Länder reisen, und denke an die Zukunft, an jeden Schritt, den du jetzt tust und den du genau so, aber auch anders machen könntest, so daß du dich immer neu für etwas entscheidest. Mit jedem Schritt durchteilst du die Luft vor dir, die hinter dir wieder zusammenfließt. Du gehst mit jedem Augenblick von der Vergangenheit durch die Gegenwart in die Zukunft und denke immer daran, auch später, wenn du groß bist. Du kannst immer in eine andere neue Richtung gehen und alle die Möglichkeiten verwirklichen, die auf deinem Lebensweg liegen, du bist frei."

(Laury Anderson, United States live)

ad 2 Wahrscheinlich denken einige Leser, daß diese Themen und ihre philosophische Ausrichtung für Kinder nicht verständlich und unsinnig wären. Meiner Erfahrung nach ist dem aber nicht so. Da sich für Kinder viel mehr im Leben ständig ändert, stellen sie sich derartige Fragen eigentlich permanent und können Erwachsene mit verblüffend direkten Fragen nach dem Sinn sogar völlig aus dem Konzept bringen. Kinder erleben und erfahren die Welt stark körperorientiert und ziehen lineare und logische Schlüsse, die sie auf das Funktionieren der Welt übertragen. Sie nehmen von Erwachsenen oft allgemein daher gesagte Regeln und Einstellungen oft wörtlich oder gar physisch direkt und bringen andererseits körperlich Erlebtes oft auf poetische oder Phantasieebenen. Insofern taugen diese Themen nicht nur für Kinder, meiner Ansicht nach ist es geradezu ein ausgesprochener Mangel unserer Gesellschaft, daß Kinder mit der Verarbeitung der dramatischen und widersprüchlichen Erfahrungen der Realität alleingelassen werden. Dabei gebe ich durchaus zu, daß Kinder schlechte Philosophie, also die Durchschnittspädagogik oder gar wohlmeinende Appelle und Ansichten über das Leben mit dem erhobenen Zeigefinger der offensichtlichen besserwisserischen Absicht erwachsener Weltdeutung im Sinne des pragmatischen Status Quo meist nicht akzeptieren und mit Rüpeleien, Albernheit oder meist einfach durch Abwesenheit im physischen oder geistigen Sinne sabotieren. Das gilt aber nicht für eine körperlich interessante Erfahrung mit Denk- und Deutungsanregungen, die von Ihrer Situation und ihrem Wachstumspotential ausgehen. Da diese Themen hier über körperliche Erfahrung multimedial eingeführt werden, sind sie dem Denken und Fühlen der Kinder durchaus zugänglich, und selbst wenn sich viele Gedankengänge nicht völlig für das kindlichen Denken nachvollziehen lassen, stelle ich mich auf den Standpunkt, von dem aus die Anthroposophie Opernbesuche mit geistig Behinderten unternimmt: Das Leben ist eine komplexe Gestalt, deren Vielfalt unergründlich bleibt. Unsere Aufgabe besteht darin, durch unsere punktuellen Erfahrungen mit dem Leben Teile dieser Gestalten zu spüren, ihre Ganzheit zu erahnen, darüber zu spekulieren und sie möglichst gut zu verstehen.

Daher glaube ich nicht an die Pädagogik der kleinen niedliche kindgerechten Happen, die nach 5 Minuten zu einem Lernerfolg führen, sondern an die Wucht des großen Ganzen, das aber einen möglichst polyästhetischen Anknüpfungspunkt im Leben der Kinder haben muß.

Die Empfindungsschulung für die Raumrichtungen des Menschen wird hier mit den Themata Verwurzelung/Bodenkontakt und Unabhängigkeit/Freiheit auf einen gemeinsamen Punkt gebracht und so körpersymbolisch in Dimensionen von Zeit, Körperrichtungen und Raum verknüpft. Dabei steht im Hintergrund die Annahme, daß Verwurzelung/Bodenkontakt und Unabhängigkeit/Freiheit keine kontradiktorischen Gegensätze darstellen, sondern als Polaritäten in einem Spannungsbogen zusammenwirken. Verwurzelung/Bodenkontakt ist dabei als psychologisch aktiver und bewußter körperlich/seelischer Prozeß gedacht, der Unabhängigkeit/Freiheit erst ermöglicht.

3) Die Kinder legen sich auf den Boden und der Lehrer/Künstler spricht eine Fremdentspannung mit den Schwerpunkten der Empfindungsschulung für die Arme, den oberen Raum und den Atem, dann kürzer das ganze Körperschema bis zu den Füßen, und dem Bild: “Du stehst auf einem Berg. Guck Dir den Boden an, auf dem Du stehst, betrachte Deine Füße und fühl, wie sicher und fest Du stehst. Sieh, wie der Boden abfällt zum Tal vor Dir. Wie sieht das Tal aus, wie die andere Landschaft, die Berggipfel...? Du hast Flügel, fühl, wie sie aus den Schultern wachsen und wie der leichte Wind von vorn unter die Flügel greift und Dich leichtmacht..., Du brauchst bloß den Abhang nach vorne herunter zu laufen und schwebst sicher in der Luft." Dabei wird schon langsam die Musik von Pink Floyd (Meddle) eingeblendet. „Laß dich treiben, wohin dich der Wind trägt, oder steuere dorthin, wohin es dich zieht..."[36]

Nach etwa 7-8 Minuten werden die Kinder gebeten, sich einen Landeplatz zu suchen und schließlich da, wo es ihnen gefällt, zu landen.

ad 3 Nachdem das Bild des Fliegens schon Ende der letzten Stunde als rituell-körpersymbolische Möglichkeit eingeführt wurde, bildet es hier den Gesamtabschluß des Themas Unabhängigkeit/Freiheit. Fast alle Kinder verbinden Fliegen (wie in dem traditionellen Menschheitstraum) mit Freiheit. Trotz moderner Technik greift die archetypische Symbolik. So kann sich auch in diesem Bild ein Traum, eine Sehnsucht der Kinder nach echter Freiheit und Ungebundenheit erfüllen. Ihre unbewußte Gestaltung kann den alten Wunsch der Menschen erfüllen, sich körperlich leicht wie ein Vogel und nicht eingesperrt in das technische Medium Flugzeug über die Grenzen de r Erdgebundenheit zu erheben, und wie anfangs geschrieben kann dieses Bild ein Ankerpunkt auch in schwierigen Situationen sein, die eigenen Träume und Wünsche als Antriebskraft in sich zu spüren.

---

[36] Siehe ausführlich in Dr. Detlef Kappert, ARCHETYPEN, INNERE BILDER UND KÖRPERSYMBOLIK, S 30 ff, Verlag für Ästhetische Bildung, Essen 1997

Stunde:	10 A
Thema:	Polyrhythmik/Identität
Medium:	Körpersymbolik, Tanzimprovisationstechnik

EINFÜHRUNG: Das Prinzip rhythmischer Organisation der Bewegung stellt eines der psychophysiologisch zentralen Steuerungselemente beim Menschen dar.
Da meiner Ansicht nach die Ausprägung von Rhythmusgefühl nicht nur persönlich bedeutsam ist, sondern auch sozial und gesellschaftlich ungemein folgenreich, kommt seinem Training bei Kindern eine besonders wichtige Rolle zu. Um den Hintergrund dieser Rolle des Rhythmusgefühls zu erklären, möchte ich mit einem kurzen Ausflug in die Sportethnologie und -soziologie beginnen.
Sportinteressierte können feststellen, daß die Entwicklung der Sportwelt sich in wenige erstaunliche Phasen gliedern läßt: Zuerst entwickelten die (im Durchschnitt rhythmisch offensichtlich weniger orientierten) Mittel-, West und Nordeuropäer Sport als Teil der demokratischen Industriegesellschaft. Bald entstanden überregionale Wettkämpfe zwischen Ländern, Olympiaden, Europa- und Weltmeisterschaften. Für die Öffentlichkeit besonders interessant waren dabei die schon im antiken Griechenland in den Grundzügen entwickelte Leichtathletik, sowie die bezeichnenderweise vom Industriemutterland England erfundenen Fußball und Boxen, später zunehmend Tennis. Südländische Exoten (mit ausgeprägtem Rhythmus- und Bewegungstalent) traten dabei nur in Nebenrollen auf, und die Vertreter der Industrienationen kämpften untereinander um den Sieg. Schon zu diesem frühen Zeitpunkt wurde über Talent und Bewegungsgefühl dieser südlichen Athleten geschrieben. Man hielt aber Disziplin, Taktik und Trainingsmethoden der nordwestlichen Industrievölker im Verhältnis zum Bewegungsgefühl und der Kreativität der Südländer für so überlegen (und vor allem für eine kulturelle Eigenart von quasigenetischer Zugehörigkeit), wie Athleten der Industrienationen unangefochten über belächelte Exoten triumphierten. Inzwischen haben sich jedoch in der Globalisierung Trainingslehre und Taktik in jedes Land verbreitet, so daß die staunende mittel-west-nordeuropäisch und nordamerikanische Zuschauerschaft realisiert, daß bei gleichem oder annähernd gleichem Training Schnelligkeit im Sprint, sowie Intuition und eine eher künstlerische Auffassung des Spiels und das Ballgefühl rhythmisch orientierter aus südlichen oder tropischen Ländern stammender Sportler dem ihrer nördlichen Konkurrenten überlegen ist und -was mindestens genauso schwerwiegend ist- daß Taktik, Disziplin und Trainingslehre keine ethno- immanent verankerten, sondern erwerbbare Eigenarten sind. Die südlichen (rhythmus- und bewegungsbegabten) Teams beherrschen sie inzwischen mindestens ebensogut, wie die nordwestlichen Konkurrenten, was in Verbindung mit der größeren durchschnittlichen Bewegungsbegabung der Südländer zu einer erheblichen Überlegenheit geführt hat. Wir können das leicht an der Zusammensetzung der Teams feststellen, in denen schwarze und/oder lateinamerikanische Sportler auch in den wichtigen Teams in Europa die entscheidenden Positionen besetzen oder die Mehrheit der Spieler stellen,

obwohl sie als Einwanderer in den jeweiligen Gesellschaften nur geringe Anteile der Bevölkerung stellen (Beispiel niederländische oder französische Fußball- und Leichtathletikauswahl). Die oft gehörte Behauptung: „Für die ist das der einzige Weg, nach oben zu kommen!" ist natürlich haarsträubender Unsinn. In China gibt es zum Beispiel noch viel mehr arme Menschen, die auch sehr gerne reich und in Westeuropa wären. Trotzdem stellen sie in den Profi-Teams einen verschwindend geringen Anteil.

Diese Schilderung ist natürlich enorm verkürzt und ich weise der Ehrlichkeit halber darauf hin, daß über diese (trotz scharfer Beobachtung des Phänomens) spekulative These hinaus der Diskurs der persönlichen und gesellschaftlichen Bedeutung des Rhythmusgefühls Gegenstand vieler großer interdisziplinärer Studien sein müßte, sollte er auch nur mit einigermaßen hinreichendem Untersuchungsmaterial geführt werden.

Trotzdem erlaube ich mir den Hinweis, daß wir in der unterschiedlichen Ausprägung von Rhythmus-, Körper- und Bewegungsorientierung wahrscheinlich eine der großen Bruchstellen zeitgenössischer menschlicher Gesellschaften vor uns sehen. Dabei möchte ich nicht in das schwierige, zwar offensichtliche aber Unheil verkündende Feld ethnogenetischer Unterschiede hineinspekulieren. Vielmehr liegt der Fokus meines Forschungs- und Erkenntnisinteresses auf dem Gebiet kulturell beschreibbarer Unterschiede im Rhythmusgefühl, die für das Alltagsleben bedeutsam, tendenziell aber beeinflußbar und veränderbar sind. Fundamentale kulturelle Phänomene wie Rhythmusgefühl sind wohl auch sicherlich nicht zufällig sehr unterschiedlich geographisch und zwischen ethnischen Gruppen verteilt. Sie sind somit wahrscheinlich stark ethnogenetisch beeinflußt. Sie sind aber in einem gewissen -bisher nicht ausgeloteten- Rahmen trainierbar und veränderbar und somit für jede ästhetische Bildung in ethnisch heterogenen Populationen von eminenter Bedeutung.

A Menschen aus <u>diversen</u> südlichen Ländern <u>unterschiedlicher</u> ethnischer und kultureller Herkunft sind tatsächlich schneller, intuitiv sicherer und mit gutem Bewegungs- und Ballgefühl ausgestattet.

B Die Entwicklung von rationalen Ordnungssystemen, die demokratische Gewaltenteilung und Diskussion, Industrie, moderne Wissenschaft und Technik ermöglichten, wurden alle in nordwestlichen nicht rhythmischen Zivilisationen vorangetrieben.

Scheinbar erfordert die arbeitsteilige und durch Norminternalisierung sich selbst kontrollierende Industriegesellschaft eine Trennung des Menschen von seinem inneren Rhythmus und seinen kreatürlichen Impulsen, eine Distanzierung von seiner Natürlichkeit. Umgekehrt kann ein Mensch mit dieser Distanzierung von seiner Natürlichkeit und seiner Körperlichkeit nicht mehr in dem Maße auf ein Gefügig - Sein des Körpers setzen. Dieser wird ihn nicht so unterstützen, wie einen naturhaften Menschen. Auch im Jahre 2012 funktioniert die Trennung perfekt. Unrhythmische Industriegesellschaften produzieren mit gewaltigen bürokratischen Ordnungssystemen und industrieller Effizienz sowohl eine latente Depression und Vergreisung ihrer Bevölkerung, als auch Güter und Dienstleistungen in ungeheurem

Überfluß. Rhythmisch orientierte Entwicklungs- und Schwellenländer produzieren mit ungerechten aber vital-quirligen Gesellschaften Geburtenüberschüsse und mangelhafte materielle und soziale Leistungen.
Wenn auch nur etwas an meiner These stimmt, daß Rhythmusgefühl zentral ist als psychophysische Schaltstelle und seine Ausprägung sich wesentlich zwischen Industrie- und Entwicklungsländern unterscheidet, stellt die Beschäftigung mit Rhythmik eine dankbare Tätigkeit und wertvolle Investition bei der Integration von Kindern aus verschiedenen ethnischen Gruppen dar.
Für die Arbeit in Schulen bedeutet rhythmisches Training außerdem einen gemeinsamen Schwerpunkt der Fächer Tanz und Musik.
Zuerst aber möchte ich darstellen, warum Rhythmus persönlich und körperlich so wichtig ist.
Es gilt in Mitteleuropa ja inzwischen als Alltagsweisheit, daß Menschen aus rhythmisch orientierten Zivilisationen sich schöner bewegen. Damit sind nicht nur Tänze und ähnliches, sondern vor allem Alltags- oder funktionale, z.B. Sportbewegungen gemeint.
Wenn Rhythmusgefühl so sehr mit einem ganz allgemeinen Bewegungsgefühl zusammenhängt, daß es sich in der Qualität der Alltagsbewegung frappant manifestiert, stellt dieses „im Rhythmus sein" nicht irgendeine körperliche Fertigkeit unter anderen dar, sondern ist eine der zentralen körperlichen Funktionen.
Dazu müssen zwei Begriffe geklärt werden, ohne die der nächste Abschnitt nicht richtig verstanden werden kann.

1 Unter Polyrhythmik verstehe ich nicht nur im engeren Sinne unterschiedliche Rhythmen, sondern auch eine gleichzeitige Ausführung unterschiedlicher Bewegungsabläufe im Allgemeinen.
Der direkten Kontrolle unterliegt gewöhnlich nur ein Bewegungsablauf/ -rhythmus. Schon simple Kinderspielübungen wie das Kreisen einer Hand auf dem Bauch zusammen mit dem Klopfen der anderen Hand auf dem Kopf sind für manche Laien schwierig.

2 Schönheit ist in meiner Theorie (ganz kurzgefaßt) keine belanglose äußere Kategorie, sondern weist auf innere Stimmigkeit hin. So wie sich für den Menschen in der Natur nie die Farben beißen, ist unser Schönheitsempfinden allgemein an der in uns angelegten Wahrnehmung der Natur angelehnt. Umgekehrt weisen Schönheit der Bewegung und des Ausdrucks auf Stimmigkeit hin, auf einen Mut, der nicht nur **Will**-kür des Ego im Sinne des ***Mut*-willens** ist, sondern an das (un-**will**-kürliche) Wirken der „Natur im Menschen" an-***mutig*** angelehnt ist. [37]
Wenn also das Rhythmusgefühl in einer Beobachtung nicht nur so effektiv ist im Sinne der Beherrschung von Sportarten, bei denen es auf Schnelligkeit und

---

[37] Detlef Kappert, Tanztraining, Empfindungsschulung und persönliche Entwicklung, Verlag für Ästhetische Bildung, Essen, 1990, Das Wesen der Anmut, 302 ff,

Geschicklichkeit, Bewegungsgefühl und Timing ankommt, sondern sein Vorhandensein zu allem Überfluß auch noch einen solchen ästhetischen Unterschied macht, würde dieses Zusammentreffen von Schönheit und Erfolg seine Zentralität unterstreichen. (Freilich muß man beobachten, daß diese Beobachtung südlicher Dominanz nicht für Turnen, Akrobatik oder Schwimmen gilt) Es wird als zentrale, nicht nur körperliche, sondern psychophysische Funktion ausgewiesen, „zeigt uns doch die Schönheit entweder ein naives (also noch ungestörtes) oder reifes (also harmonisches weil nicht mehr störendes) Verhältnis des ICHS zur NATUR-IM-MENSCHEN" (ibido).

Die Bedeutung der Rhythmik als psychophysischer Schaltstelle wird durch die Ergebnisse der Chrono-Biologie/-Medizin/-Psychologie unterstrichen, die zeigen, daß Leben an sich auf allen Ebenen von der Zelle bis zu den verschiedenen Inneren Organen mit inneren Uhren versehen und rhythmisch orientiert ist.

Hier wird deutlich, in welchem Maß polyrhythmisches Talent wohl nicht nur die Anlehnung an innere Rhythmen, sondern ganz allgemein an die eigene unwillkürliche Steuerung bedeutet.

„Komplexe Rhythmen können nur realisiert werden, wenn eine günstige Kombination von Wollen/Kontrolle und Zulassen besteht; den Rhythmus zu verstehen und ausüben zu wollen, stellt eine kraftvolle, aktive und Ich-gesteuerte Handlung dar, die sofort in totale Nervosität, Verspannung und Blockade führt, wenn nicht zugleich ein Geschehen lassen, ein Sich-der-körperlichen-Regulation-Überlassen, etwas Weiches und Nachgiebiges da ist. Rhythmisches Wissen bedeutet also eine allgemeine Anlehnung an die natürlichen Impulse." (ibido)

Insofern könnten wir vermuten, daß eine stärkere Ausprägung des Rhythmusgefühls tatsächlich verunsichernde Dinge miterklären hilft, weil dieses Rhythmusgefühl eben über sich selbst hinaus körperlich intuitives Wissen und Kompetenz bedeutet.

Wenn ein rhythmisch beseelter Bewegungsstil als schön empfunden wird, Schönheit außerdem nicht äußerlich ist, sondern auch auf Stimmigkeit hinweist und zudem die rhythmisch begabten Sportler leistungsfähiger sind, wird deutlich, wie brisant es ist, daß Kinder aus rhythmischen Zivilisationen oft als arme Immigranten auf der Bühne der Integration erscheinen.

-Es stellt sich sofort die Frage, wie sich Menschen mit einem offensichtlichen Vorteil, der sich körperlich und auch in psychischen Feldern auswirken müßte, an eine ungeschicktere aber reiche Kultur anpassen, sich ihr unterordnen sollen.

-Eine weitergehende Frage stellt sich: warum bewirkt ein starker persönlicher Vorteil im psychophysischen Funktionieren wie Rhythmusgeschick einen so eminenten gesellschaftlichen Nachteil, daß rhythmisch orientierte Gesellschaften so katastrophal funktionieren, daß massenhaft Menschen aus ihnen flüchten?

Wenn wir die Problematik verschiedener Bevölkerungsgruppen in unfreiwillig multikulturellen Vierteln auf der Ebene der Kinder betrachten, können wir beobachten:

1-Einwanderkinder setzen sich auf der Straße und im Sport durch (Begründung s.o.).

2-Obwohl sie (ursprünglich) fremd und unterpriviligiert sind, beherrschen z.B. Orientalen auch in deutlicher Unterzahl deutsche Klassen unangefochten genauso, wie Maghrebiner in Frankreich oder Jamaikaner in Großbritannien dominant sind, etc. Durch die Rhythmik Thesen wird folgende Begründung nahe gelegt: Neben bestimmten kulturellen Prädispositionen wie Macho - Kult, beobachte ich, daß sich Jungen in einem kritischen Alter immer körperlich auseinandersetzen. Natürlich spielt dabei eine Coolness, die durch polyrhythmische Kompetenz kommt, genauso eine Rolle, wie größere körperliche Schnelligkeit und Geschicklichkeit.

-Wie einwanderungsfreundliche Kreise oft frustriert berichten, besteht oft seitens bestimmter Einwanderergruppen kein größeres Interesse an einer Integration, die weiter geht, als die rein materielle Teilhabe an der Gesellschaft.

Die materiell/sozialstaatlichen Segnungen werden eben oft als selbstverständlich hingenommen und nicht als beachtliche Auszeichnung, eben als Mentalität den Gastgeberländern wesensmäßig zugeordnet und geschätzt.

Insofern scheint eine gewisse Gleichgültigkeit gegenüber der Veränderungsnotwendigkeit der eigenen Mentalität vorzuherrschen so, als ob die Armut der Herkunftsländer weniger mit der eigenen Mentalität der Immigranten zu tun hätte, als daß sie irgendeinem Zufall zu verdanken sei. Die schmerzliche Verunsicherung durch die Auswanderung wird also nicht so sehr mit einer produktiven Infragestellung der eigenen Kultur beantwortet (und das wird von den Gastgeberländern auch nicht unterstützt und begleitet). Vielmehr wird häufig die relative Schlechterstellung der Einwanderer -zumindestens derer, die unter sich und als Gruppe bleiben- im Vergleich zu Einheimischen betont und nicht der eigenen immanenten Disposition, an der man selbst arbeiten müßte, angelastet, sondern reflexartig äußeren Umständen angelastet und als Diskriminierung beklagt. Ein Grund dafür liegt wohl im offensichtlichen Widerspruch der Großartigkeit des allgemeinen Systems der gastgebenden Industrieländer mit der Unscheinbarkeit ihrer einheimischen Protagonisten, die nicht als strahlende Vertreter des Erfolges erscheinen, sondern als blasse funktionierende „Rädchen im Getriebe". Neben bekannten Phänomenen wie mangelndem Anpassungsdruck in postmodernen Gesellschaften besteht ein grundlegendes Hindernis für die Integration in dem im Wesen des technokratischen Fortschritts menschlicher Gesellschaften gelegenen mangelnden Respekt zwischen Einwanderern und Einheimischen. Für Erstere signalisiert die direkte Konfrontation mit Einheimischen wahrscheinlich: „Unverständlich, warum ausgerechnet die mehr haben sollen als wir!", denn sie erleben sich als stärker in ihrer (körperlichen und kulturellen rhythmischen) Identität, einem tieferen inneren Wissen um die Natur im Menschen. Für Letztere zeigt der ärmlichere, weniger im demokratischen Dialog geübte und mit typischen Gewaltproblemen seiner zahlreicheren männlichen Jugendlichen belastete Einwandererclan genau das, was er (der Einheimische) überwinden mußte, wovon er sich lossagen mußte, um sich -im Falle eines Mittelschichtsangehörigen- zu einem wohlhabenden postmodernen Stake Holder zu entwickeln oder -im Falle eines einheimischen Modernisierungsverlierers- was er in sich durch mühsame und nur oberflächliche Gängelung unterdrücken muß, um alimentiert zu werden.

Menschen in Industrieländern haben, wenn man es so sagen will, einen faustischen Pakt geschlossen und einen fundamentalen Teil ihres Wesens verkauft, um

Wohlstand, Frieden und Freiheit zu erlangen. Die Einwanderer spüren instinktiv diesen kastrierten Typus und verachten ihn.
Im Einwanderer sehen die Einheimischen den schmutzigen, ärmlichen und gefährlichen Verwandten, den sie in sich selbst mit Mühe überwunden geglaubt haben.
Einheimische fühlen sich also doppelt befremdet und bedroht, da ihnen in Gestalt bestimmter Einwanderer nicht nur Fremde mit oft nur begrenztem Integrationswillen gegenübertreten, sondern ein fremder Anteil in ihnen selbst.
(Dabei halte ich es für eminent wichtig, auf folgendes hinzuweisen: Die Ausprägung des Rhythmusgefühls stellt nicht in erster Linie einen genetischen Unterschied zwischen Menschenrassen dar. Wie folgendes Beispiel schnell verdeutlicht, handelt es sich um einen durch gesellschaftlichen Umgang mit Körperlichkeit erworbenen Unterschied. So haben rhythmusorientierte Kulturen wie Argentinien und Brasilien in einem einfach vergleichbaren Bereich wie Fußball nicht nur dunkelhaarige oder -häutige Ballvirtuosen, sondern auch genug Blonde, die vom Äußeren her genausogut Deutsche oder Engländer sein könnten. Entscheidend für die Virtuosität scheint demnach weniger die genetisch bedingte Haut- und Haarfarbe, als die mentalitätsbedingte und somit eher erworbene rhythmische Fähigkeit und Anlehnung an die eigene Körperlichkeit zu sein.)
Entwicklungsländer haben somit in dieser Sichtweise weniger materiellen Erfolg bei mehr Lebensintensität, weil sich ihre Bevölkerung nie so sehr von der inneren Natur des Menschen distanziert hat.
Depression und mangelnde Vitalität der Industrieländer sind so logische Folgen einer Anpassung an kalte Ordnungen, die erst das Funktionieren größerer Einheiten ermöglichen.
Die Jugendlichen spüren so etwas wie das hier als These dargestellte übrigens untrüglich instinktiv:
Gerade deutsche und amerikanische Mittelschichtskids wählen mit dramatisch anmutender Entschiedenheit Musik, Tanz und Mode, Slang und Gestus farbiger Gettos wie Rap, Break Dance, offene Turnschuhe ohne Schnürsenkel und bis zu den Kniekehlen hängende Jeans als ihren Stil und Schlag ins Gesicht politisch korrekt denkender Pädagogen und aufstiegsorientierter Eltern aus. Haben je zuvor in der Geschichte der Zivilisation wüste, verarmte, drogenverseuchte und gewalttätig faschistoide Gettos den Ton angegeben bei Musik, Mode und Lifestyle?
Sicher hängt das auch allgemein mit der nervenden Schwierigkeit zusammen, wie man heute noch Eltern und Erwachsene schocken kann. Da bleibt wahrscheinlich heute außer der alten Ultrabrutalen aus Nazizeiten und brutalem Getto - Nigger-Habits nicht sehr viel übrig, da die Eltern auch Pop mögen und liberal sind.
Als Tänzer, Psychologe und Philosoph glaube ich aber an eine starke Intuition der Jugendlichen und Kinder dafür, daß sich in den Gettos neben den beschriebenen Übeln aber auch Vitalität, ein cooler Stil, usw. ausdrückt. Spüren die Kids nicht vielleicht Rhythmus und Körperlichkeit aus den Ruinen mangelnder Körperlichkeit brechen, die unsere Zivilisation schuf für die Planbarkeit und technische Kooperation der Wohlhabenheit und Vorhersehbarkeit?

Rhythmuserziehung ist somit ein MUß für die Integration.
Für die einheimische industriegeschädigte Bevölkerung könnte es eine postmoderne Emanzipation von den industriegesteuerten Rhythmen sein und mehr Lebensfreude bringen.
„Permanente rhythmische Einseitigkeit illustriert Störungen des Verhältnisses zwischen Ich und Natur- im- Menschen, zwischen Wollen und Geschehen-Lassen: Marschmusik zeigt eine Unterwerfung des Körpers unter das Wollen und Planen an. Die Rhythmen sind so simpel, wie es das absolut herrschende Ich verkraften kann. Ständige dominante Off-Beats dagegen bedeuten einen mächtigen Wunsch nach Loslassen, ohne aber die körperlichen und inneren Mittel dazu zu haben, das monotone Dagegen des Rhythmus` will das innere Gefängnis sprengen." (D. Kappert, Tanz zwischen Kunst und Therapie, Verlag für Ästhetische Bildung, Essen, 2010.)
Kinder in „Stadtteilen mit besonderem Erneuerungsbedarf" würden also -neben der sehr wichtigen Anpassung der Immigranten an gesellschaftliche Grundregeln wie einer bestimmten Distanz zu eigenen natürlichen, aber hier unerwünschten Impulsen wie Rache, Aggression, etc.- von dieser fundamentalen Umorientierung der Homekids auf eine geschmeidigere und rhythmisch wissende Form von Körperlichkeit profitieren, die eine echte Basis im gemeinsamen Rhythmus ermöglichen.
„Differenzierte, überraschende Rhythmen dagegen legen nie zwingend fest, sondern ermöglichen und fordern ein kunstvolles Spiel, ein absichtlich absichtsloses Tun und Geschehen-Lassen."(D. Kappert, Tanz zwischen...)

Für den Unterricht mit Kindern in der Schule bedeutet das praktisch:
-Training in Polyrhythmik führt zu einer verbesserten Balance zwischen Zentrum und Peripherie.
-Die Gliedmaßen emanzipieren sich und finden ihre Eigenrhythmen mit einem großen Plus an Kreativität und Bewegungsqualität ebenso wie an Alltagsfähigkeit, souverän und entspannt mit unterschiedlichen sozialen und arbeitstechnischen Anforderungen umgehen zu können.
-Besonders bei Tänzen des afrikanisch-karibischen Stiles mit unterschiedlichen Rhythmen in verschiedenen Körperteilen wird eine Weiterentwicklung der einfachen Ich-Kontrolle nötig.
-Weiter durchgeführt, kommen die Kinder in eine leichte Trance, dann in eine tiefere Trance, die z. B. im Voodoo die Besessenheit durch Gottheiten oder Vorfahren bewirken soll. In unserem Kontext ermöglicht die leichte Trance eine Entspannung von sozialem Streß, Leistungsdruck und körperlichen Verspannungen, sowie last not least Kontakt zum individuellen und kollektiven Unbewußten.
-Ein unschätzbarer praktischer Vorteil besteht darin, daß auch tanzresistente Jungen als Trommelgruppen mit den eher tanzversessenen Mädchen als Kinder in **einer** Gruppe gemeinsam arbeiten können, daß der afrikanische Tanzkontext allgemein sehr gruppenorientiert und gemeinschaftsfördernd ist und daß es Eigenschaft von polyrhythmischen Trommel- und Tanzaktionen ist, auch heftige und aggressive

Energien in künstlerische Aktion zu transformieren.
Da afro- orientierte, polyrhythmische Tanzformen weitverbreitet sind, ist es nicht nötig, hier einzelne Techniken darzustellen, was auch bei reinen Bewegungsstunden gar nicht möglich wäre. Sie müßten als Video dargestellt werden[38]. Vielmehr möchte ich an dieser Stelle einige wichtige Punkte behandeln, die den Unterricht über ein reines Üben ethnischer Tänze hinausführen und die Verbindung zu Empfindungsschulung/Körperarbeit und Ausdruck/Improvisation herstellen.[39]
Für Künstler/Lehrer, die in Schulen Polyrhythmik unterrichten wollen, aber über keinen technischen Background verfügen, empfehle ich, möglichst ausführlich bei einem guten Lehrer afrikanischen, afro- karibischen oder afro-brasilianischen Tanz zu lernen.[40]

---

[38] Zu Polyrhythmik gibt es -wie entsprechend bei anderen Bewegungsthemen (z.B. Impuls und Fluß)- sehr viele Tanztechniken aus dem traditionellen (Voodoo- oder Afrikanisch-) oder Modern Ethnic Bereich, die schriftlich nicht darstellbar sind.

[39] Für den Bereich „Trommeln/Rhythmusarbeit" bestehen derartige Ansätze und sind auch entsprechend verbreitet. Ich werde mich daher auf das Fach „Tanz" beschränken.

[40] Warum sollte es Afro- orientierter Tanz sein? Bei allen polyrhythmischen Tänzen sprengen die ständige Herausforderung durch „unmögliche" Kombinationen und die Gleichzeitigkeit der Rhythmen das gewohnte Bewegungsklischee und eröffnen ungeahnte Möglichkeiten der Improvisation.
Folglich wären für dieses Training der polyrhythmischen Koordination verschiedene ethnische Tanzformen, die gleichzeitig unterschiedliche Rhythmen verwenden, möglich gewesen. Flamenco, orientalischer, indischer Tanz und viele andere mehr eignen sich gut.
Der Vorteil bei der afrikanischen Tanztechnik ist aber, daß nicht nur machtvolle Rhythmen und Formen so kombiniert werden, daß sie für die bewußte Koordination immer eine wirklich harte Nuß darstellen, sondern ein sehr ursprünglich verbindendes Gruppenerlebnis möglich ist welches nicht als speziell ethnisch, sondern als allgemein themenorientiert im Sinne der vorhergehenden Stunden empfunden werden kann.
Deshalb empfehle ich afrikanisch orientierte Tanzformen als Kern der Polyrhythmikstunden im Zusammenhang mit Kindern in schwierigen Stadtteilen, halte aber die oben erwähnten rhythmischen Tanzformen anderer ethnischer Provenienz auch für sinnvoll.

Allgemeine Anmerkungen zum Üben polyrhythmischer Tanzschritte:
Wahrscheinlich haben alle, die mit Afro- Tanz arbeiten, ihre persönliche Methode der Vermittlung. Folgende Überlegungen sind für diejenigen gedacht, die sich ihren Stil erst erarbeiten, aber auch für erprobte Konzepte könnte der eine oder andere Punkt interessant sein.
-Das Üben der Schritte sieht in unserem Kontext oft so aus, daß die Kinder einen neuen Schritt erst im Kreis beginnen, dann die Einzelelemente normal im Raum üben, danach aber im Verlauf der Stunde mit mehr Übung wieder einen Kreis bilden und gegen den Uhrzeigersinn tanzen. Das gleiche gilt auch für die Wiederholung schon gelernter Schritte, die oft vor den neuen Schritten liegt.
-Die Kinder lernen sehr unterschiedlich schnell. Es ist wichtig, darauf zu achten, daß beim Tanzen selbst das Grundtempo immer gleichmäßig beibehalten wird und Kinder mit speziellen Problemen in der Koordination nicht das gesamte Tempo verlangsamen. Hier besteht die Möglichkeit, daß die Kinder sich verstärkt gegenseitig unterrichten. Die Tänze sind ja alle sehr gruppenorientiert. Alle Kinder haben so ein natürliches Interesse, daß ein etwa ähnlicher Standard erreicht wird, wodurch ein positives Gruppengefühl durch das gemeinsame Üben und Tanzen entsteht.
-Die Kinder sind in diesen Stunden besonders gefordert in ihrer Selbstverantwortlichkeit. Der Profit, den sie aus dem Unterricht ziehen, kann für alle gleich sein. Die tatsächliche technische Realisierung der Übungen jedoch wird immer unterschiedlich bleiben. Deshalb muß immer wieder betont werden, daß es nicht darauf ankommt, den Schritt perfekt zu können, sondern auf den Lernvorgang, der dahin führt.
-Um mit diesem komplexen Rhythmuslernen besser umgehen zu können und Verkrampfungen zu verhindern, sind Massage und Meditation wichtig.
-Die meisten afrikanischen Tanzschritte werden im Demi- Plié getanzt. Sie verbinden auf eine für einen ethnischen „Volks" -Tanzstil erstaunliche Art und Weise Isolation im Becken-Rumpf-Bereich, Athletik und Dehnung der Ischiocruralmuskulatur. Sie stellen außer den oben genannten Vorteilen also auch einen Beitrag zur allgemeinen tänzerischen Körperbildung. Das kann aber schnell zu Überlastungen der Bein- und Rückenmuskulatur und bestimmten allgemeinen Verspannungen führen. Daher sind alle Übungen zur Lösung dieser Bereiche von großer Bedeutung. Als Auflockerung der Stunde sind also besonders Massageübungen für den Rücken und die Beinrückseite toll. Gut im Kontext dieser Stunden wirkt die Fuß-Rücken-Massage, die einfach und effektiv ist und den Rahmen einer Tanzstunde nicht durch lange Erklärungen sprengt. Bei der Fuß-Rücken-Massage sitzt ein Kind so auf dem Boden, daß das hinter ihm liegende Kind die Beine angestellt gegen dessen Rücken lehnen kann. Die Massage bleibt dann der Intuition überlassen. Da die Füße besonderen Kontakt zum Boden und eine starke Energie haben, können sie dem Rücken sowohl durch ihre Kraft, als auch durch die Art der Energie besonders gut helfen, loszulassen. Da man keine Technik braucht, ist diese Übung für Kinder günstig.
-Auch alle anderen Bein-Rücken-Übungen zur Lösung aus den Stunden

„Fliegen- Verwurzelung- Bodenkontakt", die relativ kurz (10-15 Minuten), unkompliziert und den Kindern schon bekannt sind, kann man gut einfügen.

-Eine weiterer Übungsbereich mit starkem, lösendem Effekt ist Vokalraumarbeit.
-Für die Planung der einzelnen Stunden empfehle ich, aus dem eigenen Material selbständig Einheiten zu formen. An dieser Stelle möchte ich aber besonders auf drei Elemente hinweisen, die meistens im normalen „Afro"- Unterricht fehlen, aus meiner Sicht aber unerläßlich sind: Empfindungsschulung, Bilderleben und Improvisation, s. u. Wenn wir Rhythmus nicht nur als isolierte Fertigkeit in einigen afrikanischen Tänzen lehren wollen, sondern den Kindern eine grundlegende Fähigkeit zu Polyrhythmik zu vermitteln beabsichtigen, ist Empfindungsschulung fundamental. Dabei stehen Übungen wie die „Keulenmassage" und das „Polyrhythmische Gehen" mit Partner im Mittelpunkt. Improvisation dagegen ist wichtig, um das Material aus der Ethno- Ecke hinaus in das individuelle Repertoire zu überführen. Der Ethno - Bereich ist ungeheuer wichtig für das Gruppengefühl. Für das persönliche Üben einer Balance zwischen Machen und Geschehen lassen, einen besseren Kontakt zur Natur im Menschen, ist jedoch Improvisation wichtig. Hier verweise ich vor allem auf die Improvisationsbeispiele „Emanzipation der Gliedmaßen" und „Rhythmus und Gewicht". Schließlich gibt es eine Bildassoziationsübung, die den Kindern die Möglichkeit gibt, bestimmte körpersymbolische Aussagen der Polyrhythmik bewußter zu erkennen und zu integrieren.

Praxisüberblick:

Übungen zur Empfindungsschulung:

Die Kinder sollen Rhythmus passiv in Form einer „Rhythmischen Massage" („Keulenmassage") und durch das „Polyrhythmische Gehen" erleben.
Wir üben diese rhythmische Geh Weise („Polyrhythmisches Gehen") zur Unabhängigkeit Oben/Unten mit Partner/innen.

Übungen zur Improvisation:

Dann entwickeln wir in einer Tanzimprovisation mit Rhythmik und Gewicht die Fähigkeit, in der Bewegung sehr weitgehend loszulassen.
Jetzt kommt die körpersymbolische Empfindung des Eigenrhythmusses verschiedener Körperteile mit einer ungewöhnlichen Möglichkeit, mit Rhythmik zu improvisieren.

Übungen zur Verarbeitung:

In dem abschließenden Bild wird dieser emanzipative Charakter für die Körperlichkeit als solche weiterverfolgt:
Als Assoziationsübung werden die verschiedenen Merkmale des eigenen Körpers in die Aufmerksamkeit gerufen. Schließlich formen die Kinder einen Körper aus Knetmasse und tanzen damit. Damit wird der Körper aus der Phantasie heraus neu zusammengesetzt und in dem „Damit Tanzen" eine andere Art der Identifikation möglich. Die Übungen finden ***nicht in einer Stunde hintereinander*** statt, sondern können in ***verschiedene Stunden*** aber in der vorliegenden Reihenfolge eingebaut werden.

PRAXIS, ERLÄUTERUNG UND ERKLÄRUNG

Übungen zur Empfindungsschulung:

1) Wir nehmen uns in jeder Stunde immer 2 X 10 Minuten Zeit für eine spezielle „Rhythmische Massage": Dabei liegt ein Kind auf dem Boden und wird von dem anderen Kind wie eine Trommel behandelt, das heißt, einer Klopfbehandlung unterzogen. Das behandelnde Kind benutzt in den ersten beiden Einheiten seine geballten Fäuste als Klopfinstrumente, in allen späteren Einheiten werden Gymnastikkeulen statt der Hände eingesetzt. In der ersten Einheit wird nur die Rückseite bearbeitet. Dabei kann die Schlagtechnik geübt werden. Wichtig ist, vorsichtig zu beginnen, Kreuzbein, Darmbeinhöcker und Kamm, sowie Kniekehlen zu bezeichnen und ihre Aussparung anfänglich zu üben. Auf den großen Muskelgruppen Po, Oberschenkelbizeps und Wade kann dabei mit lockeren Handgelenken und auch kräftiger getrommelt werden. Das bedeutet, man kann aus dem Eigengewicht der Arme die Schwingung und Schlagstärke entstehen lassen und eventuell das Fallen sogar etwas forcieren. Auf dem Oberkörper muß viel feiner und leichter gearbeitet werden. Der Brustkorb ist aber für die Klopfbehandlung äußerst empfänglich. Die Kinder können lernen, sich so abzusprechen, daß die richtige Schlagstärke eingeübt wird. Bei einer gelungenen Massage kann rhythmisiert, der Rhythmus in der Intensität variiert und mit dem Körperschema im Rhythmus der Musik gespielt werden. In jeder Einheit sollten nach ca. 10 Minuten die Rollen getauscht werden. Analog sollte in der nächsten Einheit die Vorderseite geübt werden, wobei zu beachten wäre, daß es weniger unkomplizierte Übungsflächen gibt. An der Beinvorderseite liegen die Knochen nicht nur am Unterschenkel (Schienenbein), sondern auch am Oberschenkel dichter unter den Muskeln. Beim Brustkorb macht die persönliche Nähe der Vorderseite die Behandlung delikat. In jeder Polyrhythmik Stunde sollten immer je 10 Minuten pro Kind geübt werden, wobei ab der dritten Einheit mit Gymnastikkeulen getrommelt werden kann. Dabei ist die gleiche Übungsabfolge von -Rückseite: Schlagtechnik und Körperschema üben, Vorderseite Schlagtechnik und Körperschema, dann mehr und mehr in den Rhythmus kommen, nötig, um schließlich zu einem freieren Trommeln zu kommen, bei dem ein Gefühl für Rhythmus im ganzen Körper eingefleischt wird.

(afrikanische Trommelmusik)

ad 1) Diese Übung ist sehr wirksam als gleichzeitige Entspannung und Tonisierung. Wie fast alle Menschen in postmodernen Gesellschaften sind auch die meisten Kinder zugleich unter- und überspannt .Sie leiden unter Verspannungen und Blockaden des Energieflusses im Körper bei einem gleichzeitigen Gefühl von Erschöpfung und mangelnder energetischer Potenz. In diesem rhythmischen Klopfen wird durch die Schwingung die Verspannung aufgelöst aber zugleich der allgemeine Tonus gesteigert. Das Kind kann in den lockeren Swing kommen, der so oft bei Angehörigen „rhythmischer Zivilisationen" (Afrika, Karibik) beneidet wird. Dieser Swing-Effekt entsteht besonders, wenn das behandelnde Kind gut massieren kann und das Körperschema selbstverständlich kennt, sicher im intuitiven Erfassen der Spannungsverhältnisse des behandelten Kindes ist, technisch richtig zu trommeln versteht und gut im Rhythmus ist. Dann kann der Körper zum eutonen Instrument *werden, das einfach ganz im Rhythmus mitschwingt. Bei sorgfältiger Anleitung können auch Anfänger eine (begrenztere) aber positive Wirkung erzielen. Wird die Übung regelmäßig durchgeführt, entwickelt sich (in Verbindung mit den Afro-Tänzen) ein echtes Rhythmusgefühl, da die Schritte nicht isoliert geübt, sondern ihr Puls von innen gefühlt wird. (X * 20 Minuten)*

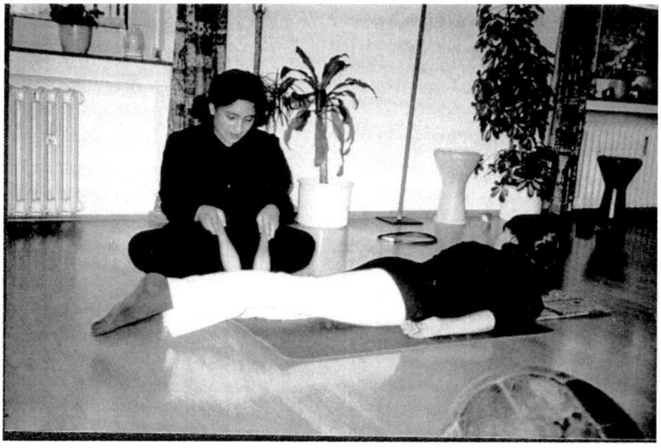

2) Bei der zweiten Rhythmik Übung aus dem Bereich Empfindungsschulung stehen sich die Kinder gegenüber und gehen auf geraden Bahnen durch den Raum, wobei der vorwärts gehende Teil die Hände des Gegenübers trägt. Zuerst soll im Tempo des Metrums, welches sich leicht verändert, gegangen werden, wobei der vorwärts gehende Part das Tempo bestimmt. Dann wird mit den Händen - unabhängig vom Metrum- der Phrasierung der Musik gefolgt, wobei auch wieder der vorwärts gehende Part die Rhythmik bestimmt. (Ladysmith black Mombasa..)

ad 2 Diese Übung ist sehr anspruchsvoll, da die Phrasierung der Musik unregelmäßig ist. Mit der Handbewegung im Rhythmus bleiben kann nur, wer die ich- hafte Kontrolle auflöst und eine gleichmäßige Präsenz im ganzen Körper hat, mit anderen Worten der klassischen Forderung der Körperbildung/ Empfindungsschulung nach Durchlässigkeit und Zentrierung entspricht. Mit der Massage als Vorbereitung gelingt den Kindern meistens eine (unterschiedlich) gute Annäherung. Auch diese Übung sollte häufiger wiederholt werden, wobei anfangs nur die im Folgenden beschriebenen Vorübungen durchgeführt werden.
*(X * 8 Minuten)*

2 a) Die Kinder gehen als Vorbereitung zu der schwierigen Übung „2" paarweise im Metrum. Dabei trägt das Kind, welches vorwärts geht, die Hände des anderen. Im Mittelpunkt steht hier nur die Anpassung des Gehens im gleichmäßigen Tempo. (The undestructable Beat of Soweto)

ad 2 a Zweckmäßigerweise gehen die Paare auf parallelen Bahnen, um sich nicht gegenseitig zu stören. Das Tempo sollte gleichmäßig sein, und der Übungseffekt besteht vor allem im klaren Führen des Kindes, welches vorwärts geht, im Rückwärtsgehen im vorgegebenen Tempo durch das rückwärtsschreitende Kind und schließlich (was vielfach schwieriger ist, als man denkt) darin, im Gleichschritt zu gehen. *(X * 5 Minuten)*

2 b) Als zweite vorbereitende Übung stehen die Kinder in der gleichen Stellung wie in 2 a, bewegen sich aber nicht vom Platz und setzen nur mit den Händen die Rhythmik um. (Hirtenmusik aus Afrika mit unregelmäßiger Phrasierung)

*ad 2 b	Solche Rhythmik Übungen scheinen für Kinder zugleich leichter und schwerer als für Erwachsene zu sein. Sie können sich zwar oft spontaner einlassen, haben aber manchmal besondere Probleme darin, sich auf den Rhythmus anderer Kinder einzustellen. Speziell darauf zielt diese Übung ab.*

.	*(X * 5 Min)*

ad 2 a+b) Die Übungen sind wertvoll aber schwierig und bedürfen dieser ausführlichen Vorarbeit, die in mehreren Stunden wiederholt werden sollte Beides wird endlich, wie oben beschrieben zugleich für Hände und Füße geübt.

(Ladysmith)

<u>Übungen zur Improvisation: Stundenbeispiel Improvisation Gewicht:</u>

1)	Zuerst wird eine normale Polyrhythmik Stunde in der Art durchgeführt, wie es die Kinder gewohnt sind. Nach einer längeren Phase, während derer die Kinder im Kreis und im Rhythmus getanzt haben:

2)	Still stehen und nachspüren....

3)	Die Kinder tanzen eine freie Improvisation mit dem, was einfach so kommt im Rhythmus....	(Selectors: Snow)

*ad 3	Polyrhythmische Tänze werden normalerweise in reinen Übungsstunden vermittelt. In den Stunden wird nicht improvisiert. Hier gibt es nun eine Improvisation. Sie beinhaltet keine Szenarios oder Vorgabe, außer einem bestimmten Hören der Musik. Diese Musik ist ein schleppender Reggae mit echtem Dubbing. Die Anweisung ist, nicht aktiv zu tanzen und zu rhythmisieren, sondern sich wie ein Schiff auf hoher See vom Rhythmus schaukeln und tragen zu lassen. So entsteht mehr ein Zulassen, ein Hören der verschiedenen rhythmischen Möglichkeiten.*

4)	Still stehen und nachspüren;

5)	Die Kinder werden aufgefordert, sich selbst vorsichtig aus der Balance zu bringen, um sich dann mit dieser Verunsicherung im Rhythmus zu fangen. Sie sollen nach jedem Mal, wo sie aus der Balance kommen, Polyrhythmik zulassen, sich fangen, dann wieder beim Aus- Der- Balance- Kommen besonders den Kopf loslassen und einen Augenblick ihrem Gewicht nachgeben, usw...

(Selectors: Snow)

*ad 5	Diese Übung ist sehr anspruchsvoll vom konzeptionellen her, so daß sie nur mit älteren Kindern getanzt werden sollte. Der Künstler/Lehrer sollte die Art, durch Das- dem- Gewicht- Nachgeben aus der Balance zu kommen und diese Verunsicherung in Verbindung mit der Polyrhythmik zu einer neuen Ordnung in der Bewegung zu improvisieren, unbedingt demonstrieren.*

6)	Feed Back

Stundenbeispiel Improvisation und Emanzipation der Gliedmaßen:

1) Zuerst wird eine normale Polyrhythmik Stunde in der Art durchgeführt, wie es die Kinder gewohnt sind. Nach einer längeren Phase, während derer die Kinder im Kreis und im Rhythmus getanzt haben:

2) Still stehen und nachspüren....

3) Verschiedene Gliedmaßen führen nacheinander und geben den Rhythmus an in einer körpersymbolischen Rhythmusübung. Die Kinder bewegen sich frei im Raum. Nacheinander werden -Hände, -Arme, -Schultern, -Hals/Kopf, -Brustkorb, -Bauch, -Becken, -Beine und -Füße in die Aufmerksamkeit gerufen in etwa der Form: „Gehe jetzt mit deiner Aufmerksamkeit bitte zum Brustkorb, fühle die Brustwirbelsäule, die Rippen, das Brustbein, die Lungen und das Herz, und laß die ihren eigenen Rhythmus entwickeln, guck, was von da für ein Rhythmus ausgeht, und folge ganz diesem Rhythmus, laß dich ganz auf diesen Rhythmus, diese Energie, diese Bewegungen ein, und sieh, was für ein Gefühl damit einhergeht. Nach ca. drei Minuten gehen die Kinder allmählich aus der Bewegung raus, stehen still, stellen sich nur vor, wie sie weitertanzen und spüren eine Zeit nach. Diese Aufmerksamkeitslenkung wird dann für alle oben erwähnten Körperteile wiederholt.

(Voodootrommel)

ad 3 Mit dieser Übung wird das, was vorher durch die Afro- Tänze vorbereitet war, vollendet: Die einzelnen Körpersegmente rücken in den Mittelpunkt der Wahrnehmung und der Gestaltung. Rhythmische Tänze waren oft Trancetänze und hatten eine religiöse Funktion. Hier löst die polyrhythmische Wiederholung über die Emanzipation der Gliedmaßen die unkörperliche und starre Ich-Kontrolle auf. Das Kind kann seinen Körper spüren und seinen Impulsen folgen. Es gewinnt einen neuen, starken Zugang zu seiner Intuition und ein neues, stärkeres Körpergefühl und Selbstbewußtsein.

Übungen zur Verarbeitung: Stundenbeispiel Verarbeitung Bild:

1) Zuerst wird eine normale Polyrhythmik Stunde in der Art durchgeführt, wie es die Kinder gewohnt sind. Nach einer längeren Phase, während derer die Kinder im Kreis und im Rhythmus getanzt haben:

2) Die Kinder liegen auf dem Boden, es werden eine kurze Fremdentspannung gemacht und Assoziationen gegeben, die die grundlegende körperliche Identität in den Dimensionen groß-klein, dick-dünn, starkknochig-feingliedrig, mit kräftigen vs. schwachen Muskeln, Hautfarbe/ethnischer Identität, Haarbeschaffenheit und -farbe, Verhältnis: Gliedmaßen/Rumpf, Verhältnis zum Essen und zu Krankheiten, Robustheit im Umgang mit Wetter, Empfindlichkeit, Junge-Mädchen, stark- schwach, schön- häßlich und ähnlichem mehr anspricht. Nach einer kurzen Ruhepause sollen die Kinder mit Plastilin oder Ton oder einem anderen formbaren Material, das sie vor der Entspannung neben sich gelegt haben, einen Menschen formen. Nach einiger Zeit wird ihnen eine Musik angekündigt, die dann in der Folge leise eingespielt wird. Sie sollen dann allmählich zum Ende kommen, die Augen öffnen, aufstehen und mit ihrem kleinen Menschen im Raum tanzen oder sich im Raum

bewegen und ihn umhertragen[41]. (Debussy)

ad 2) Die Kinder können ihren Körper nach den rhythmischen Übungen besser und ohne Bewertung wahrnehmen. Die Assoziationsübungen sprechen einige der grundlegenden Eigenarten der körperlichen Existenz an, die teilweise für die Kinder fundamental sind .Oft definieren sich Kinder, da sie noch stärker physisch in der Welt sind als Erwachsene, mehr als diese über ihren Körper. Sie bewerten sich untereinander auch ungeschminkter hinsichtlich erwünschter und unerwünschter körperlicher Merkmale und Gegebenheiten. Durch die vorhergehenden Stunden kann sich eine stärkere Gruppenzugehörigkeit herausbilden und mit den Übungen zu Rhythmischen Tänzen löst sich die dominante Fremdbewertung der eigenen Körperlichkeit mit der Chance, die eine akzeptierendere Selbstwahrnehmung in sich birgt. Die Anleitung für die Formung eines Menschen aus Plastilin oder Ton ist zwar prinzipiell offen formuliert, hat aber so gut wie immer mit dem Bild der eigenen Körperlichkeit, das die Kinder von sich selbst haben, zu tun. Sie direkt zum Thema zu machen, würde aber das Unbewußte und die unwillkürliche Gestaltung behindern zugunsten einer stärker absichtsorientierten Planung. Das Tanzen mit der Figur schafft eine stärkere Identifikation mit dem eigenen Körper und integriert auf behutsame Art Ego und Physis. (20 - 25 Min)

<u>Technische Ziele der Polyrhythmik-Stunden</u>

Die Kinder sollen lernen, -einfache und komplexe Rhythmen zu erkennen und zu tanzen, -Bewegungen verschiedener Körperteile mit unterschiedlichen rhythmischen Schwerpunkten parallel laufen zu lassen, und -in der Gleichzeitigkeit von Machen und Geschehen Lassen weiterkommen.

Die Gleichzeitigkeit des Wollens mit der Notwendigkeit, die körperliche Regulation zuzulassen, ist als Schulung und Disziplinierung für das Ich für alle Menschen interessant. Für Kinder ist es besonders wichtig, da es die allgemeine Fähigkeit, Bewegungen zu lernen und gar die allgemeine Lernfähigkeit sehr verbessert. Einen wichtigen Schritt dorthin stellt die Erfahrung der Eigenständigkeit, der Emanzipation der einzelnen Körperteile von der zentralen Absicht und Bewegungskontrolle dar. Improvisationen haben das Ziel, eine Möglichkeit zu schaffen, dieses kreative Element im Bewußtsein so zu verankern, daß es für allgemeines Lernen und Bewegungslernen genutzt werden könnte.

Voraussetzung ist etwas Kontakt zum eigenen Körper, der spätestens mit der rhythmischen Massage kommt. Sonst können alle Kinder mit etwas Begeisterung für Bewegung und Rhythmus von dieser zentralen Rhythmuserfahrung profitieren. Für den Fall, daß ein Lehrer/Künstler so ausführlich mit Polyrhythmik arbeiten will, daß die dargestellten Vorschläge nicht ausreichen, möchte ich einige Alternativen angeben:

---

[41] Siehe ausführlich in Dr. Detlef Kappert, ARCHETYPEN…, ibido, S. 120ff

Weitere konzeptionelle Möglichkeiten Warm up

1) Massage/Zwicken/Klopfen/Drehen: Ein Kind steht in der Mitte, zwei andere massieren es, beklopfen dann den ganzen Körper, schließlich dreht sich das massierte Kind, während es beklopft wird. (Anregende, evokative Musik)

ad 1 Durch diese Übung wird die Haut belebt, und die Sinne werden auf vielfältige Art und Weise angeregt. Das hat mit Reichhaltigkeit und Gleichzeitigkeit zu tun und bereitet auf dieser Ebene das Nebeneinanderlaufen der Rhythmen in den Tanzschritten vor. Dafür ist auch die Erfahrung günstig, sich zu drehen und dabei immer beklopft zu werden. Außenkontakt, wechselnde Perspektive und Eigenbewegung sind gleichzeitig erlebbar.

2 X 5 Min)

Empfindungsschulung Rhythmus:

1) Die Kinder üben, einen relativ einfachen Rhythmus: 1,2,3 und 4,5,6,7 Pause zu klatschen. Dann gehen sie im Takt und klatschen den Rhythmus. Schließlich klatschen sie den Takt und gehen mit den Füßen im Rhythmus.

ad 1 Die Umkehrung von Füßen und Händen ist für die meisten sehr schwierig. Besonders beliebt ist es, in die Pause, die der Rhythmus am Schluß läßt, hineinzugehen. Nach einiger Zeit aber macht es „Klick", und die Kinder haben einen weiteren Schritt auf dem Weg der Entkoppelung und Unabhängigkeit von oben und unten getan.

2) Die Kinder lernen einen für den mitteleuropäischen Rhythmusbackground ungewohnten Rhythmus, der durch eine Kombination von „Dreiern" und „Zweiern" charakterisiert ist. Die einfachste Variante stellen 123 123 12 dar. Dabei wird der Achter einfach durchgezählt, nur wird jeweils die eins bei jeder der drei Gruppierungen betont. Es werden zwei Gruppen gebildet. Eine klatscht nur die „Einser", die andere die „Zwei" „Drei" bzw. die „Zwei". Dann wird gewechselt. Sind die Kinder auf diese Weise mit dem Rhythmus vertraut, sollen sie ihn in einem Stück wieder erkennen, wo er unter einer Vielzahl von Rhythmusinstrumenten verborgen ist. Dabei sollen sie beim Tanzen den Rhythmus in den Füßen halten, indem sie auf jeden Schlag einen Schritt machen oder darauf improvisieren, wobei sie z. B. Schritte synkopisierend auslassen können.

ad 2 Wenn man zeitlich diesem Konzept gefolgt ist, ist dieser Schritt aus der Unterrichtseinheit 9 A 0 bekannt. Hat man eine andere Reihenfolge gewählt, oder nur diese Einheit aus dem ganzen Konzept gewählt, so müßte der Rhythmus vorgeübt werden. Diese Aufgabe ist kompliziert und sollte in einer Unterrichtseinheit eingeführt, in der nächsten dann wieder aufgenommen und beendet werden. Meist dauert dieses Lernen relativ lange. Dabei hat es keinen Zweck, durch forciertes Üben den Erfolg erzwingen zu wollen. Klüger ist es, ein unvollkommenes Ergebnis stehen zu lassen und beim nächsten Mal einfach an dem Punkt weiterzumachen. Es ist bemerkenswert, daß selbst nach einiger Zeit, in der gar nicht geübt wurde, bei Wiederaufnahme der Übungen regelmäßig bedeutsame Verbesserungen beobachtet werden können. Das ist bei den meisten anderen nicht primär rhythmusbetonten Bewegungen nicht so und unterstreicht, wie sehr die hier vermutete fundamentale Bedeutung der Rhythmik für die psychophysische Organisation auch bei der unwillkürlichen Adaptation des Körpers an die Welt beobachtbar ist. Scheinbar nehmen wir unwillkürlich rhythmisches Ungenügen sehr ernst, so ernst, daß ohne unser bewußtes Zutun eine unwillkürliche Umorganisation der Art vorgenommen wird, daß wir die Kapazität zu polyrhythmischem Verstehen und Verhalten so ausbauen, daß wir nicht mehr so schnell „auf dem falschen Fuß" erwischt werden können.

Improvisation Rhythmus:

Es gibt nicht allzu viele Möglichkeiten, mit Polyrhythmik in konzeptionell ausgefeilter Art und Weise zu improvisieren, und das ist auch nicht nötig. Es ist phantastisch, mit etwas mehr Zeit und Live-Trommelmusik eine Tanzimprovisation „Polyrhythmik" zu machen. Da Perkussion in postmodernen Gesellschaften sehr beliebt ist, kann man wunderbar mit Live -Trommelmusik Improvisationen machen, in denen einfach alles stimmen und die die „Polyrhythmik" als hervorragende Integrations- und Improvisationstechnik ausweisen könnte.

Stunde:	11 A
Thema:	Führen/Geführt Werden
Medium:	Empfindungsschulung, Körpersymbolik

ELEMENTE: Empfindungsschulung, tänzerische Spiele
EINFÜHRUNG: Das Thema Führen und Geführt werden (Dominanz/Anpassung) stellt ein Universalthema dar, welches das ganze Leben durchzieht und besonders im Kindesalter äußerst eindrücklich erlebt wird.
Wie bei jungen Tieren scheint es auch bei Kindern ununterbrochen Balgereien oder verbale Spielchen zu geben, um Rangordnungen zu finden.
Anders als bei jungen Tieren gibt es aber bei Menschen neben dieser unbestreitbar existierenden animalischen Schiene eine andere Ebene des Respekts vor der Einzigartigkeit des Individuums jenseits der für die Rangordnung wichtigen Parameter wie „stärker, größer, frecher, mutiger" (vorwiegend bei Jungen) und „schöner, verbal geschickter, modischer, sozial geschickter" (vorwiegend bei Mädchen).
Aufgabe dieser Unterrichtseinheit ist es, Mechanismen der Dominanz und Unterwerfung spielerisch herauszufinden, sie auszuprobieren und damit der bewußten Beobachtung der Kinder zugänglich zu machen. Es wäre absolut illusorisch, zu glauben, daß ein gerechtes, respektvolles Miteinander womöglich nach den Kategorien erwachsener Political Correctness erreicht werden könnte. Dazu kollidiert bei den Kindern zu massiv dieser allerdings sehr ausprägte Sinn für Gerechtigkeit mit einer absolut animalischen Vitalität. Wir können aber eine sehr viel bessere Selbstregulation in dem Bereich, auch den (bezüglich der Mainstream-Kriterien) Schwächeren eine Chance zu geben, erwarten.
Daneben ist das Thema natürlich für die Kinder sehr unterschiedlich besetzt. Für manche ist es immer konflikthaft, und es gelingt ihnen nur ausnahmsweise, sich Verhältnisse zu schaffen, die ihrem Selbstbild oder Gerechtigkeitsgefühl entsprechen.
Für andere Kinder wiederum tritt dieses Thema fast völlig in den Hintergrund. Ihr Verhalten ergibt sich aus der Situation, hängt von der Stimmung und den Kindern ab, mit denen sie spielen.
Die ersten beiden Stunden ermöglichen eine Art Bestandsaufnahme. Mit etwas Aufmerksamkeit können wir herausfinden, wie die Kinder sich auf der direkten Aktions- und Empfindungsebene geben und wie die intuitiv/unwillkürlichen Grundlagen für ihr Verhalten bezüglich der Polarität Führen und Geführt- Werden sind:

PRAXIS und ERLÄUTERUNG:

1) In einer Partnerübung rollt ein Kind mit dem Gymnastikball über den ganzen Körper des anderen (stehenden) Kindes.

(Stephan Mikusch)

ad 1 Um die folgende wichtige körpersymbolische Übung so vorzubereiten, daß es nicht ein wüstes Ballspiel wird, ist diese Empfindungsschulung unerläßlich. Sie schafft körperlich eine Sensibilisierung des Rückens und eine Sicherheit in der intuitiven Bewegungsregulation. Psychosensorisch erreichen wir vor allem eine umfassende Empfänglichkeit und allgemeine Offenheit für Reize, ohne die die nächste Übung schnell zu einem lustigen aber belanglosen Spielchen werden kann.

(10 Minuten)

2) Der Ball wird mit der flachen Hand gegen die Lende des massierten Kindes gedrückt. Dieses kann langsam beginnen, sich frei im Raum zu bewegen. Das andere Kind soll mit dem Ball folgen. Um übermäßigen Ehrgeiz zu vermeiden, kann angesagt werden, daß es nicht schlimm ist, wenn der Ball hinfällt. Das vordere Kind kann tun, was es will, gehen, tanzen oder Alltagsbewegungen ausführen und zwar langsam oder schnell. Es kann sich drehen, auf den Boden gehen und wieder hochkommen, etc... Das andere Kind soll immer versuchen, so gut es geht zu folgen.

(George Benson schnell)

ad 2 In der Übung ist angegeben, daß das vordere Kind die Richtung angeben und eindeutig führen soll. Dieses Thema steht aber erlebnismäßig nicht allein im Vordergrund, sondern im Mittelpunkt der Aufmerksamkeit steht eher das Geschicklichkeitsthema: Fällt der Ball hin, oder nicht. An dieser Stelle wird die Stunde eindeutig prozeßorientiert. Da das Thema Führen und Geführt werden für Kinder im gesamten psychosozialen Feld von großer Bedeutung ist, können Lehrer/Künstler diese Chance nutzen, zu beobachten und einzugreifen. Es gibt Kinder, die sich so ungestüm verhalten, daß andere es schwer haben, ihnen zu folgen. Es ist interessant, zu versuchen, ob diese Kinder -ohne sich zu verbiegen- lernen können, mit ihrer Spontaneität ein wenig die Möglichkeiten der anderen im Rückspiegel zu behalten. Es gibt auch Kinder, die langweilen andere, weil alles ängstlich ist, was sie anstellen. Vielleicht können sie aber hier ermutigt werden, kühner und unverschämter zu agieren, so daß sie sich trauen, das andere Kind echt zu fordern und zu riskieren, daß der Ball hinfällt. Andere Kinder <u>folgen</u> eher lustlos und ohne echtes Engagement, mit ihren Vorderkindern in Kontakt zu bleiben. Da können wir versuchen, die Bedingungen für eine größere Bereitschaft zu erforschen, sich anzustrengen, den anderen zu folgen. Auch diese Tendenz kann ermutigt werden.

(10-15 Minuten)

Gibt es längere Interaktionen in der prozeßorientierten Phase, sollte der gleiche Aufbau in der nächsten Stunde wiederholt werden.

Diese beiden Übungen sollten in der gleichen Rollenverteilung nacheinander gemacht werden. Die Rollen werden erst am Schluß gewechselt.

Stunde:	11 B
Thema:	Führen/Geführt Werden
Medium:	Empfindungsschulung, Körpersymbolik

ELEMENTE: Empfindungsschulung, tänzerische Spiele
EINFÜHRUNG: In dieser Stunde wird das Thema der letzten Stunde direkt fortgeführt. Es gelten die gleichen Punkte, wie in der Einführung zu „12A".

PRAXIS und ERLÄUTERUNG:

1) In einer Partnerübung rollt ein Kind mit dem Gymnastikball über den ganzen Körper des anderen (stehenden) Kindes.
(Stephan Mikusch)

ad 1 Die nächste Übung erfordert Vertrauen und Sensibilität von beiden Seiten. In der letzten Stunde ist die Grundlage dafür geschaffen worden. Diese, auch aus der letzten Stunde vertraute Übung bereitet die folgende zentrale körpersymbolische Übung so vor, daß nicht Angst und Verspannung überwiegen, sondern von einem sensibilisierten Rücken aus eine gewisse Sicherheit in der intuitiven Bewegungsregulation die Grundlage für ein konstruktives Lernen bildet.
(10 Min)

2) Der Ball wird mit der flachen Hand gegen die Lende des massierten Kindes gedrückt, welches bei der nächsten Übung die Augen geschlossen hält. Das „blinde" Kind wird nun von dem hinteren Kind durch Druck und Richtungsveränderung des Balles im Raum dirigiert. (George Benson langsam.)

ad 2) Mit diesen Übungen aus der Körperarbeit/Empfindungsschulung werden auf nonverbaler Basis die Grundlagen des Verhaltens der Kinder deutlich. Sie ermöglichen uns, intuitive Regelungen und individuelle Vorlieben von Führen und Geführt- Werden „pur" zu erleben und machen Manches deutlich, mit dem prozeßorientiert gearbeitet werden kann. Manche Kinder geraten deshalb in Konflikte mit anderen, weil sie deren Signale nie verstehen. Wir können hier sehen, ob die Ursache mangelnde Sensibilität ist. Dann müßte einzeln mit einer Empfindungsschulung langsam die Reaktionsfähigkeit aufgebaut werden. Oft liegt die Ursache in einer allgemeinen Unruhe des Kindes, das sich selbst zu sehr bewegt, um andere mitzubekommen. Auch hier sollte nach Massagen, die bestimmte unruhige Energien wegnehmen, langsam die Reaktionsfähigkeit aufgebaut werden. Manche Kinder blockieren sich selbst durch Angst, die ihren Rücken steif und hart wie einen Panzer macht. Durch die vorhergehende Ballmassage sollte diese Angst weg sein. Tritt sie trotzdem bei dieser Übung als Reflex auf die Herausforderung auf, sich blind nur durch Balldruck dirigieren zu lassen, wäre eine schulpsychologische Intervention angemessen, da das Kind eine automatisierte Streßreaktion aufgebaut hat, die neue Erfahrungen unmöglich macht. Natürlich ist es auch interessant, zu beobachten, ob das hintere Kind in der Lage ist, deutlich zu führen.

Es gibt bestimmte typische Mißverständnisse in der anfänglichen Deutung darüber, ob ein nach rechts wandernder Ball beispielsweise bedeuten soll, daß das vordere Kind nach rechts oder links gehen soll. Hierbei zeigt sich Führungsfähigkeit. Laut Absprache führt ja das hintere Kind und muß mit einer gewissen Beharrlichkeit auf einer Interpretation bestehen. Dabei kann es sich durchaus auf die Sichtweise des vorderen Kindes einlassen, wenn es bemerkt, daß dieses ein bestimmtes Verständnis mitbringt. Dann aber muß es wieder zu einer klaren und eindeutigen Führung kommen. Auch hier ist prozeßorientiertes Arbeiten möglich, in dem dem führenden Kind Schritt für Schritt der Mut nahe gebracht und bekräftig wird, zu führen und seine Vorstellung zu verwirklichen. *(5-X Minuten)*

1, 2) Die gleiche Abfolge wird mit umgekehrten Rollen durchgeführt.

ad 1, 2 Es ist günstig, in dieser angegebenen Reihenfolge zu arbeiten, da erst die Ballmassage die Grundlage für eine gelungene Kooperation im Führen und Sich-Führen- Lassen schafft. *(15 Minuten)*

3) Beide Kinder stehen Rücken an Rücken und haben den Ball auf Lendenhöhe zwischen sich eingeklemmt. Sie sollen sich dann ohne verbale Absprache zusammen im und durch den Raum bewegen, möglichst ohne daß der Ball hinfällt. (Pinguin Orchestra)

ad 3 Die Kinder haben abschließend die Möglichkeit, zu erkunden, in wie weit sie kleinen nonverbalen Hinweisen folgen, sie richtig verstehen und umsetzen können. Beide Kinder haben die Möglichkeit, sowohl zu führen, als auch zu folgen, und wenn die vorhergehenden Übungen gefruchtet haben, kann dieser Abschluß der Empfindungsschulung ein lustiges Erlebnis spielerischen Umgangs mit diesem wichtigen Thema darstellen. *(5-10 Min)*

Stunde:	11 C
Thema:	Führen/Geführt Werden
Medium:	Empfindungsschulung, Rollenspiel, Körpersymbolik

ELEMENTE: Bewegungstherapie, Rollenspiel, Körpersymbolik
EINFÜHRUNG: Wir führen als erstes eine Empfindungsschulung durch, die es ermöglicht, loszulassen und sich auf den Anderen einzustellen. Ohne diese Übung würde das folgende Rollenspiel zu einer Rüpelorgie werden.
Die 2te Übung läßt die Disposition dazu, gewaltvoll zu dominieren oder dominiert zu werden, deutlich werden.
Das körpersymbolische Rollenspiel des Dominanzverhaltens kann die Lust eines Kindes offen legen, Herrschaft auszuüben. Es kann auch zeigen, wie sehr anstrengend es für manche Kinder ist, andere zu bestimmen.
Auf der passiven Seite kann das Dominiert- Werden umgekehrt als erleichternd (klare Verhältnisse, keine Verantwortung) empfunden werden.
Für sehr wichtig halte ich es, daß durch dieses Rollenspiel in Fortsetzung der vorigen Stunden zum Thema hier auch fügsame Schüler qua Absprache in die Situation kommen, zu herrschen und dementsprechend dominante Mädchen und Jungen sich fügen sollen. Gerade wenn es -wie wir oft beobachten können- den Kindern Spaß macht, solche Rollenspiel zu machen, können wir ja häufig beobachten, daß sich ein bestimmtes Rangordnungsverhalten gerade auch in diesen Spielen perpetuiert. Hier haben wir die Möglichkeit, ganz harmlos und unauffällig eine kleine Revolution durchzuspielen und zumindest einmal das wichtige Erlebnis einer anderen Rollenverteilung zu ermöglichen.
Das sanfte Führen (3te Übung) erleben die meisten Kinder aktiv und passiv als sehr harmonisch und friedvoll. Manche Kinder mit viel Spannung und schlechten Vorerfahrungen können aber gerade diese sanfte Führung weder passiv noch aktiv ertragen. Teilweise läßt sich dieser Block durch sanfte und unauffällige Hilfe auflösen, er kann aber auch den Weg in behutsame Einzelarbeit weisen, die den Weg zu den Traumata sucht, die die Sanftheit suspekt oder unerträglich machen.

PRAXIS und ERLÄUTERUNG:
1) Ein Kind liegt, und das andere bewegt seinen Arm, wobei das behandelte Kind passiv ist, der Arm also ganz losgelassen werden soll.
(Meditationsmusik)

ad 1 Um die Signale einer inneren Stimme zu erleben, muß das Kind ruhig sein und loslassen können. In dieser Stunde speziell soll diese gewisse Ruhe die Grundlage dafür bilden, daß die willkürliche Dominanz der nächsten Übung zwar deutlich ausgeübt wird, aber soviel Aufmerksamkeit herrscht, daß nicht gepöbelt und aggressiv ausagiert wird. (2 X 7 Minuten)

2) Zu einer wüsten Musik führt ein Kind das andere Kind grob und ohne Einfühlung im Raum herum, läßt es bestimmte Aufgaben machen usw. Das Maß von Gewalt und Roheit soll zwischen den Kindern mit Hilfe des Lehrers/Künstlers so abgesprochen werden, daß zwar echte Dominanz spürbar wird, das passive Kind aber nicht mißachtet oder überfordert wird. Der passive Part hingegen soll keinen ernsthaften Widerstand leisten. (Monkey Man, Specials)

ad 2 Im Gegensatz zu vielen Erwachsenen erleben die meisten Kinder häufig ***offene*** *Dominanz, wobei die Art und Häufigkeit physischer Implikationen zwischen Jungen und Mädchen erheblich schwanken kann. Der Hauptwert der Übung besteht somit nicht im Ungewöhnlichen des Erlebnisses, sondern in seiner Offenheit, Transparenz und der Umkehrbarkeit der Rollen. Diese Elemente setzen einen äußerst wichtigen Diskussionsprozeß in Gang. (5-X Minuten)*
<u>Wenn durch prozeßorientiertes Arbeiten</u> mehr als die in diesem Stundenaufbau möglichen 15 Minuten nötig werden sollten, empfehle ich, hier abzubrechen, den Prozeß in der nächsten Stunde wieder aufzunehmen und erst einmal mit Übung Drei ein friedliches und versöhnliches Ende zu finden. Es gibt in dieser Stunde auch keinen Rollenwechsel, sondern nach der passiven Bewegung der ersten Übung, bei der die Rollen gewechselt wurden, muß der die passive Dominanz erlitten habende Teil auch passiv eine friedvoll einvernehmliche Führung genießen dürfen. Bei älteren Kindern kann man einen Alternativ-Stundenaufbau anschließen, in dem verbal dominiert wird, was meiner Erfahrung nach als härter erlebt wird.

3) Zu einer sanften Musik führt ein Kind das andere Kind sensibel und liebevoll. Dabei hat der passive Part die Augen geschlossen. Das aktive Kind soll durchaus klare Vorstellungen davon haben, was das passive Kind tun soll, soll es aber mit Achtung, Rücksicht und Sympathie führen. (Melanie: Tambourine Man)

ad 3 Diese Übung ist als Abschluß unbedingt wichtig. Da aus Zeitgründen oft nur eine Rollenkombination durchgeführt werden kann, sollte man versuchen, an zwei aufeinanderfolgenden Tagen jeweils eine Schulstunde zu üben.
(5 Min)

ad 1, 2)Hier sind Thema, Rollenverteilung und emotionaler Gehalt klar. Es ist spannend, zu sehen, wer womit wie umgeht. Für manche ist der gewaltvolle Part auch in der passiven Rolle eher erleichternd, weil sie dann eindeutig keinerlei Verantwortung haben. Umgekehrt wird Herrschaft oft als sehr anstrengend erlebt. Interessant ist es auch, zu sehen, wie Kinder mit einer eindeutigen aber sanften und liebevollen Führung umgehen, ob sie sie als repressive Toleranz erleben oder sich aufgehoben fühlen.

Stunde:	11 D
Thema:	Führen/Geführt werden, Loslassen /innere Führung
Medium:	Empfindungsschulung, Körpersymbolik, Inneres Bild

ELEMENTE: Eutonie- ähnliche Übungen, Katathymes Bilderleben.
EINFÜHRUNG: Nach der Empfindungsschulung der vorhergehenden Stunde (passive Bewegung des Armes), die ein erstes Loslassen ermöglicht und eine akzeptierende Einstellung auf den anderen geübt hat, kommen wir jetzt direkt zu einer sehr weitgehenden Übung. Bis hierher ist das Thema klar mit der sozialen Dimension von Führen und Geführt- Werden beschreibbar. Mit den Übungen dieser Stunde ändert sich das. Jetzt arbeiten wir mit dem „übertragenen Sinn" des Themas, der hinter der sozialen Ebene liegenden Dimension, in der sich die Polarität „Führen und Geführt- Werden" verändert zu der Fähigkeit, in sich hinein zu horchen und eine innere Stimme wahrzunehmen, die das Kind als Intuition dort führt, wo es selbst oder die Eltern nicht weiterwissen: Wir üben, -einen Prozeß, eine Bewegung wahrzunehmen und ihr intuitiv zu folgen (Übung 1) und -das Verhältnis von Machen und Geschehen-Lassen in einem inneren Bild zu verarbeiten (Übung 2). Günstig dafür ist allgemein eine Körperarbeit, die mit allen möglichen Techniken am „Loslassen" arbeitet. Kinder mit unbewußter Angst und dem Gefühl, den Anforderungen nicht zu genügen, halten oft fest. Schon in einfachen Übungen wie „Passive Bewegungen" wird das deutlich. Viele Kinder können sich nicht überlassen. Geduldiges Üben jedoch schafft Erleichterung, Entspannung, Vertrauen. Auch die Ängstlichen lassen los, lassen sich mehr führen und vertrauen dem Partnerkind, der Situation und letztlich auch sich selbst mehr.
Bei einer prozeßorientierten Arbeit, die dieses Thema auf zwei oder mehr Unterrichtseinheiten erweitert, sollte unbedingt die „Passive Bewegung" mit dem Kopf durchgeführt werden, da dieser meist am stärksten festgehalten wird.
In fortgeschrittenen Phasen kann man mit allen möglichen Konstruktionen wechselnder Führung und -bei einigem Vertrauen- mit Dominanz und Anpassung experimentieren. Wunderbar ist auch Atemarbeit. Der Atem ist eigentlich autonom gesteuert und eine der zentralen Vitalfunktionen überhaupt. Da er andererseits aber durchaus der Willkür unterworfen ist, stellt er einen der besten Ansatzpunkte auf einer höheren Ebene für eine Meditation der Hingabe an die „Innere Führung" dar. All das schafft Sicherheit, eine intuitive Sicherheit, alles in sich zu haben, was nötig ist, um gelassen an Probleme heranzugehen, die Botschaften zu hören, die jeder Mensch in sich trägt, um den rechten Weg für sich zu finden. Durch diese Körperarbeit wird die unbewußte Sichtweise des Berges als Symbol des oder der Lebensprobleme und des Lebensweges (nächste Stunde) positiv beeinflußt. Auf dieser Ebene ist das Thema für alle Kinder ein bedeutsames Thema, welches früher als Schutzengel greifbar und bildhaft war und hier über die Empfindungsschulung erfahrbar wird.

PRAXIS und ERLÄUTERUNG

1) Je zwei Kinder stehen sich gegenüber und halten einen Stab zwischen sich. Der Stab liegt aber nur auf Daumen, Zeige- und Mittelfinger auf und wird nicht festgehalten. Die Kinder sollen sich in ihren Arm, dann in den Stab und durch den Stab hindurch in ihr Gegenüber hineinfühlen. Sie sollen dann vom Körper her in eine leichte Schwingung kommen und der Bewegung des Stabes mit der Vorstellung folgen, der Stab wäre von sich aus in Bewegung. (Meditationsmusik)

ad 1) In dieser Übung werden die klaren Rollenverhältnisse beim Führen und Geführt- Werden weitgehend aufgelöst. Voraussetzung dafür ist die Wahrnehmungsschulung, die tatsächlich erlaubt, mit der Empfindung über die eigenen Körpergrenzen hinauszugehen. Dadurch wird die Grundlage für Verursachung, Mittel und Wirkung verändert. Die eigentlich verursachende Handbewegung „folgt" jetzt nur noch. Wo fängt der Stab an, wo das Gegenüber, wo höre ich auf, wer folgt wem? Die Wirkung der Übung ist aber nicht in erster Linie verwirrend. Sie gestattet eigentlich nur eine Auflösung bestimmter Wahrnehmungsschemata von Kontrolle und Führung zugunsten eines intuitiven „Sich Anpassens". Es ist wichtig, daß der Lehrer/Künstler am Ende die Wahrnehmung sorgfältig in die Körpergrenzen zurückführt.

(7-8 Minuten)

2) Fremdentspannung mit Lenkung der Wahrnehmung auf den Atem und seine unwillkürliche Regelung von Einatmen, Ausatmen und (eventuell) Atempause. Es wird das Bild eines Berges eingeführt. Das Kind steht auf einer Wiese und sieht einen Weg, der auf den Berg führt. Es soll diesen Weg hoch gehen und gucken, was dabei geschieht. Oben auf dem Gipfel gibt es einen weisen alten Mann, dem eine wichtige Frage gestellt werden kann[42].

ad 2) Dieses Bild kann den "Inneren Leitfaden", eine Intuition über den Lebensweg, ansprechen. Dazu gehört auch der weise alte Mann. Die Antwort bezieht sich entsprechenderweise oft auf Entscheidungen über den weiteren Lebensweg: In der Sichtweise des Berges spiegelt sich meist die Sichtweise eines wichtigen oder gar des zentralen Lebensproblems wieder. Die Bewältigung des Berges hat demnach viel damit zu tun, wie das Kind sich selbst in Bezug auf seine Fähigkeit sieht, seine Probleme zu lösen oder allgemein mit Schwierigkeiten zurechtzukommen. Der Eremit steht thematisch für eine wichtige Frage und hat direkt mit dem Problem zu tun, für das ja schon der Berg steht. In der Sicherheit, seinen Weg auf den Berg zu finden, drückt sich ein Grundgefühl aus, auch im Leben seinen Weg zu finden, eine intuitive Sicherheit, die richtigen Entscheidungen zu treffen und für Herausforderungen gewappnet zu sein. Die Aufforderung an die Kinder, dem Eremiten eine Frage zu stellen, ermöglicht über die Sichtweise des Berges hinaus eine klare, eindeutige Formulierung des Themas. Manchmal enthält die Antwort verblüffend direkte Lösungsmöglichkeiten, die das Unbewußte nahe legt und die vorher - verloren in Details und Zweifeln und ohne Blick für das Wesentliche - dem bewußten Denken nicht klar wurden.

(20 Min)

---

42 Siehe ausführlich in Dr. Detlef Kappert, ARCHETYPEN, INNERE BILDER UND KÖRPERSYMBOLIK, S. 44ff, Verlag für Ästhetische Bildung, Essen 1997

Stunde:	11 E
Thema:	Führen/Geführt Werden
Medium:	Empfindungsschulung, Körpersymbolik

ELEMENTE: Passive Bewegung
EINFÜHRUNG: Wer mit dem Thema ausführlicher arbeiten will, sei noch auf folgende Übungen hingewiesen, die so etwas wie ein Ritual des Loslassens darstellen:

PRAXIS und ERLÄUTERUNG:
Passive Bewegung zu 6t:
1) Die Klasse wird in Gruppen zu circa sechs Kindern aufgeteilt. Ein Kind liegt auf dem Rücken. Die anderen Kinder verteilen sich so, daß auf jeder Seite je eins an den Beinen, eins an den Armen und eins am Kopf sitzt. Beim Wechsel rückt das massierte Kind an den Kopf, das Kind, das oben links gesessen hatte, legt sich hin.

-Die Übung ist in der Erklärung einfach.
-Die Kinder nehmen Kontakt zu „ihren" Gliedmaßen auf.
-Sie beginnen mit einer langsamen passiven Bewegung.
-Nach zwei bis drei Minuten steigern sie das Tempo bis zu „schnell".
-Dann werden sie wieder langsam.
-Sie streichen das von ihnen behandelte Gliedmaß aus (Satya Say Baba)

ad 1 Es ist wichtig, den Ablauf wie ein Ritual regelmäßig und konzentriert durchzuführen. Für die Kinder, die massieren, ist die Übung durchaus anstrengend. Der Lehrer/Künstler muß darauf achten, daß die einzelnen Behandlungsphasen nicht zu lang sind. Sonst wären die behandelnden Kinder schnell unkonzentriert. Die Phasen sollten aber schon lang genug sein, ein intensives Erleben zu ermöglichen. Viele Kinder können nicht gut loslassen. Paradoxerweise hilft ihnen gerade die beschleunigte passive Bewegung. Vielleicht findet eine Art tantrischer Überwältigung statt. Anfangs dagegen ist es wichtig, daß die Kinder nicht versuchen, das Loslassen zu erzwingen. Hält ein Kind fest, so hilft nur geduldiges Pendeln mit dem Gliedmaß. *(6 X ca. 7 Min)*

Passive Bewegung Kopf
2) Ein Kind liegt auf dem Rücken. Das andere hält dessen Kopf - am Kopfende sitzend- auf seinen gefalteten Händen, die ihrerseits auf dem Boden ruhen. Es dreht den Kopf zu den Seiten in langsamen aber nicht vorausschaubaren Bewegungen.

ad 2 Der Kopf soll deshalb nicht hochgehoben werden, weil fast alle Menschen aus instinktiven Sicherheitsgründen und um dem Partner nicht zur Last zu fallen mithelfen wollen und den Kopf aus eigener Kraft mit hochheben. Die Bewegungen sollen allmählich sein, weil nur dann der Partner überredet werden kann, Kontrolle aufzugeben. Sie sollen nicht vorhersehbar sein, um nicht ein intuitives Mitmachen zu ermöglichen.

EXKURS:
TIA Tanzimprovisation als Alltagskunst

Ich möchte am Ende dieses Buches darauf hinweisen, daß auch reine **Tanz**themen mit älteren Kindern wunderbar unterrichtet und performt werden können. Hier ein kurzer Überblick über Themen, die in die Improvisation führen:
Das Thema Raum wurde vorne ausführlich behandelt. Die anderen eher tänzerischen Aspekte sind in dem obigen Schema nicht darzustellen. Ich möchte aber die Bewegungsdimensionen der Tanzimprovisationstechnik kurz einführen:
Fluß und Impuls werden als Polaritäten, als sich ergänzende Gegenpole gesehen.
Fluß als Tanzimprovisationstechnik meint eine kontinuierliche Bewegung, ein ständiges „Fließen". Wichtig ist, vorher Bewegungsansatz trainiert zu haben, denn das Fließen der Bewegung ist ein Fließen der Bewegung über die Gelenke als Drehpunkte mit einer gewissen Folgerichtigkeit und hat als Voraussetzung eine ständige Veränderung des Bewegungsansatzes. Das gilt sowohl für zentrale vs. periphere Ansätze, als auch für einen Fluß, der aus der Binnenbewegung des Rumpfes gespeist wird gegenüber raumgreifenden Flußaktivitäten der Extremitäten. Ist einmal ein Grundgefühl dafür entstanden, kann man Boden-Stehen und die Fortbewegung im Raum erarbeiten. Besondere Bedeutung kommt dann der Drehung zu.
Impuls als Tanzimprovisationstechnik meint eine plötzliche Änderung der Bewegungsrichtung, ein „impulsives" Moment, das die vorige Gestalt ändert. Dafür sind Bewegungsansatz und Fluß als Grundlagen wichtig. Die Bewegung, die einem Impuls folgt, kann ungebunden oder gebunden sein. Sie kann auch im Extremfall sofort gebremst und kontrolliert werden, so daß eine Stakkato Bewegung entsteht. Impulse können entweder in neue Formen führen oder ein eher rhythmisch/wiederholendes Element haben. Ersteres geht meist mit gebundenen, letzteres mit ungebundenen Impulsen einher.
Oft kombinieren sich Impuls und Fluß zu einer bestimmten Art von Phrasierung. Dann leiten Impulse eher fließende Bewegungen ein, die an einem bestimmten Punkt enden. Dort initiiert ein neuer Impuls eine andere Bewegung, usw.
Hier kommt Form ins Spiel. Im Unterschied zu Geste, die eher konkret und auf die oberen Extremitäten beschränkt ist, gestaltet Form den ganzen Körper und ist nicht direkt in ihrer sozialen Bedeutung benennbar.
Die Phrasierung meint ein Innehalten, betont Form.
Außerdem bekommen hier Zeit und Dynamik Bedeutung. Bewegungen langsam oder schnell zu machen, verändert ihren Charakter völlig. Verschieden starker Energieeinsatz in der Zeit kreiert langsam und kraftvoll, langsam und leicht, schnell und kraftvoll und schnell und leicht. Als Stilmittel eingesetzt entsteht auch, untrennbar mit Zeit und den dynamischen Qualitäten verbunden, eine bestimmte emotionale Tönung.

Schließlich ist Rhythmik wichtig. Phrasierung und Impuls sind ohne eine gewisse Unabhängigkeit der Rhythmik verschiedener Körperteile nicht denkbar. Nur darin sind interessante, überraschende Wendungen möglich. Grundtechnik dafür ist die polyrhythmische Répétition, die mit ihrer ungewöhnlichen Kombination von Rhythmen in den Körperteilen das persönliche Klischee auflöst und durch die Wiederholung neue Muster eingewöhnt.
Das gestattet, früher oder später zeitlich versetzten Impulsen zu folgen und phantasievoll und variabel zu improvisieren. Lehrer/Künstler können erfahrungsgemäß diese eher technischen Konzepte einer allgemeinen Improvisationstanzkunst für Erwachsene nach eigenem Ermessen so verändern und anpassen, daß sie mit älteren Kindern sehr erfolgreich angewandt werden können. Sie sind genau beschrieben in: „Kleines Handbuch für den Unterricht in Tanztheater, Tanzimprovisation und Körpersymbolik”, Verlag für Ästhetische Bildung, Essen 2006.
Diese Stundenbeispiele sind natürlich nicht als Kochrezepte gedacht. Sie sollen vielmehr die Philosophie, Psychologie und Methodik/Didaktik eines Weges durch den Körper, von Tanz zwischen Kunst und Therapie verdeutlichen.
Dabei gibt es einen besonderen Unterrichtsstil, der aus dem gesellschaftlichen Spannungsfeld von Tanz zwischen Leistung (Training und Performance) und Gesundheit (körperliche und psychische Heilung und Integration) entstanden ist. Folglich muß sich dieser Unterrichtsstil auch um genau diese Integration, nämlich des „tanztechnischen" Unterrichtsstiles durch Konfrontation und Leistungsforderung mit dem „psycho(tanz)therapeutischen" Konzept des Akzeptierens und Verstehens bemühen, was in dem Buch „Tanz zwischen Kunst und Therapie” Verlag für Ästhetische Bildung, Essen 2010, beschrieben ist.
Abschließend für dieses Buch möchte ich als Beispiel für die Adaptation eines technischen Ansatzes „Die Lehnung, Umgang mit Gewicht allein und mit anderen” vorstellen.

Prolog 12 A-F Gewicht/Lehnung

*Als Beispiel für TIA- (**T**anz**i**mprovisation als **A**lltagskunst) Stunden möchte ich die Arbeit mit Gewicht allein und mit anderen vorstellen, ein Thema, welches sowohl tänzerisch im engeren Sinne als auch körpersymbolisch im bisher in diesem Buch angesprochenen Verständnis ist.*
Die Techniken zu Gewicht haben mit Bodenkontakt, Lösung des Rückens und des Nackens zu tun. Zentral ist aber das Auffangen des eigenen Gewichtes im kontrollierten Fallen, ohne dabei zu Boden zu gehen. Geübt wird sowohl, mit Impuls wieder hochzukommen als auch das allmähliche Umlenken des Fallens im Fluß und die Lehnung an andere Kinder. Themen sind Umgang mit Gewicht allein und freier Tanz mit Anlehnung an andere Kinder, also in Kontakt.
*Ziel dieser Stunden ist es damit, Tanz im Umgang mit Gewicht allein und mit anderen mit fließenden und mit impulshaften Bewegungen **frei improvisieren** zu können.*
Da diese Stunde für etwas ältere Kinder konzipiert sind, können wir bei einigen von tänzerischen Vorerfahrungen ausgehen. Dabei haben die Kinder, je nach Ausrichtung, sehr unterschiedlich mit ihrem Gewicht umzugehen gelernt:
Während man im KLASSISCHEN BALLETT wegen der erwünschten Leichtigkeit hart daran arbeiten mußte, das Gewicht möglichst wenig spür- und sichtbar zu machen, gründen AFRIKANISCHE TANZFORMEN auf der Energie vom Boden und sind entsprechend gewichtsbetont.
Der KONTAKTTANZ stellt den Umgang mit der Schwerkraft in den Mittelpunkt des ganzen Tanzstils. Die Kinder müssen dabei ihr Gewicht aber nicht immer selbst tragen. Ein wesentlicher Teil dieses Stils besteht darin, anderen Teile des eigenen Gewichtes zu überlassen oder diese umgekehrt zu unterstützen.
Der Support, das entspannte Sich- Tragen- Lassen vom Boden (im Stehen, aber auch, indem man zu Boden geht) ist ein entscheidendes Element des zeitgenössischen Tanzstiles, des „NEW DANCE". Ein fließendes Nachgeben und Hochschwingen mit dem eigenen Gewicht verbunden mit Drehungen wird ausführlich in dem inzwischen klassisch zu nennenden MODERN DANCE Stil der LIMON Technik,
z. T. auch LESTER HORTON gelehrt.

Ziel dieser Unterrichtseinheiten ist eine allgemeine, stilunabhängige Fähigkeit, mit dem eigenen Gewicht allein und in Lehnung zu tanzen, also sowohl die Fähigkeit zu haben, der Schwerkraft nachzugeben und sich von einem anderen Kind auffangen zu lassen als auch die Punkte zu kennen, an denen man selbst wieder eine Kurve oder einen Impuls in die Aufrichtung bekommt. Um die Systematik durch eine Abgrenzung zu vervollständigen:
Man geht beim „Tanz mit Gewicht allein" **nicht dauerhaft** zu **Boden**. Das würde Thema einer anderen Unterrichtseinheit „Bewegungsfluß am Boden" sein. Vielmehr geht es darum, dem eigenen Gewicht nachzugeben, es aber dann wieder aufzufangen, um entweder mit einer schwingenden Fluß- oder einer federnden Impulsbewegung wieder in die Aufrichtung zu gelangen.
Entsprechend geht es beim „Tanz mit Gewicht in Kontakt" **nicht** darum, **dauerhaft Gewicht abzugeben** und mit der Balance des Gewichts, den Auflagepunkten und ihrer Verlagerung zu improvisieren. Das wäre Thema einer anderen Einheit, in der speziell „Contact" unterrichtet würde. Hier geht es darum, kurz Gewicht abzugeben und durch ein sanftes Zurückschwingen (Fluß) oder einen Kick (Impuls) wieder in die Selbständigkeit zurückzukommen.

Stunde:	12 A
Thema:	Lehnung/Umgang mit Gewicht gemeinsam mit anderen im Fluß
Medium:	Improvisationstanztechnik

ELEMENTE: Contact- Tanztechnik
EINFÜHRUNG: Ziel dieser Unterrichtseinheit ist die Fähigkeit, mit dem eigenen Gewicht in Lehnung zu tanzen, also der Schwerkraft nachzugeben und sich von einem anderen Kind auffangen zu lassen.
Neben dieser sehr wichtigen Fähigkeit, den Mut aufzubringen und das Geschick dafür zu entwickeln, selbst den sicheren Stand zu verlassen und das eigene Gewicht an ein anderes Kind abzugeben und dann wieder in die Selbstständigkeit zurückzukommen, ist es genauso wichtig, die Verantwortung für ein anderes Kind zu übernehmen, sein Gewicht sicher auffangen und es in die Selbstständigkeit zurückbringen zu können.
Bei der Lehnung schafft eine hohe Spannung mit starker Zentrierung die Voraussetzung, steif zu fallen und leicht gefangen und wieder zurückgebracht zu werden. Bei dem Kind, das sich fallen läßt, ist es wichtig, die Techniken mit und ohne Gewichtsregulation durch Abspreizen eines Beines zu allen Seiten so lange zu üben, bis es sicher in den Übergängen vom „Tanz alleine mit Gewicht" zum „Gewicht an das andere Kind abgeben" ist und auch das Timing für die Zweiersituation richtig einschätzen kann. Insofern hat diese Improvisationstechnik sehr viel mit der „Raumdynamik" der Unterrichtseinheit „Raum" zu tun, in der die richtige Einschätzung von Bewegungen in Raum und Zeit trainiert wurde.

PRAXIS und ERLÄUTERUNG:
1) Gehen – Lehnen - Drehen (Una Ramos Quena)
ad 2 Diese Übung führt in die Lehnung ein: Die Kinder gehen, zu zweit mit den Schultern aneinander gelehnt, durch den Raum und können sich dabei auch um die eigene Achse drehen. Dabei müssen sie die notwendige Versteifung aufbauen und erfahren einiges über Gewichts- und Größen-Relationen.
(5 Min)
2) Fußgelenke lösen: „Ein Kind zwischen Zweien" (Ladakh)
ad 2 Diese Übung entspricht dem (allgemein bekannten) Vertrauenskreis. Sie findet hier aber aus Gründen der besseren Kontrolle der Übungen zu dritt statt. Es ist wichtig, langsam und vorsichtig zu beginnen, das Fallen immer nur so weit zu steigern, wie es von dem Kind in der Mitte als sicher empfunden wird und darauf zu achten, daß die Körpermitte des sich lehnenden Kindes fest und die Fußgelenke locker sind. (10 Min)
3) Techniken: - Lehnung, - zu allen Seiten, - mit Beinabspreizen
(Una Ramos Quena)

ad 3 *Dieses zentrale technische Training der Stunde nimmt einige Zeit in Anspruch. Bei den verschiedenen Phasen ist es ratsam, die Kinder ihre Partner ab und an tauschen zu lassen, um die Einstellung auf andere Gewichts- und Größenverhältnisse sowie Temperamente bei der Lehnung zu üben. Zuerst geht es darum, sich rückwärts fallen zu lassen, aufgefangen und wieder in die Selbständigkeit gebracht zu werden. Das wird dann seit- und vorwärts geübt. Danach wird die gebräuchlichste Technik eingeführt: Wenn das sich lehnende Kind im Augenblick der Lehnung ein Bein in die Gegenrichtung des Fallens abspreizt, gibt es viel weniger Gewicht an das stützende Kind ab. Dadurch ist es möglich, aus dem Bereich isolierten Übens schneller in das Feld „Gruppentanzimprovisation mit Lehnung" zu kommen. Auch diese Technik wird nach allen Seiten geübt.*

(je nach Alter und Vorerfahrung 20-40 Min)

4) Die Kinder bilden Dreiergruppen, und ein Kind geht, bewegt sich irgendwie -wenn es Lust hat auch gerne tanzend- zu dem zweiten Kind, lehnt sich, bewegt sich zum dritten Kind, lehnt sich und tanzt oder geht zu seinem Platz zurück. Dann übernimmt das nächste Kind. (Son of a Preacher man)

ad 4 Die Kinder sollen am Schluß üben, alle Techniken zu benutzen. Sie sollen ihr Gewicht immer schon aus einer eigenen Bewegung im Raum auf das stützende Kind geben, um die Übergänge, die Abschätzung der räumlichen Verhältnisse und das Timing zu üben. Ziel ist ein organischer Übergang ohne Bruch zwischen dem „Bewegen im Raum allein" und der „Lehnung an ein anderes Kind".

(10 Min)

Hier ist das Mädchen noch zu ängstlich, um sich wirklich mit seinem Gewicht anzuvertrauen

Das Mädchen hier knickt in der Mitte ab, weil es auch noch nicht vertraut.

Stunde:	12 B
Thema:	Lehnung/Umgang mit Gewicht mit anderen im Fluß
Medium:	Improvisationstanztechnik, Improvisation

ELEMENTE: Contact- Tanztechnik, Contactimprovisation
EINFÜHRUNG: Da die Themen der letzten Stunde komplex waren, werden sie in dieser Stunde zum Teil erst wiederholt und dann weiterführend wieder aufgegriffen. Dabei sollen die sich lehnenden Kinder etwas mehr Sicherheit in ihrem Tun bekommen. Für das fangende Kind aber ist letztendlich die Technik, das andere Kind richtig zu fangen und gut in den Raum und die Eigenständigkeit zurückzubringen von fundamentaler Bedeutung. Daher wird die Möglichkeit, ohne Hände zu fangen, als zusätzliches Element eingeführt. Das rhythmische Lehnen schafft schließlich Automatisierung und intuitive Sicherheit, so daß die Schlußimprovisation ein echtes Erlebnis für alle werden kann, ohne daß es ständig um das Risiko, eventuell hinzufallen, gehen muß. Die Rollen von tanzendem und fangendem Kind sind dabei so verschieden, daß anfangs mit starren Rollen und Wechsel nach Absprache gearbeitet werden muß.

PRAXIS und ERLÄUTERUNG:
1) Techniken: - Lehnung, - zu allen Seiten, - mit Beinabspreizen, - ohne Hände (Blues aus „Pulp Fiction")
ad 1 Ein anderer Punkt neben der Wiederholung der Techniken der letzten Stunde ist, ohne Hände, also mit dem Körper zu fangen. Das ist für eine spätere Improvisation, in der die Lehnung organisch in den Tanz eingebaut ist, von Bedeutung. (20 Min)
2) Gegenseitiges rhythmisches Lehnen zu dritt (Aufstellung im Dreieck) (Georgia Mass Choir 69)
ad 2 Vom Charakter der Lehnung her ist diese Übung impulsartig. Immer zwei Kinder lehnen sich gegen ein drittes, welches mit jeder Lehnung wechselt. Da das Tempo schnell ist, entsteht eine Art Wellenbewegung, die ein hohes Maß an Sicherheit im intuitiven Abschätzen der Gewichtsverhältnisse, des Timings, des Abstandes usw. erforderlich macht und den bisherigen Übungsverlauf bestätigt beziehungsweise noch vorhandene Übungsdefizite zeigt. Funktioniert die Übung, entsteht ein Swing zwischen Tragen und Getragen werden. (15 Min)
3) Improvisation: „Gewicht, Fluß und Lehnung" (Una Ramos Quena)
ad 3 Es gibt eine feste Absprache, wer fängt und wer tanzt und sich fallen läßt. Die Kinder üben sowohl, ihrem Gewicht nachzugeben, hochzukommen und damit im Raum zu tanzen als auch die Übergänge dazu, aus dem Tanzen heraus das Gewicht an ein anderes Kind zu geben, organisch zu gestalten. Es gibt aber auch schon Augenblicke von Gestaltung, in denen die Techniken mehr in den Hintergrund treten und das Wechselspiel zwischen Selbständigkeit und Getragen werden erlebt wird. (15 Min)

Stunde:	12 C Diese Stunde sollte 2-3mal wiederholt werden, damit die Techniken gelernt werden können
Thema:	Lehnung/Umgang mit Gewicht allein im Fluß
Medium:	Tanztechnik, Improvisation

ELEMENTE: Tanztechnik mit Analogien zu Lester Horton und Jose Limon
EINFÜHRUNG: Offensichtlich sind von der Bewegungsdynamik her die Affinitäten zu „Fluß". Alle Improvisationen mit Gewicht in dieser Stunde sind allmählich und fließend. Für einen entspannten Umgang mit dem eigenen Gewicht sind ein guter Bodenkontakt und eine sichere Zentrierung in der Körpermitte wichtig. Wer keinen guten Bodenkontakt hat und sich nicht vom Boden tragen lassen kann, kämpft unbewußt immer gegen sein Gewicht. Das Nachgeben wird als bedrohlich erlebt, und Verspannung im Augenblick des Nachgebens an das eigene Gewicht ist die Folge. Natürlich kommt man damit leicht aus der Balance (ein anderes Angstthema) und kann nicht daran denken, einen Schwung nach oben zu bekommen.
Auch hierbei ist das Training der Übergänge (also die Raumdynamik, die Wechsel von der „Eigensteuerung der Bewegung" zum „Kontakt mit den anderen Kinder" und das Gefühl für das Timing) entscheidend für die Fähigkeit, mit Gewicht und Impuls allein und mit anderen zu improvisieren.
Dazu gehören die Elemente,
A mit fließenden Bewegungen der Schwerkraft nachgeben und dabei die Drehpunkte kennen und benutzen zu können, um mit dem Schwung, der nach unten führte, im Fluß wieder nach oben zu kommen.
B die Übergänge zwischen dem schwingenden Auffangen des eigenen Gewichts allein und der Lehnung an ein anderes Kind organisch zu verbinden.
Deshalb richtet sich das Warm up auf Lösung des Po- Beinbereichs (beim Nachgeben - besonders des Oberkörpers gegenüber den Beinen - kommt es zu starken Dehnungen der Ischiocruralmuskulatur), Spannungsaufbau, Bodenkontakt und Zentrierung. Der Spannungsaufbau ist sehr wichtig, weil im Augenblick des Umsteuerns vom „Nachgeben" in die Richtung „nach oben" eine genaue Führung dieser Bewegung mit einer durchlässig von unten her unterstützten Spannung nötig ist; ohne Zentrierung verliert man aber sofort die Balance und muß auf Kosten der durchlässigen Spannung gegenhalten.

PRAXIS und ERLÄUTERUNG:
1) Warm up: „Gewicht, Zentrierung, Dehnung" (Trilok Gurtu)
ad 1 Dieses Exercise ist ein Bodenexercise. Das mag verwunderlich scheinen, da sich doch die gesamte Improvisationstechnik mit Gewicht danach im Stehen abspielt. Die Ziele: Lösung, Bodenkontakt, Zentrierung und Spannungsaufbau lassen sich jedoch gerade mit dieser Übungsfolge, die Dehnungspositionen und spannungsreiche, aber vom Boden getragene Formen verbindet, optimal erzielen. *(15 Min)*

2) Gegenläufiger Armschwung[43] (Coramusik aus Westafrika)

3) Raum-Dreh-Schwung (Zulu 30-60)

ad 2,3 Die Übungen 2 und 3 trainieren die Fähigkeit, kontrolliert dem eigenen Gewicht auf eine Art nachzugeben, daß es in einen Pendelschwung kommt, der wieder nach oben führt. Bei „2" findet die Übung am Platz statt und ist durch eine komplexe Bein-Kopf-Arm-Koordination charakterisiert. Die Kinder lernen dadurch, das Gewicht-Nachgeben mit Koordination und Achtsamkeit zu verbinden und dabei eine starke Zentrierung und Spannung zu behalten. Bei „3" wird der Schwung nach unten und oben in den Raum und die Drehung gebracht. Auch hierbei gibt es ein komplexes Raum-Zeit-Koordinationsmuster, das die Kinder zwingt, Konzentration und Zentrierung zu behalten und Gewicht, Schwung und Fluß mit Räumlichkeit zu verbinden. *(2 X 12-13 Min in 2-3 Wiederholungssunden)*

4) Improvisation: „Gewicht und Fluß" (Arien, Otis Redding)

ad 4 Nach dieser Vorbereitung kommt eine Improvisation. Die Kinder sind dabei meist noch mehr damit beschäftigt, die Techniken auszuprobieren und sich zu eigen zu machen, als daß sie mit ihnen spielen oder sie gestalten könnten. Sie finden heraus, wie bei freier Bewegung die Pendelverhältnisse und wo die Drehpunkte im Körper sind. Tanzen die Kinder zu technisch und bleiben bei der ständigen Wiederholung der technischen Übungen, sollte die Anweisung erfolgen: „Vergiß jetzt einmal ganz alle technischen Übungen und mach nur, was dir direkt so einfällt, wozu du Lust hast." *(10 Min)*

[43] Die Tanztechnischen Übungen sind dem Video „Video II, TIA, EXTATHE, ein Übungsvideo, Verlag für Ästhetischen Bildung Essen, 2001 ausführlich dargestellt.

Stunde:	12 D Diese Stunde sollte 3-4mal wiederholt werden, damit die Techniken gelernt werden können
Thema:	Lehnung/Umgang mit Gewicht allein im Impuls
Medium:	Tanztechnik, Improvisation

ELEMENTE: Tanztechnik mit Impuls und Gewicht
EINFÜHRUNG: Das Grundschema der Unterrichtseinheit ist das gleiche wie das der vorigen Stunde. Auch hier ist das Warm up mit der Stärkung des Bodenkontaktes, der Dehnung, dem Spannungsaufbau und der Zentrierung wichtig. Dann wird geübt, dem Gewicht nicht (wie in der vorigen Stunde) auf einer allmählichen elliptischen Bahn um einen imaginären Drehpunkt nachzugeben, sondern ein Element von Plötzlichkeit, von jähem Fall, hineinzubringen.
Von der gleichen Bedeutung wie die Drehpunkte für die Schwingbewegung des fließenden Nachgebens und Hochkommens (Gewicht und Lehnung) sind hier Knickpunkte, um die herum sich die Spannung aufbaut, die dann wie bei dem Emporschnellen eines aufgetupften Balles zum Hochschnellen des fallen gelassenen Körperteiles führt (Impuls).

PRAXIS und ERLÄUTERUNG:
1) Warm up: „Gewicht, Zentrierung, Dehnung" (Trilok Gurtu)
ad 1 ...Das gleiche, wie in der letzten Unterrichtseinheit
(10 Min)
2) „Nick-Nick-Nick", daraus Improvisation (Georgia Mass Choir 68)
3) Kopfschwung mit Beinauslösung, Collapse, Delphin-Schritt[44] (Prince)

ad 2,3 In „2" und „3" wird das Gefühl für Bewegungen, die bis zu einem gewissen Punkt einer bestimmten Linie nach unten folgen, um dann mit impulsartiger Umkehr wieder nach oben zu gehen, trainiert. Die Linie bis zum Umkehrpunkt kann entweder die Fall-Linie sein (Übung 2) oder einer anders (als in der Fall-Linie) in einem Schwung nach unten führenden Bahn folgen (Übung 3). Immer gibt es einen ganz bestimmten Punkt, an dem von der Gelenkmechanik, den Pendel- und Gewichtsverhältnissen im Körper und den Dehnungsgraden der entsprechenden Muskulatur aus ein schneller Umkehrimpuls ähnlich dem Auftupfen eines Balles kommt. Ziel dieser beiden Übungen ist es, ein Gefühl für diese Punkte in unterschiedlichen Bewegungsabläufen zu entwickeln. (15 Min)

(2 X 12-13 Min in 3-4 Wiederholungs-stunden)

[44] Die Tanztechnischen Übungen sind dem Video "Video II, TIA, EXTATHE, ein Übungsvideo, Verlag für Ästhetischen Bildung Essen, 2001 ausführlich dargestellt

4) Improvisation: Strecken-Impuls-Fallen... (Appassionata)

ad 4 Nach einer kleinen technischen Übung, aus einer Streckung heraus ins Fallen zu kommen, sich mit einem Impuls aufzufangen und daraus die nächste Streckung zu entwickeln, also eine für Gewicht&Impuls spezielle Art der Phrasierung zu entwickeln, improvisieren die Kinder mit den neuen Möglichkeiten, Gewicht, Balance, Fallen und Impuls zu verbinden. (5 Min)

5) Gestaltung „Außenimpuls-Fall-Wiederaufrichtung"

(Joe Jackson))

ad 5 In dieser kleinen Gestaltung werden Stunden des Impulstrainings zitiert, in denen Kontaktimprovisationen mit Impuls im Mittelpunkt stehen. Ein Kind geht auf einer Kurvenbahn sehr klar und aufgerichtet durch den Raum. Ein anderes Kind geht neben ihm her und gibt durch eine energische - gegen den Leib gerichtete - Berührung mit der Hand oberhalb des einen Beckenknochens den Impuls zum Zusammenbruch. Das erste Kind steht wieder auf und geht weiter, um noch einmal so zu Boden gebracht zu werden. Beim dritten Mal gibt es aber der Hand nur kurz elastisch nach, um sie dann mit einem Gegenimpuls wegzuschleudern und mit einer stärkeren Aufrichtung weiterzugehen. (15 Min)

Stunde:	12 E
Thema:	Lehnung/Umgang mit Gewicht mit anderen im Impuls
Medium:	Contacttanztechnik, Contactimprovisation

ELEMENTE: Contacttanztechniken mit Impuls und Gewicht
EINFÜHRUNG: In den ersten beiden Stunden haben wir einigermaßen ausführlich geübt, wie im Fluß das Gewicht abgegeben und gemeinsam in den Raum zurückgegeben werden kann. Dabei war die sanfte Aktivität des fangenden Kindes von großer Bedeutung. Etwas anders verhält es sich bei der IMPULSHAFTEN LEHNUNG: Hier kommt der Impuls nicht - wie man denken könnte - vom fangenden Kind, sondern dem tanzenden Kind selbst. Wie man sich von einer Wand, an die man sich gelehnt hatte, mit einem Impuls abstößt, stößt man sich hier von dem stützenden Kind ab. Da dieses aber nicht tote Wand, sondern lebendig ist, verstärkt es in genau dem Augenblick des Impulses seinen Gegendruck dermaßen, daß die Energie wie eine Welle aufläuft und das tanzende Kind mit Tempo und Schwung in den Raum und die Selbständigkeit zurückgeworfen wird.
PRAXIS und ERLÄUTERUNG:
1) Ballübung „Impuls"
ad 1 Da in den nächsten Übungen die Gleichzeitigkeit des Impulses seitens des Kindes und des stützenden Kindes geübt werden soll („Lehnung mit Impuls"), kann das Beispiel des Balles die Art der Energie, ihre Plötzlichkeit und Dynamik klar machen. Ein stehendes Kind hält einen Ball über den Rücken eines Vierfüßlers. Übungsziel ist, den Ball in genau dem Augenblick fallen zu lassen, wenn der Vierfüßler einen Impuls (zum Katzenbuckel) nach oben macht. Klappt alles, fliegt der Ball so wieder hoch, daß das stehende Kind ihn schnappen kann.
(7-8 Min)
2) Technik: „Lehnung Impuls" (Mellow Yellow)
ad 2 Analog zur vorigen Stunde wird die Technik der Lehnung nach allen Seiten ausführlich mit PartnerInnenwechsel geübt. Die Bedeutung der Gewichtskontrolle durch Abspreizung eines Beines ist hier nicht so groß, da zusammen mit dem Impulsmoment eine Instabilität bei dem Kind entstehen kann. Außerdem ist für die Dynamik von „Impuls" mehr Gewicht durchaus von Vorteil. Durch die Gleichzeitigkeit der beiden Impulse kommt es zu einer starken Beschleunigung, die dieses Element von Schwere, welches die „Lehnung ohne Abspreizung" mit „Fluß" charakterisiert, nicht aufkommen läßt. Fluß hat von der Dynamik her mit Leichtigkeit zu tun; bei der Lehnung im Fluß wird aber viel Gewicht gegeben; deshalb muß die Abspreiztechnik zur Gewichtsbalancierung eingesetzt werden. Impuls dagegen ist von der Dynamik her schnell und heftig; dazu paßt es, das ganze Gewicht einzusetzen und mit viel Energie zurückzuschnellen. Aus Sicherheitsgründen muß man darauf achten, daß die übenden Paare mindestens vier Meter Raum für das Vom-Partner-Wegschnellen haben.
(20 Min)

3) Improvisation: „Lehnung an andere" und „Tanz mit Gewicht allein" mit Impuls (Specials: Snow)

ad 3 Bei der Schlußimprovisation dieser Stunde sind im Gegensatz zur vorigen die Eigenarten des Themas und das Szenario schon bekannt. Neu ist nur die Verbindung von Gewicht und Impuls. Deshalb ist die Schlußimprovisation jetzt schon mehr ein „Spiel mit den Möglichkeiten". Ein wichtiges Ziel ist auch hier, den „Impulstanz mit Gewicht allein" und die „Lehnung mit Impuls" zu einem Ganzen zusammenzufügen. Die Kinder sollen lernen, nicht zuerst isoliert für sich mit Impuls und Gewicht zu tanzen, dann jemanden zu avisieren und eine einzelne Lehnung zu machen, um danach wieder alleine weiterzutanzen. Die Übergänge sollen vielmehr sinnvoll und organisch aus einer allgemeinen Aufmerksamkeit für den Raum und die Verteilung der Stützen entstehen. Damit ist schon gesagt, daß auch in dieser Stunde noch mit einer festen Absprache tanzendes Kind/stützendes Kind gearbeitet wird. Entsteht bei dieser Improvisation eine Selbstverständlichkeit in den Übergängen von „Tanzen allein" zur „Lehnung" von Seiten der tanzenden Kinder und zeigen die stützenden Kinder eine beiläufige Sicherheit im Fangen in unterschiedlichsten Situationen, kann vorsichtig der Versuch einer Improvisation mit Gewicht und Lehnung im Impuls-Modus ohne Rollenabsprache gewagt werden. (15 Min)

Stunde:	12 F
Thema:	Lehnung/Umgang mit Gewicht mit anderen im Impuls (etwa 60 Min. benötigt)
Medium:	Contacttanztechnik, Contactimprovisation

ELEMENTE: Contacttanztechniken mit Impuls und Gewicht
EINFÜHRUNG: Ziel der letzten Unterrichtseinheit zum Thema Gewicht/Lehnung ist es, alle Techniken zusammenzufügen und zu einer allgemeinen Improvisationsfähigkeit mit Gewicht -allein und mit anderen -mit Impuls und Fluß - ohne Rollenabsprachen zu kommen. Dafür müssen erst alle Techniken gründlich wiederholt werden. Dann muß als Neuheit eine Falltechnik geübt werden. Zwar fallen de facto die Kinder auch ohne Rollenabsprache darüber, wer sich lehnt und wer auffängt, selten hin. Psychologisch wichtig ist aber, daß sie darauf vorbereitet sind und eine Technik geübt haben, sicher zum Boden zu gelangen, wenn sie nicht gehalten werden oder die Stütze mit ihnen zusammenbricht, weil sie das Last-Zeit-Moment falsch eingeschätzt hat.
Dann ist es möglich, einen freien Tanz zu versuchen, in dem das Thema das eigene Gewicht ist und alle damit spielen können, sich selbst auf unterschiedliche Art zu balancieren, dem Gewicht nachzugeben, wieder hochzukommen, sich an jemanden zu lehnen, aufgefangen zu werden, in den Raum zurückzukommen, weiterzutanzen, jemanden zu stützen und so weiter.

PRAXIS und ERLÄUTERUNG:
1) Warm up: „Gewicht, Zentrierung, Dehnung" (Trilok Gurtu)
ad 1 ...Das gleiche, wie in der letzten Unterrichtseinheit
2) Wiederholung: Umgang mit Gewicht - allein, - mit Fluß und Impuls, - mit und ohne Boden (s.o.)
3) Wiederholung: Lehnung - zu allen Seiten, - mit Beinabspreizen, - mit Fluß und Impuls,- ohne Hände (Una Ramos Quena)
4) Gegenseitiges rhythmisches Lehnen zu dritt (Georgia Mass Choir 69)
5) Improvisation: Lehnung (Una Ramos Quena)
ad 1-5 Alle Techniken werden wiederholt und können ein letztes Mal mit fester Rollenverteilung improvisiert werden. Bis zu diesem Zeitpunkt soll eine gewisse Vertrautheit im Umgang mit Gewicht, Fluß, Impuls sowie den Übergängen zur Lehnung mit Fluß und Impuls entstanden sein, die sich zu einem - der Phrasierung von Fluß und Impuls ähnlichen - eigenen Stil entwickeln kann. Das oftmalige Üben der Stützfunktion sollte bis jetzt zu einer Selbstverständlichkeit in der Einschätzung der Lehnung verschiedener Kinder in unterschiedlichen Situationen, sowie einer sicheren, technisch richtigen und spontanen Fangreaktion geführt haben.
(25 Min)

6) Improvisationstechnik: „Fallen zum Boden" (Azimuth)

ad 6 Um die freie Schlußimprovisation mit Gewicht ohne Rollenabsprache erfolgreich und sicher gestalten zu können, müssen die Kinder die Fähigkeit besitzen, einen guten Weg zum Boden zu finden, wenn sie bei einer Lehnung nicht gehalten werden. Das geschieht gewöhnlich, wenn die Kinder sich mit dem Abstand oder dem Timing verschätzen, also aus einer zu großen Entfernung oder plötzlich - ohne vorher erkennbare Absicht - auf eine Stütze stürzen. Diese hat keine Gelegenheit, sich von ihrem Aufbau her auf die Belastung einzustellen und geht entweder mit zu Boden oder kann die Kinder nicht halten, so daß diese allein zu Boden fallen oder rutschen. Eine solche Situation wird natürlich viel wahrscheinlicher, wenn es bei einer Improvisation ohne Absprache nach der ersten Vorsicht nur noch von der spontanen Einschätzung der Kinder abhängt, wer sich an wen lehnt und wer wen stützt. Die Kinder üben deshalb genau diese Situation: Zuerst sprechen sie eine Stellung ab, in der sie nicht gehalten werden, sondern an der Stütze vorbeistürzen. Dabei knicken sie wie bei Fallübungen in Kampfsportarten ein, so daß sie eine Sicherheit erwerben, im Falle des Versagens der Stütze für sich sorgen zu können. Dann kommt eine Phase, in der das Kind die Stütze mit Art und Zeitpunkt seiner Lehnung überraschen muß. Dabei kommt es notwendigerweise zu weiteren Stürzen mit mehr Wirklichkeitsgehalt, die aber nach der Vorübung erfolgreich gemeistert werden. Außerdem trainieren dabei die Stützen, sich auf überraschende Gewichtszumutungen einzustellen.

(15 Min)

7) Freie Improvisation: „Gewicht und Lehnung" ohne Rollenverteilung
(Cathy Berberian:
(Magnificent Cathy)

ad 7 In dieser abschließenden Improvisation kommt alles zusammen. Die Kinder kombinieren sowohl den fließenden und den impulsiven Umgang mit Gewicht zu ihrem persönlichen Stil, als sie auch Situationen suchen, erkennen oder aufbauen, in denen sie andere stützen oder sich an andere lehnen können. Dabei brauchen die Kinder Zeit. Es ist gut, die Gruppe zu teilen, so daß immer eine Partie tanzt und Erfahrungen sammelt, sich dann aber ausruhen und Abstand gewinnen kann, während sie außerdem noch die andere Gruppe beim Tanzen beobachten und so von außen den Vorgang einzuschätzen lernen kann .Schließlich kann es zu sehr schönen Improvisationen kommen, in denen die Kinder das Vertrauen, das Sich- Tragen-Lassen, verbinden mit der Selbständigkeit, mit einem fließenden und impulsiven Nachgeben und Sich -Aufrichten zu tanzen. (25 Min)

<u>Liegt das Thema den Kindern und dem/r Künstler/in, so würde sich hier eine Weiterarbeit mit einfachen akrobatischen Elementen anbieten.</u>

Stunde:	13 A (für Kinder ab 10)
Thema:	Wahrnehmungsschulung Impuls
Medium:	Empfindungsschulung Impuls, Contactimprovisation

ELEMENTE: Contacttanztechniken mit Impuls und Dynamik
EINFÜHRUNG: Ziel dieser Unterrichtseinheit ist es, von jedem Bewegungsansatz aus mit einem Impuls reagieren und eine Kontaktimprovisation mit Impulsen tanzen zu können. Dabei gehen wir von einem Wahrnehmungstraining aus, bei dem das Kind genau an der Stelle, an der es berührt wird, reagieren soll. Diese Reaktion muß plötzlich und mehr oder weniger schnell und heftig, eben impulsiv, erfolgen. Höhepunkt der Stunde ist es, mal „weg von" und mal „gegen" die Berührung des anderen Kindes zu reagieren.

PRAXIS und ERLÄUTERUNG:
1) Massage: „Einseifen", „Rubbeln", Beklopfen
(Pink Floyd, Zulu)
ad 1 Mit sich steigernder Heftigkeit wird so die gesamte Körperhülle aktiviert und auf die Anforderung der detaillierten Reaktionen vorbereitet.
2) An der Stelle des Handauflegens nachgeben mit Variation von Zeit und Dynamik (Piazzola)
ad 2 Für dieses Training muß das Kind unvoreingenommen, wach und entspannt sein. Es soll direkt, spontan und ohne zu überlegen nachgeben. Dabei ist es wichtig, exakt an der Stelle der Berührung zu reagieren. Dieses Training ist von fundamentaler Bedeutung für einen Tanzstil, der auf einer spontanen, plötzlichen Richtungsänderung der Bewegung basiert. Die Kinder sollen zu jeder denkbaren Reaktion in der Lage sein, und im Verlauf der anderen Stunden wird geübt, mit diesen Impulsen, die das Kind sich später selbst setzen kann, oder die ein anderes Kind in einer Kontaktimprovisation gibt, auf unterschiedliche Art zu tanzen. In dieser Übungssituation müssen wir Zeit einplanen, damit das impulsgebende Kind üben kann, seine Berührung gleich bleibend neutral zu setzen. Erst im zweiten und dritten Teil soll sie zeitlich und in der Stärke der Berührungen variieren, so daß die spontane Reaktionsfähigkeit des reagierenden Kindes noch mehr gefordert wird.
2 Wegdrücken der Hand genau an der Auflagestelle mit Variation von Zeit und Dynamik (Piazzola)
ad 3 Dieser Wechsel ist am Anfang für viele Kinder sehr schwer. Zwar bleibt die Übungsidee gleich, da sich die Richtung aber geändert hat, sind der Impuls und die Psychologie völlig anders. Anstelle des Folgsamen ist hier das Widerspenstige gefragt, was außerdem enorme Konzentration erfordert.

Stunde:	13 B (für Kinder ab 10)
Thema:	Wahrnehmungsschulung und Improvisationstechnik Impuls 1
Medium:	Empfindungsschulung Impuls, Contactimprovisation allmählich

ELEMENTE: Contacttanztechniken mit Impuls und Dynamik
EINFÜHRUNG: Das Wahrnehmungstraining der letzten Stunde wird in einer Art wieder auf genommen, bei der das Kind nicht nur genau an der Stelle mit Bewegung reagieren soll, an der es berührt wird, sondern außerdem zu der Qualität plötzlicher und heftiger Bewegung entsprechende Töne von sich geben soll. Auf der Grundlage dieses Trainings können diese nun sehr differenzierten Möglichkeiten für Impuls aus dem Leibbereich heraus oder von den Gliedmaßen ausgehend als gebundene Bewegung, also mehr oder weniger fließend, fortgeführt werden, wodurch eine Bewegung im Raum entsteht.

PRAXIS und ERLÄUTERUNG:

1) Massage: „Einseifen", „Rubbeln", Beklopfen (Pink Floyd, Zulu)

2) An der Stelle des Handauflegens nachgeben mit Variation von Zeit und Dynamik (Piazzola)

ad 1,2) Wie in der vorigen Stunde

3) Handauflegen/Wegdrücken mit Tönen (Piazzola)

ad 3 Den meisten Kindern macht es eher Spaß, aggressiv im Sinne von Stimme mit Impuls zu sein, als daß sie gehemmt wären. Es ist aber wichtig, genug Zeit für gehemmte Kinder zu lassen. Die Fähigkeit, im Rollentausch ein anderes Kind mit Einschluß der Stimme impulsiv wegzudrücken, ist als Verbindung des psychischen Impulses mit einer ganzheitlichen Bewegung und einem Ton von unabsehbarer persönlicher Bedeutung. Kinder, denen das schwer fällt, können mit immer der gleichen Bewegung- Konsonanten- Verbindung üben. Später können sie aber stimmlich und körperlich ganz frei reagieren, was meist eher lustig als aggressiv auskommt.

4) Kraftaufbau: Druck- und Zugaufbau als Paarübung an verschiedenen Körperteilen (Compania Ital. Del Canto Pop.)

ad 4) Manche Kinder sind nach solchen Übungen völlig überdreht. Die Bewegungsenergie, die pausenlos in verschiedene Richtungen herausgeht, führt zu einem Rausch. In dieser Übung baut ein Kind durch allmähliches aber energisches Ziehen und Drücken, das allmählich von unterschiedlichen Ansätzen ausgehend in seiner Intensität gesteigert wird, Kraft, Ruhe und Zentrierung auf. Es ist wichtig, zu üben, diese Kraft erst langsam wieder zurückzunehmen.

6) Technik: „Wasserpflanze" (Mittelalterliche Musik der Spielleute)

ad 5 Eigentlich ist diese Bewegungsqualität nicht impulsiv, sondern eher sanft, allmählich und langsam. Das eine Kind gibt die Impulse etwa in einer Art, wie man ein Pendel anstoßen würde. Entsprechend bewegt sich das andere Kind fließend und allmählich, wie unter Wasser.

6) Kontaktimprovisation mit allmählich/fließenden Impulsen im Raum (Réunion)

ad 6) Diese Improvisation ist in ihrer gesamten Bewegung fließend. Dadurch ist die Bewegungsentwicklung für beide Kinder vorhersehbar, und sie können eine richtige Kontaktimprovisationstechnik einüben. Damit wird die eigentlich für Impuls typische heftige Bewegungsenergie gut vorbereitet, so daß die nächsten Einheiten rasant inszeniert werden können.

Stunde:	13 C (für Kinder ab 10)
Thema:	Wahrnehmungsschulung und Improvisationstechnik Impuls 2
Medium:	Empfindungsschulung Impuls, Contactimprovisation schnell

ELEMENTE: Contacttanztechniken mit Impuls und Dynamik
EINFÜHRUNG: Das allgemeine Wahrnehmungstraining für Impuls wird wiederholt. In der letzten Stunde haben die Kinder gelernt, angemessene Impulse zu geben. Das eine Kind hat geübt, als konkrete Reaktion auf diese Impulse des anderen Kindes mit fließenden Bewegungen in den Raum zu tanzen. Wir können jetzt wagen, schnell und explosiv zu reagieren und eine äußerst energiegeladene Interaktion mit überraschenden und schnellen Raumbewegungen zu tanzen.

PRAXIS und ERLÄUTERUNG:

1) Massage: „Einseifen", „Rubbeln", Beklopfen (Pink Floyd, Zulu)

2) An der Stelle des Handauflegens nachgeben mit Variation von Zeit und Dynamik (Piazzola)

ad 1,2) Wie in der vorigen Stunde

3a) Technik: Berührung/schneller Impuls weg, schnell zurück (EPMD)

ad 3a Die Kinder üben, heftig und besonders schnell zu reagieren: Ein Kind nähert sich dem anderen mit hoher Spannung, bei der die gesamte Körperenergie in einem Finger gebündelt wird. Sobald die Berührung erfolgt, geht das andere Kind an genau der Stelle wie von der Tarantel gestochen von der Berührung weg. Man kann gut das Bild von der glühenden Nadel benutzen. Die Kinder sollen aber immer wieder in die Normalstellung zurückkommen.

4a) Kontaktimprovisation mit dynamischen Impulsen im Raum (D. Decker It Mek)

ad 4a Wir können jetzt versuchen, mit diesem Stil schneller Impulse zu tanzen, also in den Raum zu gehen. Die Kinder nutzen die heftige Bewegungsenergie aus der vorigen Übung, stoppen sie aber nicht ab, sondern führen sie als gebundenen Impuls mit einer mehr oder weniger fließenden Bewegung in den Raum fort. Das hört sich vielleicht komplizierter an, als es ist. Der Stil ist vielen Kindern nicht fremd, da er Parallelen zu populären Tanzstilen wie Hip Hop hat. Die Interaktion zwischen beiden Kindern ist von entscheidender Bedeutung. Das impulsgebende Kind muß dabei lernen, die Impulse so zu geben, daß das tanzende Kind die Bewegung weiter führen kann und dann so schnell mitgehen, daß im richtigen Moment der richtige „nächste" Impuls gegeben werden kann.

Stunde:	13 D (für Kinder ab 10)
Thema:	Jazz Isolationen, Improvisation ungebundener Impuls
Medium:	Tanztechnik und Improvisation

ELEMENTE: RAP- Musik, Jazztanz Übungen, Improvisations- Szenario
EINFÜHRUNG: Diese Stunden machen vor allem Kindern mit Faible für Hip Hop, Break, etc Spaß, sie sind aber so aufgebaut, daß es nicht zu einer Demonstration bestimmter vorgebildeter Schüler kommt, sondern ein allgemeines Improvisationsschema mit RAP aufgebaut wird. Improvisationstechniken benutzen eine Technik, die grundlegend für einen bestimmten Tanzstil ist aber nicht zu kompliziert sein darf, so daß die Kinder sie sich relativ schnell zu Eigen machen können. Breakdance ist dagegen wie Modern, Klassik oder Jazz technisch zu komplex, als daß er normalerweise über bloßes Vor- und Nachmachen hinauskäme. Wir kombinieren hier aber geschickt Isolationsübungen aus dem Jazztanz mit einem Improvisationsschema. In dieser Stunde lernen die Kinder, Impulse aus dem Becken- und Brustbereich so zu setzen, daß in Fortsetzung dieser Leibimpulse in den Gliedmaßen vielfältige Kombinationen „wilder", ungebundener Impulsformen entstehen.

PRAXIS und ERLÄUTERUNG:

1) Massage: „Einseifen", „Rubbeln", Beklopfen
(Pink Floyd, Zulu)

2) An der Stelle des Handauflegens nachgeben mit Variation von Zeit und Dynamik (Piazzola)

ad 1,2) Wie in der vorigen Stunde

3) 8,4,2,1* Becken- und Brustisolationsübungen
(EPMD)

4) 4*Becken/4*Brust-Schritt (Exercise: Impuls)
(LA Heartbrake)

ad 3,4 Diese Übungen sind schon ziemlich technisch und setzen bei den Kindern die Fähigkeit zu Isolation voraus. Wenn in den Jahren vorher mit Wahrnehmungsschulung und Improvisationstechniken gearbeitet wurde, ist eine solche Stunde aber zu diesem Zeitpunkt möglich. „Voraussetzung für die Impulse aus dem Leibbereich, die als ungebundene Impulse in den Gliedmaßen fortgeführt werden sollen, ist eine ganz spezielle Lockerheit im Becken- und Brustbereich. An Becken und Brust sind die großen Gliedmaßen/Gelenksysteme von Armen und Beinen sowie der Kopf befestigt. Für einen impulshaft-plötzlichen Stil müssen starke, schnelle Impulse von Becken und Brust ausgehen können. Dafür ist eine Lockerheit nötig, die am besten durch Isolationsübungen, wie sie aus „Jazz" bekannt sind, geübt werden kann.

In „3" werden Becken und Brust nicht gekippt, sondern relativ parallel eine kleine Distanz nach vorn, hinten und zu den Seiten bewegt. Dadurch entsteht nicht nur ein Gefühl für die isolierte Bewegung, sondern die Muskelgruppen über und unter Becken und Brust lernen außerdem, schnell auf Kommando nachzugeben.
Bei „4" ist die Richtung der Impulsbewegung diagonal. Die Kinder gehen mit einem Beckenimpuls nach rechts-vorn, links-hinten, rechts-hinten und links-vorn und tanzen die gleiche Bewegung dann mit Impulsen, die vom Brustbereich ausgehen. Im Unterschied zur Übung 3 ist diese Bewegung nicht so isoliert. Die Kinder kommen vielmehr in einen Swing.“[45]

5) Rap Improvisation: FREEZE in zwei Gruppen
(Cid Creole, Grandmaster Flash)

ad 5 Diese Technik ist als Stopp- Tanz ja aus vielen Stunden, die Künstler mit kleinen Kindern machen, erfolgreich und beliebt. Hier bekommt sie eine andere Dimension. Das Schema ist zwar im Prinzip bekannt, wird hier aber etwas gezielter inszeniert: Für 8 Zeiten friert je die eine Hälfte der Kinder in der Form ein, in der sie bei „8" gerade waren, während die andere Hälfte dann den Tanz Teil übernimmt.
In Verbindung mit RAP- Musik entsteht eine massive Dynamik. Die Kinder müssen dafür exakt auf der Zeit sein. Sie können mit der Grundlage der Isolationstechnik aus den Vorübungen den gewaltvoll coolen Getto Bewegungsstil imitieren und Interaktionen in de 8 Bewegungszeiten in ihre Formensprache einbauen. Nach einiger Zeit kann individuell und nach Gefühl gewechselt werden.

---

[45] „Kleines Handbuch für den Unterricht in Tanztheater, Tanzimprovisation und Körpersymbolik”, Verlag für Ästhetische Bildung, Essen 2006 S. 50

Stunde:	13 E (für Kinder ab 10)
Thema:	Jazz Isolationen, Improvisation, ungebundener Impuls
Medium:	Tanztechnik und Improvisation

ELEMENTE: RAP- Musik, Jazztanz Übungen, Improvisations- Szenario
EINFÜHRUNG: Wir benutzen ähnlich wie in der letzten Stunde eine Technik, die nicht zu kompliziert aber für Improvisation genügend fordernd ist, um aus dem normalen Bewegungsschema raus und in ein neues Feld hereingebracht zu werden. Mit „Impuls" als Grundlage konzipieren wir dann ein sehenswertes und beeindruckendes Improvisationsszenario zu RAP- Musik.
Unsere Improvisationstechnik mit ihren kräftigen Impulsen aus dem Leibbereich, dem hohen Energielevel, schnellen Tempo und ungebunden wüsten Impulsen in die Gliedmaßen paßt vom Charakter her hervorragend zu Rap Musik mit ihrer Power, ihren starken, monotonen Grundrhythmen mit der darüber liegenden Rhythmisierung durch den Sprechgesang und ihrer coolen Lockerheit. Das wird dann in eine Szene gebracht, die nicht zu kompliziert ist aber ein Ritual von Power und Konfrontation darstellt.

PRAXIS und ERLÄUTERUNG:

1) Massage: „Einseifen", „Rubbeln", Beklopfen (Pink Floyd, Zulu)

2) An der Stelle des Handauflegens nachgeben mit Variation von Zeit und Dynamik (Piazzola)

ad 1,2) Wie in der vorigen Stunde

3) „Undercurve" mit Becken und Schulter längs und quer (De la Soul)

ad 3 „Becken und Brust werden in schwunghafte, halbkreisförmige Bewegungen nach oben und unten versetzt. Diese Becken/Brust-Bewegungen sind nicht so sehr auf Isolation ausgerichtet wie die Bewegungen der Übung 3 und 4 der Vorstunde, sondern darauf, den Bewegungsradius mit Schwung (also eher im Fluß) zu erweitern. Das erlaubt einen Übergang vom eher Gestischen der Improvisation zu Drehungen, Ganzkörperformen und Ähnlichem.“[46] [47]

4) Improvisation „Rap": 8-Zeiten Gestikulieren, „8"-Gehen, „8"-Manipulieren, „8"-zurück und Wechsel (White Line)

---

[46] „Kleines Handbuch für den Unterricht in Tanztheater, Tanzimprovisation und Körpersymbolik”, Verlag für Ästhetische Bildung, Essen 2006 S. 51

[47] In Dr. D. Kappert: Video 1, „TIA“, ISBN 3-9802590-5-6 werden solche Techniken, die in einem Buch nur grob beschrieben werden können, so vorgemacht, daß sie nachvollziehbar und benutzbar sind.

ad 4 „Diese Übung in Paaren, die sich in zwei Reihen mit dem Rücken zur Wand gegenüberstehen, nimmt Choreographien wie in „Graffiti Wild Style" zum Vorbild, wo es die Gangs nach dem realen Vorbild von „African Bambaataa " in der South Bronx der späten Siebzigern nicht mehr ausschießen, sondern austanzen sollten. Das Gestikulieren ist dabei meist nicht nur ziemlich wüst und expressiv, sondern oft auch aggressiv, manchmal obszön, provokativ, gestisch übertrieben oder lustig. Das Gehen ist cool, das Manipulieren simuliert ursprünglich Kampfhandlungen, kann aber hier und jetzt alles Mögliche, was die Phantasie am und um den Körper des/der Tanzpartner/in zu tun eingibt, machen. Der Rückzug ist völlig frei."[48]

Können Kinder so etwas, und sollen sie es? Überfordert es ihre Psyche, und macht es sie gewaltbereiter? Ich glaube nicht, daß eine symbolische Form wie diese einen negativen Einfluß hat, solange der Künstler darauf achtet, daß nicht Gruppenhierarchien ausagiert werden. Im Gegenteil nehme ich an, daß durch das Improvisationsschema, das allen Kindern eine wechselseitige Bedrohung der anderen und das auf tänzerisch symbolische Art gestattet, eine Relativierung des real ja immer vorhandenen Gewaltpotentials geschieht. Auch daß die Power und Aggressivität nicht negiert oder besprochen werden, sondern in Bewegungsenergie umgesetzt wird, die aber nicht andere Kinder verletzt, halte ich für eine enorme Lernmöglichkeit. Die Künstler müssen aber einen Draht zu diesem Stil und zu dieser Transformation von aggressiver Energie haben.

[48] „Kleines Handbuch für den Unterricht in Tanztheater, Tanzimprovisation und Körpersymbolik", Verlag für Ästhetische Bildung, Essen 2006 S. 50

Am Ende sind Lösung und Ausstreichen wichtig

Allgemeine praktische Schlußfolgerungen:

1) Technischer Unterricht würde eines wahren Kunststückes an nicht - wertendem auf den individuellen Leistungsstand bezogenem Eingehen bedürfen, ethnische Tänze sind nur zitierend günstig mit Ausnahme Afro- orientierter Tänze. Vom Stil her günstig ist ein auf Improvisation und Empfindungsschulung gegründeter Unterricht, der nicht - vergleichend in der Bewertung und erlebnisorientiert ist.

2) Als inhaltliches Gerüst des Konzeptes sind archetypische Inhalte günstig wie „Fluß- Impuls" und „Geben und Nehmen", so daß bewußt die individuelle Auseinandersetzung mit dem, was alle Menschen verbindet im Mittelpunkt steht. Das könnten sehr unterschiedliche KünstlerInnen in ihre Technik, in ihren Stil integrieren. Eine fachdidaktischen Weiterbildung könnte da sehr hilfreich sein.

3) Es ist schon mittelfristig, unbedingt aber auf längere Sicht unerläßlich, ein inhaltlich ausgereiftes Konzept zu haben, innerhalb dessen die Schüler sich in Richtung Echtheit, Authentizität des Ausdrucks und technischer Verbesserung auf der Grundlage ihres eigenen Stils entwickeln können. Dabei würde die erwähnte systematische fachdidaktische Weiterbildung sehr unterstützen und anregen.

4) Für die Vermittlung in der Klasse ist eine künstlerische Reife auch beim Unterrichten von Kindern wichtig. Zwar handelt es sich hier nicht um eine Performance, der Erfolg wird aber unmittelbar vom Vorbild- und Animationscharakter des Künstlers abhängen. Nur wer eine persönliche Sicherheit des Ausdrucks, ein tiefes inneres Wissen um Erleben und Ästhetik hat, wird auf Dauer als Vorbild akzeptiert werden. Ein solcher Mensch „leuchtet". Disziplinschwierigkeiten dürften sich dann seltener ergeben. Kinder haben ein natürliches Bedürfnis, es einem solchen Künstler/Lehrer nachzumachen, von ihm lernen.

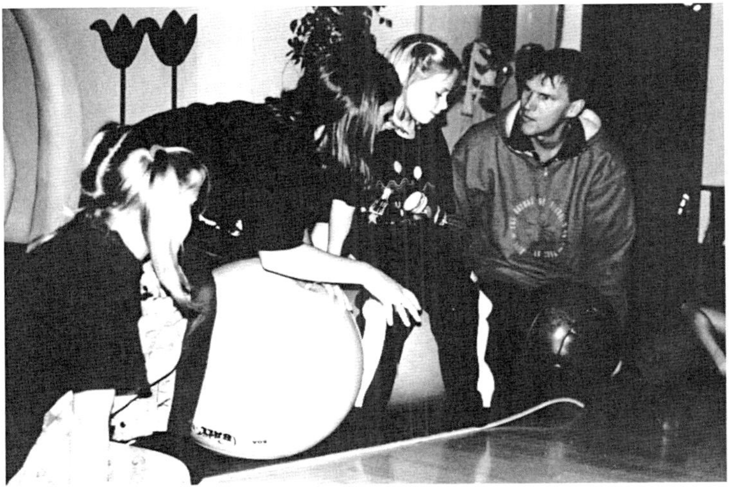

Anhang Schlußfolgerungen aus Supervisionen

Hier möchte ich einige Schwierigkeiten erwähnen, die ich in Hospitationen und Supervisionen beobachtet habe.

Das Alter: Vorschulkinder und Kinder im ersten, z. T. auch zweitem Schuljahr haben geringe Konzentrationspannen. Der Unterricht in künstlerischen Fächern und die Art des Denkens, Handelns und der sozialen Interaktion können relativ kleine Kinder überfordern.

Der Unterricht ist dann einfacher, wenn die Stunden nicht zu lang sind, soziale Interaktion und Aufmerksamkeit immer mittrainiert werden und die Stunden zwischen Spielcharakter und gestalterischen Aspekten fließende Wechsel ermöglichen.

Liegen die Probleme nur im Aufmerksamkeitsabfall in der zweiten Unterrichtsstunde, wäre die Einübung einer Entspannungsphase sinnvoll.

Andere Probleme entstehen offensichtlich in der Kombination von mangelnder inhaltlicher Klarheit und Verkörperung, Expressivität in der Vermittlung. Hier könnten Supervisionen und Weiterbildungen helfen, eine bessere Performance zu erreichen.

Schließlich muß Mut zu Disziplin angesprochen werden. Naive Konzepte von chaotischer Kreativität und mangelnde pädagogische Erfahrung führen zur Unlenkbarkeit mancher besonders erster Klassen und in der 2ten Stunde. Findet der Tanzunterricht im Rahmen einer Schule statt, müßten die KünstlerInnen unbedingt ein Training mit der Lehrerin durchlaufen, um Grundaufmerksamkeit, Respekt und Absprachen für zeitweilige Ruhe zu üben.

Dazu gehört als besonderer Aspekt die pädagogisch wichtige relative Gleichheit der Schüler. Real treffen die Bemühungen der Künstler auf die naturwüchsige Ungleichheit der Kinder, bei denen sich oft aktive und gerissene Meinungsführer, oder auch einfach Unbeherrschte in den Vordergrund spielen und die anderen zurückdrängen. Mit Gewalt (durch systematisches Nicht-Beachten) läßt sich eine solche Ungleichheit nur begrenzt gegensteuern. Wie schon in politischen Utopien erwiesen, läßt sich Égalitée nicht erzwingen. Kreatives Umgehen mit diesem Problem sollte aber thematisiert und in gegenseitigen Supervisionen der Künstler untereinander und Weiterbildungen bearbeitet werden.

Wichtigster Punkt scheint mir die Kunst selbst zu sein. Diese blitzte in den meisten Stunden, die ich gesehen habe, nur äußerst selten und begrenzt auf. Die meisten KünstlerInnen waren eigentlich schon froh, wenn die Kinder ruhig sind. Den Rest bildeten sehr einfache (und eher Bewegungsspiele oder Rollenspiele zu nennende) Übungen. Bei einigen KünstlerInnen war aber deutlich, daß weitergehende Konzepte in Richtung Kunst längerfristig verfolgt werden, auch wenn im ersten Schuljahr z.B. die Kinder noch zu jung sind und Aufmerksamkeitsschulungen fast den ganzen Raum einnehmen. Hier besteht objektiv eine große Chance. Wenn mehr Mut zu Kunst, zu einem Ziel, bei den Künstlern da ist und dieses Ziel der Kunst mit einem -auf dem Hintergrund einer Theorie sorgfältig entwickelten- Konzept verfolgt wird, spüren die Kinder die Ernsthaftigkeit, und die Disziplinprobleme, die ich oben erwähnt habe, erledigen sich fast von selbst. Die Kinder fühlen sich ernst genommen und regeln ihre Aufmerksamkeit von innen her und als Gruppe anders, als sonst gewöhnlich.

Pädagogisch/schulpsychologische Probleme, Störungen wie „allgemeine Unruhe, einzelne Schüler stören", etc.:

Diese Darstellung ist eine ideelle, real entsteht Supervisionsbedarf, um die Prozesse zu optimieren.

Verhaltenspsychologisch gesehen findet effektives Lernen vor allem dann statt, wenn das erwünschte nicht-aggressive Verhalten attraktiv und angemessen ist, durch soziale Rollenmodelle als Vorbildlernen (sollte der Tanzlehrer sein) verstärkt wird, es zudem allgemein durch die Klasse (die anderen Schüler) verstärkt und durch Klassenlehrer und Tanzlehrer gelobt wird. Unerwünschtes Verhalten muß aber auch geändert werden. Dafür ist eine genaue Analyse der Abläufe und Reaktionsketten nötig, die vor und nach der Störung liegen. Folgende Probleme mit ihren möglichen Ursachen sind:

Allgemeine Unruhe, einzelne Schüler stören, etc.:

-Es kann mit fehlendem Charisma zu tun haben, der Künstler hat nicht die Ausstrahlung, die Schüler zu fesseln und/oder es gelingt ihm nicht, die Aufmerksamkeit zu halten.

Interventions- und Optimierungsvariablen:

1 Es müssen Methoden entwickelt werden, bei den KünstlerInnen Charisma und eine Verbindung überzeugend mitreißender aber authentischer Schauspielerei und interaktive Kompetenz zu entwickeln.

2 Bei generell guter Voraussetzung des Künstlers können gezielte Übungen aus dem psychologischen Repertoire angewandt werden. Wenn bestimmte ungünstige Verhaltensweisen bei der Unterrichtshospitation beobachtet werden, sind **Selbstsicherheitstrainings** die Methode der Wahl, in denen z.B. geübt wird, laut und deutlich zu sprechen, Blickkontakt zu halten, Aufforderungen, die nicht befolgt werden, laut und nachdrücklich zu wiederholen.

3 **Schulpsychologische Konzepte,** Störungen schnell zu erkennen und gezielt anzusprechen und zu isolieren, bevor eine allgemeine Unruhe entsteht.

4 Gibt es Schüler, die resistent gegen diese Maßnahmen immer wieder stören, so müßten mangelnde Konsequenz im **Verstärkungsverhalten,** die Reiz-Reaktionsketten und ähnliches supervisiert werden. Bei einer Unterrichtshospitation muß beobachtet werden, was die Störung bedeutet, ob sie z.B. ein Verhalten darstellt, Aufmerksamkeit zu bekommen, u.ä.

5 Bei Störungen aus sexistischen und rassistischen Vorurteilen, ist ein **Gegenprojektionstraining** unbedingt notwendig.

Fachlich/konzeptionelle Probleme Mängel der Unterrichtsplanung

Wenn möglich erhellt eine Supervision Vieles im Sinne einer Optimierung des Tanz- und Musikkonzeptes. Bei der Vielfalt in den Ansätzen und Techniken der Künstler können im idealen Fall bestimmte körpersymbolische Dimensionen durch spielerische Verhaltensweisen geübt werden, die angemessenes, sozial interaktives, spielerisches, expressives und kreatives Verhalten verkörpern. Künstler, die sich für einen offenen Ansatz der persönlichen Entwicklung durch Kunst interessieren, verfügen natürlich über sehr heterogene Techniken, und auch die schweigenden Konzepte sind sehr unterschiedlich. Den Dozenten soll hier kein einheitliches Schema übergestülpt werden. Vielmehr sollen sie behutsam mit der Realisierung dieser Dimensionen in ihrer eigenen Technik vertraut gemacht werden. Am Beispiel Tanz kann es wie folgt verdeutlicht werden:

Bewegungsdimension	Körpersymbolik
Raum	Sozialer Raum, Entscheidung für Richtungen, Abgrenzung des eigenen Raumes;
Zeit	Aufmerksamkeit, persönliche Souveränität, Fähigkeit zur Anpassung;
Dynamik	Emotionalität, Spannungsregulation,
Form	Expressives Verhalten, Kommunikation, Klarheit;
Fluß	Harmonie, loslassen können;
Impuls	Spontaneität, Aggression;
Rhythmik	Kooperation, Gruppenverhalten, Koordination und Bewegungskompetenz;
Kontakt/Gewicht	Vertrauen

Der Autor Dr. D. Kappert arbeitet als niedergelassener Psychotherapeut in eigener Praxis in Essen. Er studierte Psychologie und Tanz in Bochum, Essen, Berlin, New York und Haiti, promovierte über die Verbindung von Tanztraining, künstlerischem Ausdruck und persönlicher Entwicklung, leitet das Institut für Tanz- und Bewegungsdynamik und veröffentlichte zahlreiche Bücher und CDs. Er unterrichtete seinen Ansatz als Dozent am Sportinstitut Göttingen, dem Institut für Freizeit- und Familienpädagogik, der Unicn Française pour le Sport Adapté, der Universitas Sportiva Guyaquil (Ecuador), Universitas de Las Palmas Gran Canaria, dem deutschen paritätischen Wohlfahrtsverband, als Lehrerweiterbildung der Krankengymnastikschule und für viele andere Gruppen. 1999 leitete er als Koordinator für Wissenschaft und Verantwortlicher für den Tanzbereich das MUS-E (Multikulturelles und soziales Schulprojekt für Europa) der Yehudi Menuhin Stiftung. Dieser Ansatz wurde in Ländern wie Ecuador, Spanien, Österreich, Frankreich, Polen, der Schweiz und Deutschland für sehr unterschiedliche Zielgruppen wie z.B. studentische Seminare, Strafgefangene, professionelle Tänzer, Senioren auf Kreuzfahrtschiffen erfolgreich angeboten und ist sowohl praktisch erfolgreich, als auch wissenschaftlich fundiert (Promotion) und anerkannt (Kongresse) und ausführlich in der Literatur dokumentiert und kommentiert.

Aktuelle Weiterbildungsangebote: www.Tanzimprovisation.de

Praktische Hinweise

Die Stundenbeispiele sind keine Vorgaben, die eins zu eins umgesetzt werden könnten. Eher sollen sie anregen, eigene Konzepte weiterzuentwickeln und umzugestalten. Dafür ist eine Verbindung von Philosophie, Psychologie und Methodik/Didaktik eines Weges durch den Körper nötig. Dazu gehört ein besonderer Unterrichtsstil, der den »tanztechnischen« Unterrichtsstil durch Konfrontation und Leistungsforderung mit dem »psycho(tanz)therapeutischen« Konzept des Akzeptierens und Verstehens verbindet.

Seit 1992 wurden jährlich berufsbegleitende Ausbildungen (meist parallel in Deutschland und in wechselnden Ländern) organisiert. Sie wurden kontinuierlich in engem Kontakt mit den Teilnehmer(inne)n weiterentwickelt.
Für die Teilnehmer(innen) stehen die persönliche und tänzerische Entwicklung einzeln sowie deren gegenseitige Verbindung im Mittelpunkt ihres Interesses. Dabei wollen sie sich in einer kompakten, sehr intensiven Form der Vermittlung auf die Kernthemen konzentrieren.
Eine ungewöhnlich verdichtete Ausbildung von 42 Tagen innerhalb eines Jahres ermöglicht Menschen mit sehr unterschiedlichem Hintergrund und Alter die Teilnahme.
Durch die Verbindung von klarer Strukturierung und Nichtbewertung können sehr unterschiedliche Menschen kreativ zusammenarbeiten und sich gegenseitig bereichern.
Ziel ist nicht ein Schema für alle, sondern Anregung und Begleitung eines individuellen Prozesses persönlicher und künstlerischer Entwicklung.
Um neben dem persönlichen Wachstum und dem Entwicklungsschub für kreative Performance-Stile erfolgreiche eigene Unterrichtsstile umsetzen zu können, ist die systematische Nutzung der begleitenden Medien hilfreich. Dies hängt aber vom Interesse an einer beruflichen Umsetzung ab. Zusätzlich gibt es großzügige Hospitationsmöglichkeiten, so dass die Teilnehmer(innen) – je nach professionellem Anspruch – die für sie relevanten Themen vertiefen können.
Informationen zu unserer einjährigen Kompaktausbildung finden Sie unter: www.tanzimprovisation.de

**Weitere Bücher und CDs von Detlef Kappert
im Verlag für Ästhetische Bildung**

In diesem Buch finden Sie eine Beschreibung der inneren Bilder, die zu den Körpersymbolik-Stunden gehören und das jeweilige Thema auf der Ebene des Katathymen Bilderlebens aufgreifen. Es werden die Entspannungsführung, die eine Brücke vom Thema der Stunde zum inneren Bild schlägt, sowie Einleitung, Bild und Absage in wörtlicher Rede beschrieben und analysiert.

Archetypen, Innere Bilder und Körpersymbolik. Ein Weg zu Selbstheilungskraft und persönlichem Wachstum
ISBN 978-3-9802590-5-7, 18,00 €

12 besonders häufig nachgefragte Bilder können Sie mit Hintergrundmusik auf 3 CDs hören:

Körperbewußtsein, Entspannung, Meditation (CD 1):
Ruhe, Selbstsicherheit, Geborgenheit, Harmonie
ISBN 978-39802590-3-3, 18 €

Körperbewußtsein, Entspannung, Meditation (CD 2):
Wachstum, Fluß des Lebens, Intuition, Freiheit
ISBN 978-39802590-4-0, 18 €

Körperbewußtsein, Entspannung, Meditation (CD 3):
Liebe, Grenzen, Beziehung, Wildheit
ISBN 978-39802590-8-8, 18 €

Selbstcoaching beschreibt konzentriert und schlüssig die psychologische und philosophische Essenz von Tanz und Körperarbeit, das, was so spielerisch, lustvoll und wie im Vorbeigehen eine unmittelbare Selbsterfahrung schafft, in Fragen an das Unbewusste

160 Seiten, 33 Fotos Preis: 21,80 €   ISBN 978-3-9802590-9-5

Menschen brauchen außer Verständnis auch Konfrontation, eine Herausforderung,

um als Person zu wachsen. Ein Tanztraining stellt eine solche Herausforderung dar. Es konfrontiert mit Energie, Wahrheit und Schönheit, den Dingen, auf die das unbewusste Potenzial in uns wartet, um alle verfügbaren Energien auf die richtige Art im richtigen Moment freizusetzen. Damit wir der Mensch werden können, der wir sein sollen – das ist das eigentliche Ziel des Lebens.
Im ersten Teil dieses Buches wird genau erklärt, warum und wie ein Körpertraining wirkt, wie Schönheit, Neurophysiologie, Verdrängung, die Konfrontation mit Wahrheit und die Einbettung in einen humanistischen Ansatz zusammenwirken müssen, um optimal anzuregen. Im zweiten Teil werden in detaillierten Schritten 19 komplexe Unterrichtsszenarien beschrieben.
ISBN 978-3-00-031150-5, 18 €   160 Seiten, 27 Fotos

Was macht einen guten Tanzunterricht aus?

Gibt es technische Grundlagen für Improvisation? Welche Zugänge gibt es, um das Authentische, Kreative und Originelle zu finden, und wie kann man ihm Form und Gestalt geben? Diese Fragen werden in dem "Kleinen Handbuch" auf praktische, überraschende, gründliche und unkonventionelle Art behandelt. Dabei geht es einmal sehr konkret um die Zusammenhänge zwischen Raum, Form, Zeit, Dynamik, Rhythmik, Gewicht, Kontakt, Fluß und Impuls, deren Verständnis Grundlage einer kreativen und fundierten Unterrichtsplanung in Tanzimprovisation sein kann. Im Mittelpunkt des Tanztheaterteils dagegen stehen unterschiedliche Konzepte und Wege, die eigene Kreativität zu entwickeln, Ideen und Visionen umzusetzen und so einem Gefühl, einer Stimmung oder einer Geschichte Form zu geben. Wichtige Zugänge dabei sind die Arbeit mit Szenen, der Stimme, mit Gefühlen, mit Kunst- oder Alltagsbewegungen, Bewegungsqualitäten oder Improvisationschoreographien als Solo, Duo, Trio oder in einer Gruppe.

Amazon Bestseller 3. Auflage 2013

Kleines Handbuch für den Unterricht in Tanztheater, Tanzimprovisation und

ISBN 978-39802590-1-9, 19,60 € 180 Seiten, 28 Fotos

Wer sich für den theoretisch-wissenschaftlichen Hintergrund dieses Ansatzes interessiert, dem sei dieses Buch empfohlen. Hier geht es nicht um praktische Aspekte. Vielmehr wird beschrieben, warum ein Weg durch den Körper mit Training, Empfindungsschulung und Schönheit so machtvoll das Wesen des Menschen entwickelt und wie dies in allen Zeiten und Ethnien auf unterschiedliche Art ausgeübt wurde; wie dieser Weg sich aus dem Blickwinkel der Psychologie der Emotion, des produktiven Denkens, der Neurophysiologie oder der Literatur darstellt.
3. Auflage 572 Seiten, , 48 Fotos
Tanztraining, Empfindungsschulung und persönliche Entwicklung
ISBN 978-3-9802590-0-2, 28 €